Community Usability Engineering

Torben Wiedenhöfer

Community Usability Engineering

Prozesse und Werkzeuge zur In-situ Feedbackunterstützung

Mit einem Geleitwort von Prof. Dr. Volkmar Pipek

 Springer Vieweg

Torben Wiedenhöfer
Siegen, Deutschland

Zugl. Dissertation, Universität Siegen, 2014

ISBN 978-3-658-10861-8   ISBN 978-3-658-10862-5 (eBook)
DOI 10.1007/978-3-658-10862-5

Die Deutsche Nationalbibliothek verzeichnet diese Publikation in der Deutschen Nationalbibliografie; detaillierte bibliografische Daten sind im Internet über http://dnb.d-nb.de abrufbar.

Springer Vieweg
© Springer Fachmedien Wiesbaden 2015

Gedruckt auf säurefreiem und chlorfrei gebleichtem Papier

Springer Fachmedien Wiesbaden ist Teil der Fachverlagsgruppe Springer Science+Business Media (www.springer.com)

Geleitwort

Je mehr sich Informationstechnik in unterschiedlichen Lebens- und Arbeitsbereichen unseres Alltags verbreiten konnten, desto mehr haben sich Usability, Usability Engineering und User Experience Design als wichtige Elemente guter Softwareentwicklung durchsetzen können. Die verwendeten Methoden gehen dabei häufig von Szenarien aus, die sich eher an Prozessen für die Entwicklung neuer Produkte orientieren und Benutzer in Form von praxisorientierten Laboruntersuchungen einbeziehen. Spätestens mit der Entwicklung Sozialen Medien wie Facebook und Youtube hat sich der Mehraufwand für eine direkte Kommunikation zwischen Softwareentwicklern und Benutzern für alle Seiten dramatisch verringert.

Dr. Torben Wiedenhöfer hat in seiner Dissertation diesen Trend für eine Erweiterung des Portfolios der Usability-Methoden aufgegriffen und sich mit der Frage auseinander gesetzt, wie Usability-Untersuchungen auch in späteren Projektphasen aussehen können. Dabei hat er existierende Auffassungen von Usability-Untersuchungen in die eigentliche Produktnutzungsphase fortgesetzt. Auch hat er dazu passende Prozesse und Werkzeuge zur systematischen Unterstützung eines Benutzerfeedbacks aus der eigentlichen Nutzungspraxis heraus entwickelt und evaluiert.

Die in dieser Arbeit beschriebenen Konzepte sind wegweisend für eine Zeit, in der ein enger Kundenkontakt nicht nur eine Frage der Marken- oder Produktbindung durch das Marketing ist, sondern auch (ausgedrückt in den Trends der User-Driven Innovation bzw. des Prosumings) die kreativen Potenziale der eigenen Kunden und Benutzer als wichtige Innovationsquellen für die eigene Marktpositionierung und Produktweiterentwicklung erschlossen werden müssen. Für den Bereich der Softwareentwicklung findet der Leser hier zahlreiche Anstöße.

Es ist der Arbeit anzumerken, dass an der Peripherie der Argumentation viele Erfahrungen eingeflossen sind, die Dr. Wiedenhöfer während der Promotion in konkreten Projekten in so unterschiedlichen Anwendungsdomänen wie Finanzsoftware, Krisenmanagementsysteme, Petitionssoftware oder Smart TV Anwendungen sammeln konnte. Es ist ihm zu wünschen, dass er diese Kombination aus Breite und Tiefe der Reflektion auch in seiner weiteren Karriere pflegen kann.

Siegen   Prof. Dr. Volkmar Pipek

Vorwort

Die heutige Softwarelandschaft hat sich in den letzten Jahren stark verändert. Software ist mobiler und globaler geworden und ist häufig in komplexen sozialen Systemen eingebettet. Als Konsequenz ist der Nutzungskontext nicht mehr nur das Büro, nur die Schule oder nur das Auto. Durch Softwareplattformen wie App-Stores existieren Softwareanwendungen in einer Vielzahl von Umgebungen, Szenarien und Kontexten und werden von vielen unterschiedlichen Menschen auf der ganzen Welt genutzt. Diese Nutzer und Kontexte müssen während der Entwicklung zwangsläufig nicht bekannt sein. Doch eben diese zukünftigen Nutzungen und Nutzer nicht genau zu kennen, begrenzt die Möglichkeiten eines Entwicklers oder Designer angemessene Softwareanwendungen zu entwickeln. Paradoxerweise zielen aber heutige Usability- und Software-Engineering-Prozesse und -Werkzeuge eben darauf ab, die Finalisierung einer Software schon vor der Nutzung zu erreichen.

Es ist eben die Grenze, die zwischen der Entwicklungsphase und der Nutzungsphase existiert, die die Möglichkeit unterbindet, auf veränderte Rahmenbedingungen angemessen und schnell reagieren zu können. Es bedarf einer integrierten Perspektive auf Nutzungs- und Entwicklungsaktivitäten. Dann können Konflikte zwischen Anwendung und Praxis während der Nutzung, schnellstmöglich und bedarfsgerecht in neue Softwareanforderungen überführt und umgesetzt werden und so die Gebrauchstauglichkeit einer Software sicherstellen.

Die vorliegende Arbeit adressiert diesen Umstand und liefert folgende Beiträge: Erstens, durch die Entwicklung von Prozessen und Werkzeugen zur Sicherstellung der Gebrauchstauglichkeit in der Post-Deployment-Phase erweitert sie den Usability-Engineering-Diskurs. Zweitens, ein erweitertes Use-Tracking-Verfahren erlaubt es Nutzern während der Nutzung, qualitativ hochwertige Beschreibungen von Nutzungskonflikten, Ideen und Nutzungsinnovationen zu artikulieren. Drittens, die innovative Kombination des in-situ Use-Tracking-Verfahrens mit der Innovationskraft einer Nutzer-Community ermöglicht es, individuelle Nutzer- und Aufgabenanforderungen auf eine breite Basis zu stellen und valide und priorisierte Anforderungsspezifikationen zu generieren. Neben Nutzern werden auch weitere relevante Akteursgruppen wie Entwickler und Entscheider mit in die Designdiskussion integriert, um ein gemeinsames Funktionsverständnis zu erreichen.

Entwicklungen und Evaluationen der Konzepte und Implementierungen wurden innerhalb des Referenzanwendungskontextes des Krisenmanagements durchgeführt, das sich durch eine hochdynamische und heterogene Nutzungspraxis auszeichnet und gleichzeitig die Defizite gegenwärtiger Usability-

Engineering-Prozesse, -Methoden und -Werkzeuge deutlich macht. Die Evaluationen zeigten, dass der entwickelte Prozess und die dazugehörigen Werkzeuge sehr wirkungsvoll für die bedarfsgerechte und valide Spezifikation neuer Anforderungen von bestehenden Systemen mit einer bestehenden Anwendungspraxis sind. Das ist insbesondere auf die Artikulierunterstützung und die gute Berücksichtigung der gegebenen Arbeitspraxis zurückzuführen.

Bonn   Torben Wiedenhöfer

Danksagung

Besonderer Dank gilt meinem Betreuer *Univ.-Prof. Dr. Volkmar Pipek,* der mich über die letzten Jahre in meinen Forschungstätigkeiten unterstützt und begleitet hat. Auch danke ich ihm für die zahlreichen Forschungsgelegenheiten, die er mir eröffnet hat und die wir zusammen bestreiten konnten. Ebenso möchte ich *Jun.-Prof. Dr. Gunnar Stevens* für die zahlreichen Diskussionen und Ideen zu Use-Tracking-Verfahren und Community-Engineering danken. Es freut mich besonders, ihn als Zweitgutachter gewonnen zu haben. Auch *Univ.-Prof. Dr. Volker Wulf* möchte ich danken, ohne ihn wäre mein Weg zu dieser Doktorarbeit nicht möglich gewesen.

Nicht genug kann ich meinem Freund und ehemaligen Kollegen *Dr. Christian Dörner* für seine Unterstützung von der ersten Idee bis zur letzten Zeile danken. Viele meiner Ideen und Forschungsaktivitäten basieren auf intensiven Diskussionen mit ihm. Meinem Freund und Kollegen *Benedikt Ley* danke ich insbesondere für viele Anregungen und Diskussionen zu technischen Umsetzungen in dieser Arbeit.

Ebenso möchte ich weiteren Kollegen danken: *JProf. Dr. Claudia Müller* und *Dr. Markus Rohde* haben deutlich dazu beigetragen, meinen Weg in der Forschung zu finden. Auch möchte ich *Sebastian Draxler* für viele Diskussionen zu Use-Tracking und Artikulationsunterstützung danken. Team InfoStrom (*Benedikt Ley, Thomas Ludwig, Christian Reuter*) danke ich für die gemeinsame Durchführung der empirischen Studie und die Unterstützung bei beiden Evaluationen. Meinen weiteren Kollegen an der Universität Siegen danke ich für viel Feedback und Anregungen über die letzten Jahre.

Eine Vielzahl von Studenten war ebenfalls an dieser Arbeit beteiligt. *Patrik Pohl* danke ich für seine Arbeit zur ersten Implementierung von IN-QUIRE_Feedback. *Simon Scholl* hat maßgeblich zur Finalisierung des Feedbacktools beigetragen. *Oliver Heger* danke ich für seine hervorragende Arbeit an INQUIRE_Community, *Martin Menzel* für seine Unterstützung bei der ersten Evaluation. Ebenso danke ich *Marc André Kaufhold, Simon Scholl* und *Oliver Heger* für ihre Unterstützung bei der letzten Evaluation.

Ich danke auch den zahlreichen Probanden von Feuerwehr, Polizei, THW, DRK, einem Energieversorger und Kreisverwaltungen aus dem Kreis Siegen-Wittgenstein und dem Rhein-Erft-Kreis, die an der empirischen Studie sowie an der ersten und der zweiten Evaluation teilgenommen haben. Nicht zuletzt danke ich von ganzem Herzen meiner Familie und meinen Freunden. Ohne ihre Unterstützung, ihre Geduld und Ermutigung wäre meine Doktorarbeit nicht möglich gewesen.

Bonn   Torben Wiedenhöfer

Inhaltsverzeichnis

Abbildungsverzeichnis

Tabellenverzeichnis

1 Einleitung

Moderne Softwareanwendungen, insbesondere sozial eingebettete Systeme, sind in einer Welt integriert, die sich aufgrund von Änderungen in deren Umwelt, in den technischen Rahmenbedingungen und in der Art und Weise wie Menschen mit dem System interagieren, stetig und schnell ändert (Baresi & Ghezzi, 2010). Das hat zur Folge, dass zukünftige Nutzungen nur ansatzweise vorausgesagt werden können (Koehne et al., 2011). Diese zukünftigen Nutzungen nicht genau zu kennen, begrenzt dabei aber die Möglichkeiten eines Entwicklers oder eines Designers gebrauchstaugliche Softwareanwendungen zu entwickeln (Maceli & Atwood, 2011). Schaut man sich hingegen Softwareanwendungen an, die heutzutage genutzt werden, wurden diese fast ausschließlich in der Vergangenheit entwickelt. Simultan wird heute Software entwickelt, die erst in der Zukunft genutzt werden soll. Entwicklung und Nutzung finden typischerweise zu unterschiedlichen Zeitpunkten und somit in unterschiedlichen Kontexten statt. Gleichwohl ist zu sehen, dass etablierte Usability-Engineering- (UE)- und Software-Engineering- (SE) -Prozesse nicht diesen Voraussetzungen entsprechen. Selbst wenn das auch schon bei Standardsoftware der Fall ist, wird es noch deutlicher, wenn derzeitige Entwicklungen in der Softwarelandschaft betrachtet werden. So sind bspw. durch Softwareverbreitungsplattformen (wie App-Stores, etc.), bei mobilen Endgeräten oder bei sozialen Plattformen die Nutzer selbst und deren Nutzungskontext vor der Auslieferung kaum bekannt (Pagano & Bruegge, 2013). Mehr noch, der Nutzungskontext ist nicht nur kaum bekannt, sondern kann auch sehr unterschiedlich sein. Konnte man noch vor wenigen Jahren sagen, dass die Software einzig im Büro, im Auto oder in der Schule genutzt wird, existiert eine Softwareanwendung heute in einer Vielzahl von unterschiedlichen Umgebungen, Szenarien und Kontexten, die von Nutzern bestimmt werden (Scott, 2007). Auch hat sich die Verteilung der Akteure verändert. Die geographische, organisatorische und zeitliche Trennung zwischen Nutzern und Entwicklern als auch zwischen Nutzern führt zu erheblichen Kommunikations- und Koordinationsaufkommen und hat als Konsequenz, dass traditionelle Usability-Methoden wie z.B. *Usability-Testing* oder *-Inspection* so nicht anwendbar sind und an diese Rahmenbedingungen angepasst werden müssen. (Rajanen et al., 2011). Gleichzeitig zeigen sich neue Softwaregeschäftsmodelle. Ermöglicht durch Weiterentwicklungen bei Internetinfrastrukturen und neue Dienstleistungen wie Plattform-as-a-Service (z.B. Google App Engine) oder Infrastructure-as-a-Service (z.B. Amazon EC2), lässt sich ein Softwareparadigmenwechsel von *Software-as-a-Good* hin zu *Software-as-a-Service* (SaaS) erkennen (Buxmann et al., 2008). SaaS stellt Nutzern komplexe Softwareanwendungen über das Internet nachfrageorientiert zur Verfügung. CRM Applikationen von Salesforce.com oder Googles Office-Lösungen stellen hier gute Beispiele dar. Im Gegensatz zu Software als Produkt, das solange genutzt werden muss, bis es durch eine neue Version oder ein besseres Produkt ersetzt werden kann, wird bei SaaS die kontinuierliche Anpassung als Dienstleistung verstanden (Olsen, 2006). Die Anpassung geschieht dabei während der Nutzung und ohne Beeinträchtigung der Service-Qualität (Baresi & Ghezzi, 2010). Im Gegensatz zu älteren Verfahren (z.B. Application Service Providing [ASP]) wird hier eine Instanz einer Softwareanwendung mehreren Nutzern bereitgestellt, so dass Änderungen einer Anwendung eine Objektivität zugeschrieben werden muss.

Aus den vorgetragenen Voraussetzungen und neuen Softwareparadigmen ergibt sich die Notwendigkeit, für die Entwicklung von Softwareanwendungen *Design-Time* und *Use-Time* zusammenzuführen (Pipek & Wulf, 2009), um so auf veränderte Rahmenbedingungen direkt reagieren zu können. Dies führt jedoch dazu, dass die Rolle des Nutzers erweitert und diesem eine gestaltungsaktivere Rolle während der konkreten Nutzung zugeschrieben werden muss und er so die Rolle als *Co-Designer* einnimmt (Fischer & Scharff, 2000). Um dies zu erreichen, bedarf es jedoch entsprechenden Softwareinfrastruktur und der Anpassung von UE-Prozessen an die genannten Bedürfnisse. Im Anschluss an existierende Diskurse wurden hier bereits Voraussetzungen durch SaaS-Technologien und End-User-Development-Konzepte (EUD) geschaffen. Doch derzeitige UE-Prozesse müssen sich noch an die Art und Weise, wie Software entwickelt, getestet, ausgeliefert und genutzt wird, weiter anpassen. Neue Anforderungen wie die Unterstützung von Software Evolution, Design in Use, Co-Design, Umgang mit unbekannten und verteilten Nutzern und variablen Nutzungskontexten (Nichols & Twidale, 2006a) und Aushandlungsunterstützung (Fogel, 2005) müssen mit berücksichtigt werden.

1.1 Usability-Engineering und Remote-Usability

Schaut man sich etablierte Usability-Engineering-Prozesse wie den Usability-Engineering Lifecycle (Mayhew, 1999), Star Lifecycle (Hix & Hartson, 1993), Usage-centered Design (Constantine & Lockwood, 1999) oder den Usability-Engineering-Prozess nach DIN ISO 9241 – 210 (DIS & ISO, 2010) an, so lässt sich erkennen, dass eben genannte Rahmenbedingungen nicht vollständig berücksichtigt werden. Insbesondere fokussieren diese Vorgehensmodelle auf die frühen Phasen der Entwicklung und schließen die Phase der Nutzung mehrheitlich aus und selbst wenn sie nicht ausgeschlossen wird, so wird sie eher als Wartungsphase verstanden. Dies gilt gleichermaßen für Methoden- und Werkzeug-Entwicklung (Chilana et al., 2011) wie auch für Studien zu Usability-

Methodeneinsatz und Nutzerbeteiligung in Entwicklungsprozessen (Pagano & Bruegge, 2013). Auch in aktuellen Strömungen des User-Centered-Design-Diskurses, welche die Integration von Usability-Engineering neben etablierten Software-Engineering-Prozessen, wie Rational-Unified-Process (RUP), V-Modell XT oder Agile-Software-Entwicklung, diskutieren (Seffah et al., 2005) und neue integrierte Prozesse vorschlagen (Pyla et al., 2005), wird die Prozess- und Toolunterstützung in der eigentlichen Nutzung nur unzureichend betrachtet.

Usability-Engineering weist eine umfangreiche Sammlung von Methoden und Werkzeugen zur Verbesserung der Usability einer Software oder eines Gerätes auf. Diese reichen von der Unterstützung der Anforderungsermittlung bis hin zur automatischen Interfaceanalyse und sind im entsprechenden Kontext sehr wirkungsvoll. Jedoch sind dies Verfahren, die mehrheitlich auf die Produktgestaltung vor der Auslieferung einer Software abzielen (Nichols et al., 2003). Dabei wurde schon früh erkannt, dass die Phase der konkreten Nutzung besonders wertvoll für die Überprüfung der Gebrauchstauglichkeit ist (Nielsen, 1992). Informationen über die Nutzung einer Software, die im realen Arbeits- oder Lebenskontext, mit realen Nutzern und mit realen Aufgaben genutzt wird, steigern die Validität und Aussagekraft von Usability-Evaluationen und bilden die Grundlage, um Veränderungen in den Nutzungsanforderungen und -praxen schnell aufzeigen, um sie dann adressieren zu können.

Der SaaS-Ansatz liefert dafür auch die entsprechende reaktionsschnelle Infrastruktur mit und lässt die Grenze zwischen *Design-Time* und *Use-Time* zum Großteil verschwinden. Die Einbeziehung der Endnutzer spielt dabei eine wichtige Rolle (Kujala, 2003), da es zu einem besseren Verständnis von Nutzeranforderungen und Nutzungskontext und zu einer Steigerung der Softwareakzeptanz führen kann. Dabei kann die Beteiligung auf mehrere Weisen geschehen: Endnutzer sind aktives Mitglied bei der Entwicklung von Software Systemen (Kujala et al., 2005). Endnutzer werden dabei unterstützt, selbst Software zu erstellen oder zu modifizieren (Lieberman et al., 2006), oder Endnutzer liefern relevante Informationen bezüglich des Softwaredesigns. Dies kann im traditionellen Sinne, z.B. mittels Nutzungstests oder Interviews geschehen oder durch zeitlich und örtlich getrennte Verfahren wie Fragebögen oder Tagebücher (Vredenburg et al., 2002). Doch werden durch die zuvor genannten Änderungen in der Softwarelandschaft (unbekannte Nutzer/Nutzungskontexte und Trennung zwischen Nutzern und Entwicklern), Nutzer/Entwickler-Zusammenarbeit immer bedeutsamer, die durch Auseinandersetzung der Nutzer mit der Software im Arbeitskontext initiiert werden. Dies können bspw. Feature Requests oder Bugreports sein (Pagano & Bruegge, 2013).

So bewegen wir uns nun im Usability-Engineering-Diskurs in den Bereich des Remote-Usability, bei dem Designer und Nutzer räumlich und ggf. zeitlich von einander getrennt sind. Hier wird auf arbeitskontextorientierte Verfahren

fokussiert wie diese bereits von Gaver et al. im Cultural-Probes-Kontext diskutiert wurden (Gaver et al., 1999) und nicht auf reine Bildschirmorientierte Verfahren wie Mouse-Tracking. Qualitative Ansätze wie Tagebücher, Self-reported
Critical Incidents oder Online- Fragebögen zeigen hier aussichtsreiche Ergebnisse, insbesondere um detailliertere Informationen zum Nutzungskontext und dem
„Warum" hinter dem „Was" zu erfahren. Quantitative Verfahren wie z.B. die
Analyse von Keystroke- oder Mouse-Events, können sinnvoll als Ergänzung der
qualitativen Ergebnisse genutzt werden und so Aufwand und Artikulations-
schwierigkeiten bei qualitativen Verfahren reduzieren. So kann die Forschung
hier auf eine „breitere Basis" gestellt werden. Interessant ist auch hier, dass
Feedback von Nutzern bei Designern als sehr hilfreich erachtet wird und dies
durch neue Feedbackkanäle z.B. auf Softwareverbreitungsplattformen wie *App-
les App Store* oder *Google Play* in den letzten Jahren auch immer mehr von Nutzern verwendet wird (Pagano & Maalej, 2013). Diese Art von Feedback wird
jedoch weder in derzeitigen UE-Prozessen, noch mit geeigneten Werkzeugen
unterstützt (Pagano & Bruegge, 2013). So wertvoll Feedbacks der Nutzer sind,
so wichtig ist es für Designer zu wissen, ob das Feedback, das sie adressieren
sollen, auch für die Mehrheit der Nutzer gilt (Ko et al., 2011).

1.2 Distributed Participatory Design

Um ein solches gemeinsames Funktionsverständnis zu erreichen, wird in dieser
Arbeit die Einbeziehung von Nutzern als gleichwertige Partner, neben Entwicklern und Entscheidern im Softwareentwicklungsprozess (Schuler & Namioka,
1993), als Lösungsansatz gewählt. So bewegen wir uns im Forschungsbereich
des *Participatory Designs* (PD), das aus der Arbeiterbewegung in Skandinavien
und Nordeuropa in den 70ern zur Humanisierung und Demokratisierung von
Arbeit (Floyd et al., 1989) hervorgegangen war. Die drei Säulen des PD nach
Kensing & Blomberg (Kensing & Blomberg, 1998) bildeten dabei das Rahmenwerk der Methodengestaltung: (1) Gestaltungspolitik, (2) die Natur der Partizipation und (3) Methoden, Werkzeuge und Techniken für die Durchführung von
eines beteiligungsorientierten Prozessen. Hier müssen jedoch im Gegensatz zu
etablierten PD-Verfahren (Bødker et al., 2004) besondere Rahmenbedingungen
berücksichtigt werden: die geographische, organisatorische und zeitliche Verteilung (Danielsson et al., 2008) zum einen und die daraus resultierenden Herausforderungen in der formellen und informellen Kommunikation und die Probleme
im Wissens- und Informationsaustausch (Coar, 2003) zum anderen. Das sind
typischerweise Themen, die im Forschungsbereich *Distributed Software Development (DSD)* adressiert wurden (Gumm, 2006b) und im PD-Diskurs relativ neu
sind. Zum geographisch verteilten PD liefern Online-Werkzeuge hier bisweilen

naheliegende Lösungen, wie z.B. Online-prototyping-Verfahren (Dearden et al., 2004) oder Online-Abstimmungsverfahren (Salz, 2004). Untersucht wurde auch, wie der Umgang mit Akteuren unterschiedlicher Herkunft (selbst nur unter den Nutzern), die unterschiedlichen Nutzungsarten und sprachliche Unterschiede, die zu Missverständnissen führen können, im PD-Diskurs berücksichtigt wurden (Obendorf et al., 2009).

Für innovative und bedarfsgerechte Anforderungen stellen Nutzer und Nutzer-Communities eine wichtige Quelle dar. Denn Ideen von einzelnen Nutzern – den Experten der Nutzung – gelten als wesentlich innovativer und bedeutsamer für andere Nutzer als die von professionellen Produktentwicklern (Magnusson, 2003). Bastler sind ein gutes Beispiel für Innovatoren von bestehenden Produkten. Internettechnologien machen diesen Innovationsprozess sichtbarer und ermöglichen einen kollaborativen Entwicklungsprozess. Open-Source-Projekte stehen als Beispiel für erfolgreiche Community-basierte Innovationen (Hippel & Krogh, 2003). Allerdings ist deutlich eine Trennung zwischen Nutzer- und Entwickler-Communities zu erkennen (Barcellini et al., 2014), was auf eine geringe Wertschätzung der Nutzerkompetenzen von Seiten der Entwickler, hohe Umsetzungsaufwände von Nutzerideen oder fehlende Deckung mit bestehenden Geschäftszielen oder -strategien zurückzuführen ist.

1.3 Anwendungsdomäne

Das Referenzanwendungsfeld dieser Arbeit ist die Domäne von Krisenmanagementsystemen. Dieses Anwendungsfeld ist deshalb gut geeignet, da hier die Defizite gegenwärtiger UE-Prozesse, -Werkzeuge oder -Richtlinien besonders deutlich werden. Dem vorwiegendem Fokus auf die Entwicklungsphase und der geringen Auseinandersetzung mit der tatsächlichen Nutzungspraxis im Usability-Engineering stehen heterogene und verteilte Nutzer und Nutzungskontexte sowie eine hochdynamische und unvorhersehbare Anwendungspraxis gegenüber. So reagieren Behörden und Organisationen mit Sicherheitsaufgaben (BOS), wie Polizei und Feuerwehr, mit vordefinierten Ablaufprozessen und -plänen auf größere Schadenslagen. Diese resultieren aus der Anstrengung, Bewältigungs- und Wiederherstellungsarbeit vorhersehbarer und berechenbarer zu machen. Doch entgegen der Intention, im Vorfeld zukünftige Aktionen für das Krisenmanagement zu planen und zu definieren, zeigen mittlere bis große Schadenlagen wie z.B. der Sturm Kyrill (2007, Westeuropa) oder der Wirbelsturm Kathrina (2005, New Orleans), aber auch schon kleinere Lagen wie der Ausfall einer Infrastruktur, dass diese Schadenssituationen und deren Ausmaß nur schwer vorhersehbar sind. Insbesondere die Anzahl der Einflussfaktoren (z.B. Wetterlagen, Anzahl von betroffenen Menschen oder die Art der Notsituation) oder strukturelle Abhängigkeiten (z.B. Elektrizitätsversorgung, Straßen und Bahnstrecken oder Treibstoffversorgung), machen es nahezu unmöglich, Krisenmanagementaktivitäten vorauszuplanen. Nichtsdestotrotz haben alle Organisationen, die in der Bewältigung von Schadenlagen involviert sind, systematische Verfahren entwickelt, die versuchen, diese Unsicherheiten zu berücksichtigen und geplante, koordinierte Aktivitäten in Krisensituationen zu institutionalisieren. Dennoch, viele Situationen setzen ad-hoc Entscheidungen und kurzfristige Umplanung voraus. Krisenmanagementsysteme (z.B. Leitstellensysteme) außerhalb des Routinebetriebs können nicht die volle Unterstützung liefern können, da Gesetze, Regularien und vordefinierte Szenarien deren Design vorschreiben und auf neue Schadenssituationen nicht vorbereitet sind. Zudem sind existierende Entwicklungs- und Anpassungsprozesse zu unflexibel, um den zuvor beschriebenen dynamischen Rahmenbedingungen Rechnung zu tragen. (Ley et al., 2012a) Am Beispiel dieses Anwendungskontextes wurden Prozesse und Werkzeuge entwickelt und evaluiert.

1.4 Ziel der Arbeit

Diese Arbeit zielt darauf ab, die Qualität der Rückmeldungen hinsichtlich der Gebrauchstauglichkeit einer bestehender Anwendungssoftware zu steigern und so eine gute Gebrauchstauglichkeit der Software sicherzustellen. Zur Erreichung dieses Zieles sieht diese Arbeit die Erfassung und Beschreibung von Nutzungskonflikten und -innovationen zum Zeitpunkt ihres Auftretens vor. Zur Sicherstellung der notwendigen Beschreibungsqualität und zur Ableitung allgemeingültiger Anforderungen wird das Innovationspotenzial einer Nutzer-Community integriert. Die Entwicklung und Evaluation des Verfahrens dient zur Gestaltung eines UE-Vorgehensmodells und von UE-Werkzeugen, welche die dynamischen Rahmenbedingungen berücksichtigen, eine angemessene Auseinandersetzung mit der Praxis erlauben und Nutzungs- und Entwicklungswelten aus der einer integrierten Perspektive betrachten. Die Hauptmotivation dieser Arbeit ist, Organisationen und Unternehmen dabei zu unterstützten, die Herausforderungen bei der Nutzerbeteiligung in der Softwaregestaltung, zu überwinden und die Innovationsfähigkeit von Nutzern gezielt zu nutzen.

1.5 Das INQUIRE-Verfahren

Im Rahmen dieser Arbeit wurde ein Community-basiertes Vorgehensmodell entwickelt, welches den Input einer aktiven Nutzer-community mit einem in-situ Use-tracking-Verfahren kombiniert. Das Verfahren wird durch ein Vorgehensmodell und zwei Werkzeuge unterstützt. *INQUIRE_Prozess* beschreibt den Ablauf von individuellen Nutzerfeedbacks zu allgemein geltenden Softwareanforderungen und baut auf existierenden UE-Prozessmodellen auf.

Das in-situ Use-tracking-Modul *INQUIRE_Feedback* unterstützt den Nutzer bei der Artikulation von Ideen, Innovationen und Problemen während der konkreten Nutzung von IT-Artefakten. Die Triangulation von implizitem Nutzungsfeedback (z.B. Click-events, Screenshots, Systemstati, etc.) und explizitem Nutzerfeedback helfen dabei, aussagekräftige Beschreibungen zu erstellen und insb. das „Warum" hinter dem „Was" zu kommunizieren.

INQUIRE_Community adressiert die Integration einer Nutzer-Community. Hierbei geht es um die strukturierte Einbeziehung von Nutzern, Entwicklern und Entscheidern für die gemeinschaftliche Weiterentwicklung von zukünftigen Funktionen und Anforderungen von bestehenden Anwendungssystemen. Dabei dienen die fallbezogenen Beschreibungen aus *INQUIRE_Feedback* als Diskussionsartefakte. INQUIRE_Community unterstützt die genannten Akteure, neue Anforderungen zu diskutieren und konkrete Lösungsvorschläge auszuarbeiten. Es wird ein Zeitrahmen für die Diskussion und die Spezifizierung von Lösungsvorschlägen vorgegeben und auch für die Abstimmung dieser Vorschläge, die dann von Entwicklern umgesetzt oder unter Angabe von Gründen abgelehnt werden müssen. Die Begründung wird dann ebenfalls der Community zugänglich gemacht.

1.6 Wissenschaftlicher Beitrag

Der wissenschaftliche Hintergrund dieser Arbeit ist die Forschungsdisziplin Human-Computer Interaction (HCI), die Design, Implementierung und Evaluation von interaktiven Systemen interdisziplinär untersucht. Innerhalb der HCI-Forschung adressiert die Arbeit den Diskurs zu Usability-Engineering (UE) und User-Centered Design (UCD). Die Arbeit ist ebenfalls beeinflusst durch den Participatory-Design (PD) Diskurs, der einen weiteren Blickwinkel zur Nutzerbeteiligung in Designprozessen liefert. Diese Arbeit leistet jedoch vor allem drei Beiträge zur Forschung im Usability-Diskurs: (1) Ein an derzeitige und zukünftige Rahmenbedingungen angepasstes Vorgehensmodell zur Weiterentwicklung von bestehenden Anwendungssystemen, das die Nutzerbeteiligung während der konkreten Nutzung adressiert (2) Das entwickelte INQUIRE-Verfahren hilft dabei, valide Funktionsanforderungen zur Sicherstellung der Gebrauchstauglichkeit in dynamischen Anwendungsfeldern mit heterogenen und verteilten Akteursgruppen wie dem der Domäne des Krisenmanagements zu ermitteln. (3) Die Ergebnisse der Evaluation geben Erkenntnisse zu weiteren Herausforderungen bei der Erfassung von Nutzungsinformationen während der konkreten Nutzung:

- Erkenntnisse zur Erfassung von Kontextinformationen bei qualitativen Verfahren.

- Erkenntnisse zur Triangulation von qualitativen und quantitativen Nutzungsdaten für die Verbesserung der Qualität von Nutzerfeedbacks.

- Erkenntnisse zum Umgang mit Duplikaten.

- Erkenntnisse zu Sicherstellung der Relevanz und Wichtigkeit von Softwareanforderungen.

Zur Erreichung dieser Ziele wurde in dieser Arbeit der Ansatz der Design Case Study (Wulf et al., 2011) angewandt. Durch ein iteratives Vorgehen wurden die Konzepte im Feld evaluiert und fortentwickelt.

1.7 Aufbau der Arbeit

Kapitel 2 analysiert den Stand der Forschung. Darin werden im Wesentlichen zwei Bereiche betrachtet. Zum einen werden etablierte Usability-Engineering- und Software-Engineering-Prozesse sowie Remote-Usability-Werkzeuge aus Theorie und Praxis vorgestellt und hinsichtlich der Unterstützung der Nutzungsphase und Nutzerbeteiligung im Entwicklungsprozess analysiert. Ebenso werden die Erkenntnisse aus aktuellen und relevanten Arbeiten bezüglich der Einbeziehung von Nutzergemeinschaften in den Entwicklungsprozess aufbereitet dargestellt. Daneben werden Motivationsfaktoren und -mechanismen zur Nutzerbeteiligung analysiert und Konzepte zu Aneignungsunterstützung vorgestellt. Das Kapitel schließt mit der detaillierten Ausformulierung der Forschungslücken und den daraus resultierenden Forschungsfragen. Kapitel 3 beschreibt die zugrundeliegenden Forschungstheorien und stellt das verwendete Forschungsdesign vor. Kapitel 4 beschreibt das Anwendungsfeld für Krisenmanagementsysteme, das als repräsentativ für zukünftige Entwicklungen in anderen Domänen ausgewählt wurde. Feedbackpraxen und Verfahren der Nutzerbeteiligung in der zuvor dargestellten Domäne werden in Kapitel 5 dargestellt. Kapitel 6 präsentiert das INQUIRE-Konzept sowie eine Referenzimplementierung mit den Werkzeugen INQUIRE_Feedback und INQUIRE_Community, die im Rahmen dieser Forschung entwickelt und evaluiert wurden. Die Validierung des INQUIRE-Verfahrens in der Krisenmanagementpraxis wird in Kapitel 7 dargestellt. Die Beantwortung der Forschungsfrage aus Kapitel 2 wird in Rahmen einer Diskussion in Kapitel 8 geschehen, das mit einer Zusammenfassung und einem Fazit endet.

2 In-situ Nutzungsinformationserfassung und beteiligungsorientierte Softwareentwicklung

Dieses Kapitel stellt die Erkenntnisse aus aktuellen Arbeiten zu Usability-Engineering-Prozessen in Theorie und Praxis sowie zu Community-Innovation (Abschnitt 2.1) und zu Remote-Usability- und Nutzerfeedback-Verfahren (Abschnitt 2.2 und 2.3) dar. Zudem werden in Abschnitt 2.4 zum einen Methoden und Werkzeuge aus dem Participatory-Design und zum anderen Motivationsfaktoren und -mechanismen zu Nutzerbeteiligung sowie Konzepte zur Aneignungsunterstützung vorgestellt. Am Ende jedes Abschnitts werden stichpunktartig die wesentlichen Erkenntnisse in einem Kasten aufgelistet. Eine Zusammenfassung aller Erkenntnisse wird in Abschnitt 2.5 gegeben und die identifizierten Forschungslücken, die diese Arbeit adressiert, werden in Abschnitt 2.6 beschrieben.

2.1 Usability-Engineering-Prozesse

In diesem Abschnitt werden etablierte Usability-Engineering-Prozesse und -Vorgehensmodelle betrachtet, die in den letzten zehn Jahren entstanden sind. Dabei ist für diese Arbeit von besonderem Interesse, wie der Usability-Diskurs die konkrete Nutzungsphase und heterogene und verteilte Nutzer im Entwicklungsprozess berücksichtigt. So sollen in diesem Abschnitt folgende Fragen beantwortet werden:

■ Wie wird die evolutionäre Softwareentwicklung berücksichtigt?

■ Wie werden Endnutzer nach der Auslieferung der Software in den Weiterentwicklungsprozess eingebunden?

■ Wir werden verschiedene Verteilungsarten von Nutzern und Entwicklern berücksichtigt?

Usability-Engineering (UE) ist die Disziplin in der Mensch-Maschine-Interaktion-Forschung, die die Sicherstellung der Gebrauchstauglichkeit als Ziel hat. UE wird in der Literatur folgendermaßen definiert:

> „*Usability Engineering is a discipline that provides structured methods for achieving usability in user interface design during product development.*" (Mayhew, 1999, S. 2)

Dabei sind die Hauptaufgaben des Usability-Engineerings im Wesentlichen herauszufinden, wer überhaupt die Nutzer sind, deren Arbeitstätigkeiten zu analysieren, geeignete Funktionalitäten zu bestimmen und passende Nutzerschnitt-stellen zu entwickeln.

Will man die relevantesten Modelle vorstellen, müssen insbesondere zwei Disziplinen betrachtet werden. Traditionell beschäftigt sich Software-Engineering (SE) mit der Entwicklung von Softwareanwendungen. In etablierten und renommierten SE-Vorgehens- und -Entwicklungsmodellen, wie z.B. dem *Rational-Unified-Prozess* (RUP) oder der *agilen Softwareentwicklung,* haben Tätigkeiten im Bereich Anforderungsanalyse und -management bereits einen hohen Stellenwert. Da sie für diese Arbeit sehr interessant sind, werden sie in der Folge genauer betrachtet. Auf der anderen Seite existieren seit gut zehn Jahren nutzer-orientierte Vorgehensmodelle, die die Anwendung von UE-Methoden und -Werkzeugen in Entwicklungsprozessen beschreiben. Es ist die Disziplin des *User Centered Design (UCD),* die sich mit der systematischen Einbindung von späteren Nutzern und entsprechenden Werkzeugen in den Software-entwicklungsprozess beschäftigt und versucht, die UE- und SE-Welt näher zu-sammenzubringen (Richter & Flückiger, 2013). Nun folgend werden SE- und UE-Modelle beschrieben und aus den oben genannten Blickwinkeln betrachtet.

2.1.1   *Usability- und Software-Engineering-Prozesse*

Begonnen wird mit der Beschreibung von zwei Vorgehensmodellen aus dem Software-Engineering.

2.1.1.1 Rational Unified Process (RUP)

RUP ist ein in der Softwareentwicklung sehr etabliertes Vorgehensmodell und eines der wenigen, das ein iteratives Vorgehen vorschreibt. Der Prozess ist im Wesentlichen eine Zusammensetzung aus vielen verschieden Software-entwicklungsprozessen (Jacobson et al., 1999). Die Anforderungsanalyse ist eine von sechs primären „Disziplinen", wie in Abbildung 1 zu sehen ist. Dabei geht es um das Erfassen, die Dokumentation und die Verwaltung von Anforderungen der verschiedenen Akteure. Als besondere Interessensgruppe spielen Nutzer dabei eine wesentliche Rolle.

Der Prozess berücksichtigt zwar nicht direkt Usability und fokussiert eher auf Anforderungsmanagement, aber eines der wichtigen Merkmale des Prozesses sind Use-Cases. Use-Cases werden hier als Instrument der Anforderungs-ermittlung genutzt (Kruchten, 1999). In der praktischen Anwendung allerdings spielen Use-Cases nur eine untergeordnete Rolle im Vergleich zur System-architekturentwicklung (Göransson et al., 2003). Use-Cases werden nur zu Be-ginn eines jeden Zyklus zur Planung eingesetzt. Doch nach dem Start einer neu-en Iteration sind sie nur als Vorversion der Elemente der internen Funktionsbeschreibung zu sehen. Seit 2002 existiert ein User- Experience-Plugin

(UX) für RUP (Gornik, 2004). Dabei werden die Use-Case-Beschreibungen mit UX-Elementen erweitert. Dazu gehören z.b. eine erweiterte Beschreibung von Nutzercharakteristiken, Angaben zu Usability-Anforderungen oder die Definition von UX-Elementen. Obwohl das UX-Plugin schon einen Schritt in Richtung der Integration von Usability-Maßnahmen geht, deckt dieser Zusatz nicht den gesamten Prozess ab.

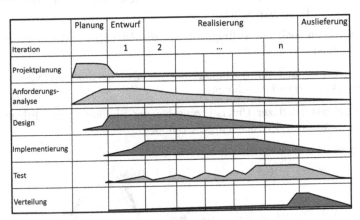

Abbildung 1: Disziplinen im Rational Unified Process (RUP) (Kruchten, 1999)

Gulliksen et al. (Gulliksen et al., 2003) verglichen ein RUP basiertes Entwicklungsprojekt mit User-Centered-Design-Prinzipien. Dabei wurde deutlich, dass der Fokus von RUP nicht auf einer langfristigen Betrachtung des kompletten Softwarelebenszyklus liegt. Es stehen nur kurzfristige Ziele wie die Entwicklung von Modellen oder Spezifikationen im Vordergrund. Langfristige Ziele und Bedürfnisse der Nutzer hinsichtlich der zukünftigen Entwicklungen in der Arbeitspraxis werden ignoriert. Der Term „Iteration" wird in diesem Prozess anders als im UCD-Diskurs gedeutet. Bei RUP ist mit Iteration eine bestimmte Abfolge von Aktivitäten gemeint, die in einer neuen Version mündet. Die Aktivitäten innerhalb einer Iteration werden wasserfallartig abgearbeitet. Dabei sind innerhalb eines Zyklus keine Rücksprünge vorgesehen. Usability-Ergebnisse sind bei RUP Teil des Anforderungsmanagements, spielen nur in den Anfangsphasen eine Rolle und werden im Laufe eines Projektes nicht weiter verifiziert. Des Weiteren ist die Use-Case-Dokumentation sehr umfangreich und zeitaufwendig. Außerdem wird die Spezifizierung der Nutzerschnittstelle in *Unified Modelling Language* (UML) beschrieben, was für Nutzer schwer zu verstehen und somit schwer zu validieren ist.

2.1.1.2 V-Modell XT

Das V-Modell XT bildet einen Standard zum systematischen Vorgehen bei der Entwicklung von komplexen Systemen. V-Modell XT ist ein etablierter Entwicklungsstandard für IT-Vorhaben in Unternehmen, aber auch bei kleinen und mittelständischen Unternehmen und ist bei zivilen und militärischen Vorhaben des Bundes empfohlen oder gar verbindlich vorgeschrieben. Das V-Modell XT stellt dabei drei Projekttypen bereit:

1. Vorgehensmodell für Auftraggeber *für die Durchführung von* Projektausschreibungen und Abnahmen;

2. Vorgehensmodell für Auftragnehmer *für die Durchführung von* Systementwicklungen und Abnahmen;

3. Vorgehensmodell zur Unterstützung bei der Einführung und Pflege eines organisationsspezifischen Vorgehensmodells.

Für weitere Details siehe (Broy & Rausch, 2005)

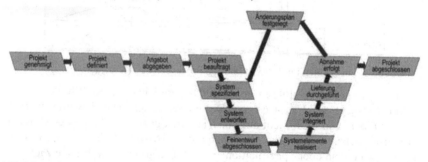

Abbildung 2: V-Modell XT aus Sicht eines Auftragnehmers (Broy & Rausch, 2005)

Die aktuelle Version des Modells ging aus dem V-Modell 97 hervor und wurde insbesondere hinsichtlich der Anpassbarkeit und Qualitätssicherung verbessert. Abbildung 2 zeigt neben den Projektanbahnungsphasen auch die Phasen der Systementwicklung. Die Systementwicklung folgt einer hierarchischen Zerlegung des Systems in kleinere Einheiten, dass diese eine Realisierung ermöglichen. Dementsprechend werden während der Systementwicklung die Spezifikation und die Zerlegung vorgenommen. Für jeden dieser Zerlegungsschritte wird ein präzises Vorgehen vorgegeben, das auf einem einheitlichen Muster basiert, um eine lückenlose Verfolgung der Umsetzung der Anforderungen sicherzustellen. Die Anforderungen aus den vorherigen Schritten werden zunächst übernommen, daraufhin wird die Zerlegung vorgenommen, die Realisierung der Systemelemente spezifiziert und schließlich werden die Anforderungen für die nächsten Schritte definiert. Die Realisierung und Integration des Systems erfolgt im Vergleich zu Spezifikation und Zerlegung in umgekehrter Reihenfolge. Die Verifikation und Validierung der Ergebnisse werden auf jeder Stufe durchgeführt.

Im Gegensatz zum V-Modell 97 sind im V-Modell XT die Produkte und Aktivitäten, die die Qualitätssicherung betreffen, nicht mehr nur im Vorgehensbaustein (so werden die einzelnen Phasen im Modell genannt) *Qualitätssicherung* enthalten, sondern integrieren sich in die jeweiligen anderen Vorgehensbausteine, z. B. *Anforderungsfestlegung, Systemerstellung, SW-Entwicklung,* sodass die Qualitätssicherung fortlaufend im gesamten Projekt durchgeführt wird.

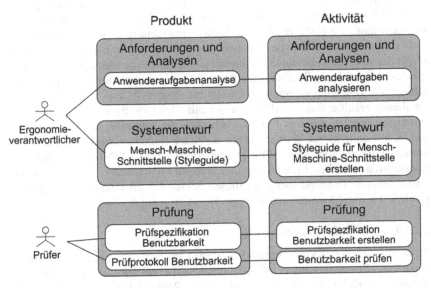

Abbildung 3: Qualitätssicherung im Vorgehensbaustein Benutzbarkeit und Ergonomie (Höhn, 2008)

Konkret wird seit der neuen Version des V-Modells auch das Thema Usability in der Qualitätssicherung adressiert. Ein neuer Vorgehensbaustein *Benutzbarkeit und Ergonomie* (s. Abbildung 3) und eine neue Rolle, die des *Ergonomieverantwortlichen,* wurden geschaffen. Diese Rolle ist für die Umsetzung ergonomischer Forderungen im Gesamtsystem, d.h. für System, Software, Hardware etc., verantwortlich und stellt ein wesentliches Bindeglied zwischen Nutzer und Auftragnehmer dar. Außerdem muss der Ergonomieverantwortliche die Durchführung der Anwenderaufgabenanalyse und die Gesamtgestaltung der Nutzeroberfläche sicherstellen. Dies tut er, indem er Regeln und Gestaltungskriterien in Form von Styleguides definiert. Auf Basis der Anwenderanalyseergebnisse wird eine Prüfspezifikation „Benutzbarkeit" erarbeitet, die als Grundlage für die Überprüfung der Produkte dient.

Vergleicht man das V-Modell XT nun mit den Anforderungen einer evolutionären und verteilten Softwareentwicklung, ist zwar die neue Berücksichtigung von Usability im Vorgehensmodell herauszustellen, doch Maßnahmen sind nur bis zur Auslieferung bzw. der Abnahme der Software vorgesehen. Eine Unterstützung über den gesamten Lebenszyklus einer Software hinweg ist nicht vorgesehen. Des Weiteren werden bis jetzt keine kleineren Einzelprojekte und - schritte im V-Modell berücksichtigt, da sich der Einsatz des Modells bis jetzt nur auf größere Softwareprojekte konzentrierte. Durch die Berücksichtigung von kleineren Projektschritten kommt der Synchronisation und inhaltlichen Integration eine wichtigere Rolle zu. Bei der Systementwicklung ergibt sich daraus ein noch stärkerer Bezug auf die Komponentenstruktur von Software. Der Bedarf begründet sich ebenfalls durch die immer populärer werdenden agilen Softwareentwicklungsansätze, die eine stark flexible Systemarchitektur benötigen. Das bedingt, dass einzelne Komponenten auch mit eigenen Prozessen entwickelt und die daraus resultierenden vielfältigen nebenläufigen (Software-) Prozesse synchronisiert werden müssen. Der Skalierbarkeit der Prozesse, d.h. die Anwendbarkeit auf ganz kleine bis ganz große Software-Einheiten wird eine der wichtigsten Forderungen sein. Einen weiteres wichtiges Defizit betrifft die Kooperation zwischen Entwicklern und Nutzern (Höhn, 2008). Es müssen korrespondierende Prozesse zwischen diesen beiden Rollen integriert und gezeigt werden, wie diese harmonisiert und synchronisiert werden können.

2.1.1.3 Agile Softwareentwicklung

Agile Softwareentwicklungsmethoden werden im Software-Engineering immer populärer. Dies ist besonders auf stark organisierte und dokumentationsintensive Vorgehensmodelle, wie des zuvor dargestellte Rational Unified Process (RUP) oder auch das V-Modell XT, zurückzuführen. Die agile SE-Community argumentiert, dass insbesondere die aufwendige Dokumentation und die starren Prozesse die Entwicklung ineffizient machen und wesentlich verlängern (Richter & Flückiger, 2013). Gerade die stetige Veränderung der Nutzeranforderung setzt eine reaktionsschnelle Entwicklungsinfrastruktur voraus, die hier zur Verfügung gestellt wird. Für die agile Entwicklungsszene ist die Berücksichtigung von Nutzerfaktoren im Entwicklungsprozess von entscheidender Bedeutung. Das zeigt sich, da sich zwei der vier Säulen im agilen Softwareentwicklungsmanifest allein drauf beziehen: 1) Individuen und Interaktionen vor Prozesse und Werkzeuge und 2) Zusammenarbeit mit dem Kunden vor Vertragsverhandlungen („Manifesto for Agile Software Development," n.d.; Seffah et al., 2005). Somit kommt der agile Software Entwicklungsansatz schon sehr nah an die Grundsätze der nutzerzentrierten Software-Entwicklung.

Auch wenn die agile Softwareentwicklung die aktuell existierenden Rahmenbedingungen der Praxis schon gut berücksichtigt, sind auch hier noch wichtige Grundsätze nicht konsequent genug umgesetzt (Blomkvist, 2005; Sutcliffe, 2005). Da ist bspw. die nicht deutliche Trennung von Kunden und Endnutzern. In Softwareprojekten sind Kunden meist Vertreter des Managements, der Marketingabteilung. Also meist nicht Personen, die als spätere Endnutzer zu sehen sind und somit nur wenig mit der operativen Praxis zu tun haben (Ferre et al., 2005). Zudem stellt der Entwicklungsansatz keine Hilfestellungen zur Verfügung, wie es z.B. bei der ISO Norm 9241-210 der Fall ist, die helfen die Umsetzung von Nutzeranforderungen im Laufe der Entwicklung zu überprüfen. Nach Seffah et al. (Seffah et al., 2005) sind Hilfestellungen zur regelmäßigen Evaluation von Nutzeranforderungen gerade bei sozial eingebetteten System wichtig, da soziale Interaktionen und Geschäftsprozesse nur schwer vorhersehbar sind.

Nun folgend werden etablierte Vorgehensmodelle aus dem Usability-Engineering und aus dem User Centered Design vorgestellt und auf die zuvor definierten Fragestellungen hin untersucht.

2.1.1.4 Star Lifecycle

Der Star Lifecycle entworfen von Hix & Hartson (Hix & Hartson, 1993) ist ein nutzerzentriertes Prozessmodell, das die wesentlichen Usability-Aktivitäten beschreibt. Im Zentrum des Modells steht die Usability-Evaluation, wie in Abbildung 4 zu sehen ist. Umringt wird die Usability-Evaluation von verschiedenen Usability-Aktivitäten: (1) Aufgaben- und funktionale Analyse, (2) Spezifikation der Anforderungen, (3) Entwicklung eines Konzeptes, (4) Entwicklung von Designentwürfen, (5) Einführung des Systems. Auch wenn es die Nummerierung suggeriert, setzt das Vorgehensmodell keine bestimmte Reihenfolge voraus. Die Resultate aus jeder dieser Aktivitäten werden evaluiert, bevor zu einer weiteren Prozessaktivität fortgeschritten wird. Die bidirektionale Verbindung zwischen der zentralen Usability-Evaluation und den einzelnen Prozessaktivitäten resultiert in dem charakteristischen Sterngebilde des Modells. Darüberhinaus beschreiben Hix & Hartson Kommunikationspfade die zwischen Usability- und Software-Design-Aktivitäten existieren sollten. So wird die Entwicklung des Nutzerinterfaces strikt von der Entwicklung des restlichen Systems getrennt und ist nur durch zwei Aktivitäten *Systemanalyse* und *Usability Evaluation* mit einander verbunden. Das Modell ist auf spezifische Anwendungskontexte anpassbar.

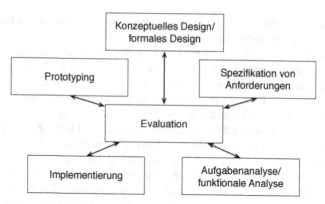

Abbildung 4: Star Lifecycle (Hix & Hartson, 1993)

Dennoch ist die Anwendung des Modells in der Praxis schwierig (Seffah et al., 2005). Zwar werden spezielle Methoden und Notationen, wie die *User Action Notation* (UAN) angeboten, das auf solche Art und Weise Nutzerinteraktionen spezifiziert, dass diese auf einfache Weise für die Gestaltung des Nutzerinterfaces verwendet werden können. Zudem ist es auch wegen dem iterativen Vorgehen sehr schwierig, den Endpunkt eines Entwicklungszyklus überhaupt zu bestimmen. Eine Definition oder ein Endpunkt wird hier nicht bereitgestellt. Das macht die Ressourcenplanung sowie die generelle Planung eines Entwicklungsprojektes schwierig. Hix und Hartson (Hix & Hartson, 1993) empfehlen, hier einen Top-Down-Ansatz zu wählen, sofern das Projektmanagement oder das Entwicklerteam schon Vorerfahrungen hinsichtlich der Struktur des Zielsystems besitzen. Laut den Autoren hängt dies aber von der Projektgröße, der Anzahl der involvierten Personen und dem Managementstil ab. Sie empfehlen ebenfalls Usability-Engineering als Prozess zu sehen, jedoch sagen sie selbst, dass die Designphase die am wenigsten verstandene Entwicklungsaktivität ist und hier nur die zuvor genannte *User Action Notation* zur Verfügung gestellt wird. Wie sonst die Evaluation und die Entwicklung zusammen interagieren wird nicht beschrieben.

2.1.1.5   Usability Engineering Lifecycle

Deborah Mayhews Usability Engineering Lifecycle (Mayhew, 1999) ist der Versuch die Softwareentwicklung dahingehend umzugestalten, dass sich die gesamte Entwicklung einzig um Wissen, Methoden und Aktivitäten des Usability-Engineerings dreht. Der Prozess wird dabei in drei Phasen aufgeteilt (s. Abbildung 5): Eine Anforderungsanalyse zu Beginn. Darauf folgenden Entwicklung und Tests, der Prozess endet mit der Installation des Systems. Der Prozess folgt dem klassischen Wasserfallmodell. Rückschritte sind nur dann möglich, wenn geforderte Anforderungen nicht adressiert wurden. Ist dies der Fall, ist die Anwendung von verschiedenen Usability-Methoden wie das Erstellen von Papier-Mockups, Prototyping oder Usability-Testing vorgesehen, bis die zuvor definierten Usability-Ziele erreicht wurden. Das Vorgehensmodell wurde bereits in verschiedenen Projekten erfolgreich angewendet (Mayhew, 1999), denn es gilt aus SE-Sicht als eines der kompletten Usability-Prozessmodelle (Ferre et al., 2005). Zwar zielt der Usability Engineering Lifecycle im eigentlichen Sinne nur auf die Gestaltung des Nutzerinterfaces ab, doch beinhaltet es neben anforderungsbezogenen Aktivitäten wie *Contextual Task Analysis* auch Verbindungen zu Objekt-orientiertem Software-Engineering (OOSE) und Rapid Prototyping-Methoden. Dennoch hat Mayhew selbst, durch die Analyse der Anwendung des Prozessmodells in verschiedenen Projekten, noch Defizite entdeckt. Die sind zum einen darauf zurückzuführen, dass die strikte Fokussierung auf Usability-Maßnahmen im Softwareentwicklungsprozess nicht angemessen ist. Gut etablierte Softwareentwicklungsprozesse in Unternehmen müssen berücksichtigt werden und können nicht direkt auf nutzerzentrierte Entwicklungsverfahren umgestellt werden. Zudem bestehen immer noch fehlende Kenntnisse über die Anwendung von Usability-Maßnahmen bei den Entwicklern, was es schwierig macht, UCD-Aktivitäten in Software-Engineering-Prozessen zu etablieren. (Mayhew, 1999)

Im Bezug auf die Unterstützung der evolutionären Softwareentwicklung stellt der Usability Engineering Lifecycle weiterhin ein klassisches mit der Auslieferung einer Software endendes Vorgehensmodell dar. Auch wenn die stetige Überprüfung der Nutzeranforderungen mittels gut etablierter Usability-Verfahren durchgeführt wird, bis eine gewünschte Qualität erreicht ist, ist die Abfolge der einzelnen Entwicklungsstufen nach dem klassischen Wasserfallmodell aufgebaut. Ist ein Softwareprodukt einmal in der letzten Phase, der Installation, angelangt, sind zwar Nutzerfeedbacks aus der Praxis eingebunden, ein Rückschritt in die Designphase ist hingegen nicht mehr vorgesehen.

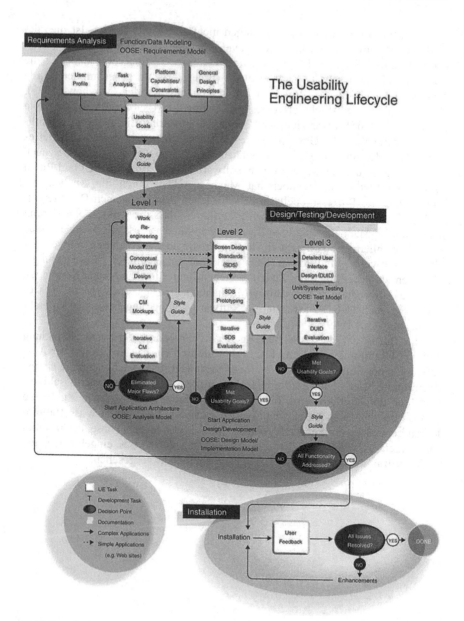

Abbildung 5: Usability Engineering Lifecycle (Mayhew, 1999)

2.1.1.6 DIN EN ISO 9241 – 210 „Prozess zur Gestaltung gebrauchstauglicher interaktiver Systeme"

Die ISO-Norm DIN EN ISO 9241 Teil 210 (DIS & ISO, 2010) liefert Hilfestellungen zur nutzerzentrieten Softwareentwicklung. Dabei ist die Norm weder ein Vorgehensmodell noch eine Methode, sondern stellt die entscheidenden Eigenschaften vor, die ein nutzerzentrierter Softwareentwicklungsprozess erfüllen sollte. Dazu zählen die aktive Beteiligung von Nutzern und ein klares Verständnis über Nutzer- und Aufgabenanforderungen. Zudem sollte eine angemessene Verknüpfung von Funktionen zwischen Nutzern und der Technologie bestehen und die Entwicklung einem iterativen und interdisziplinären Designprozess folgen. Vgl. hierzu Abbildung 6, die die wesentlichen Prozessschritte beschreibt.

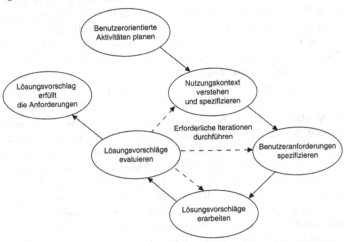

Abbildung 6: DIN EN ISO 9241 – 210 (DIS & ISO, 2010)

Um diesen Eigenschaften nachzukommen, werden 36 Aktivitäten dargestellt, die einen nutzerzentrierten Entwicklungsprozess ausmachen. Beispiele für Aktivitäten in solchen Phasen sind bspw. Usability-Planung, Aufgabenanalyse, Szenarioentwicklung, Papier-Mockups und partizipative Evaluation. Diese können in fünf Kategorien unterteilt werden, die verschiedene Phasen im Entwicklungsprozess darstellen:

1. Planung

2. Anwendungskontextanalyse

3. Anforderungsanalyse

4. Design

5. Evaluation

Der Standard zeigt ebenfalls auf, dass für die Integration von Usability-Maßnahmen in Entwicklungsprozessen, z.B. bei Analysen, Evaluationen und bei der Gestaltung, Usability-Aktivitäten geplant werden müssen. Das führt zu der Notwendigkeit der Entwicklung von Usability-Roadmaps, die geeignet sind, Usability-Maßnahmen auf sinnvolle Weise in den gesamten Entwicklungsprozess einzubetten.

Im Bezug auf die evolutionäre und verteilte Softwareentwicklung können hier nur die Merkmale und Charakteristiken verglichen werden, da es sich weder um eine Methode noch um einen Softwareentwicklungsprozess handelt. Die Norm begründet grundsätzlich zu Beginn die Wichtigkeit eines nutzerzentrierten Entwicklungsprozesses und hebt dabei auch die multidisziplinäre Gestaltung hervor. Damit ist gemeint, *„dass an einem nutzer-orientierten Gestaltungsprozess multidisziplinäre Gruppen beteiligt sein sollten. Diese Gruppen können klein und dynamisch sein und brauchen nur für die Dauer des Projekts zu bestehen. Die Zusammensetzung der Gruppen sollte die Beziehung zwischen der Organisation, die für die technische Entwicklung verantwortlich ist, und dem Kunden widerspiegeln.“* (DIS & ISO, 2010, S. 4). Das trifft soweit die Notwendigkeit der Einbeziehung aller relevanten Akteure, um die Nutzer- und Aufgabenanforderungen bedarfsgerecht zu spezifizieren und umzusetzen. Dennoch wird weder auf die Verteilung dieser Akteure eingegangen, noch werden Methoden bereitgestellt, die diesen Umstand berücksichtigen. Aber das zuvor genannte Zitat zeigt noch etwas Interessantes. *„[...] nur für die Dauer des Projektes [...]“*(DIS & ISO, 2010, S. 4) macht deutlich, dass die Norm von zeitlich begrenzten Maßnahmen ausgeht. Auch wenn die Norm die Planung einer Langzeitbeobachtung empfiehlt: *„Langzeitbeobachtung bedeutet das Erfassen der Nutzerrückmeldungen auf verschiedene Art über einen Zeitraum“* (DIS & ISO, 2010, S. 9), wird nicht von einem sich stetig fortentwickelnden System ausgegangen, obwohl noch im ersten Satz der Norm von *„[...] Gestaltungsaktivitäten für den gesamten Lebenszyklus [...]“*(DIS & ISO, 2010, S. 3) gesprochen wird. Beide Beispiele liegen somit im Widerspruch zu einer kontinuierlichen Berücksichtigung neuer Anforderungen über den gesamten Softwarelebenszyklus hinweg.

2.1.2   *Etablierte UE-Prozessmodelle in der Praxis*

Nachdem die in der Praxis etabliertesten Vorgehensmodelle und Entwicklungsprozesse vorgestellt und hinsichtlich der Ausgangsfragestellung analysiert wurden, werden in diesem Abschnitt die grundlegendsten Herausforderungen bei der

Etablierung von UE-Prozessen und Prozessen mit Nutzerbeteiligung in der Praxis diskutiert.

Dies führt zuerst zu einer Problematik, die die Koexistenz von UE-Prozessen neben etablierten SE-Prozessen betrifft (Seffah & Metzker, 2004). UE-Maßnahmen laufen meist parallel und fast isoliert zu Softwareentwicklungsprozess-Aktivitäten ab. Seffah & Metzker sehen die Ursache darin, dass UE-Techniken unabhängig von der SE-Community entwickelt worden sind. Beide haben ihre eigenen Methoden und Vorgehensweisen und sogar im SE-Diskurs wird das Thema Usability behandelt, wie bei der Vorstellung von *RUP* und *V-Modell XT* zu sehen war. Richter und Flückiger (Richter & Flückiger, 2013) sehen hier konkurrierendes, statt integratives Handeln: *„Vergesst eure alten Vorgehensweisen und nehmt unseren Prozess"* (Richter & Flückiger, 2013, S.17). Diese Abgrenzungshaltung mag bei Projektentscheidern dazu führen, dass UE eher als zeit- und kostenintensiver Zusatz zu bestehenden Vorgehen wahrgenommen wird. Die größten Hürden bei der Integration beider Welten liegen aber zum einen der Koordination von parallel laufenden und gemeinsamen Aktivitäten (Pyla et al., 2005) und zum anderen in deren unterschiedlichen Sprachen, wodurch die Kommunikation zwischen den Rollen erheblich erschwert wird (Sutcliffe, 2005). UE-Maßnahmen sind meist kaum verständlich für Entwicklerteams und Organisationen, deren Entwicklungspraxis von klassischen Software-Engineering-Verfahren geprägt ist. Darüberhinaus verfolgen beide Disziplinen zwar ein gemeinsames Ziel, nämlich Software zu gestalten, die Nutzer wollen und benötigen, doch betrachten beide die Softwareentwicklung aus unterschiedlichen Perspektiven (Seffah et al., 2005). Abbildung 7 soll dies näher veranschaulichen. Die SE-Community fokussiert auf System 1. Die Softwareentwicklung ist durch Spezifikationen bestimmt, die das Design definieren, ebenso auch das Nutzerinterface. Dieses hat zwar funktionale und Usability-Anforderungen zu erfüllen, ist aber sehr stark an das System gebunden, das wiederum mit der Anwendung korrespondiert. Der Fokus liegt auf der Softwareanwendung und das Nutzerinterface ist ein Teil von vielen Komponenten, die spezifische Anforderungen berücksichtigen müssen. Auf der anderen Seite fokussiert UE auf System 2. Hauptziel ist es hier, dass jeder der späteren Nutzer seine Aufgaben mit der Anwendung durchführen kann. Die Anforderungen sind abhängig davon, was der Nutzer mit der Anwendung machen kann. Das bedeutet, dass der Softwareentwicklungsprozess von der Spezifizierung und Validierung dieser Anforderungen bestimmt wird und ist Abhängig von den Arbeitsaufgaben und den Fähigkeiten und Charakteristiken der Nutzer.

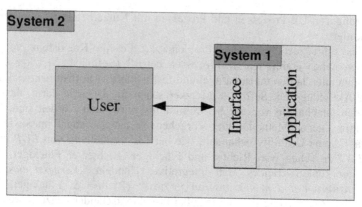

Abbildung 7: Zwei Systemperspektiven (Seffah et al., 2005)

Auf der anderen Seite spielt eine gute Gebrauchstauglichkeit bei Software-produkten immer mehr in Softwareprojekten und korrespondierend dazu in SE-Vorgehensmodellen eine immer stärkere Rolle. Das konnte bereits bei RUP und V-Modell XT beobachtet werden. Dafür stellt die HCI-Forschung zahlreiche Methoden, wie z.B. szenarien-basierte Walkthroughs, Umfragen, usw., zur Berücksichtigung der Endnutzer und deren Praxis zur Verfügung, die ebenfalls von SE-Verfahren benutzt werden. So könnte man meinen, dass sich dadurch auch die Gebrauchstauglichkeit von interaktiven Systemen in den letzten Jahren verbessert hat. Doch hat sie dies nicht, wie eine Studie unter 92 Software-Entwicklern in der Schweiz gezeigt hat (Hussain et al., 2009). 47% der Befragten gaben an, dass sie das Nutzerinterface alleine, ohne fremde Hilfe entwickelt haben. Nur in 27% der Fälle wurden die Endnutzer für die Anforderungsermittlung und Interfacegestaltung mit einbezogen. Darüber hinaus ließ sich aus den Antworten schließen, dass 92% der Entwickler wenige bis keine Kenntnisse im Bereich der Mensch-Maschine-Interaktion vorweisen konnten. Zudem zeigt der aktuelle Branchenbericht der deutschen Abteilung der User Experience Professional Association, dass die durchschnittliche Dauer von Usability-Projekten nur bei 6,5 Monaten liegt (Kolb et al., 2014). Damit ist auch das Ergebnis einer Studie der Standish Group (*The Chaos Report*, 2010) zu erklären, die nachwies, dass unvollständige Anforderungen und die fehlende Einbeziehung von Endnutzern in den Entwicklungsprozess die Hauptgründe für das Scheitern von Softwareprojekten sind. Worauf ist dies zurückzuführen? Richter & Flückiger (Richter & Flückiger, 2010) sehen trotz der Berücksichtigung des Endnutzers in der agilen Softwareentwicklung das Problem darin, dass für die tatsächliche Einbeziehung von Endnutzern die entsprechenden Aktivitätsbeschreibungen, Methoden und Werkzeuge weitgehend fehlen. Damit fehlen ebenfalls Erfahrungswerte für die Projektplanung. Als Konsequenz für die nutzerzentrierte Softwareentwicklung bedeutet es, dass die Integration von Endnutzern in den Entwicklungsprozess eher als optional oder als zusätzlicher Aufwand betrachtet wird.

- Geringe bis keine Unterstützung der Post-Deploymentphase in gängigen UE- und SE-Prozessen.

- SE-Prozessmodelle wie RUP, V-Modell XT oder agile Software-entwicklung berücksichtigen die Gewinnung von Nutzer- und Aufga-benanforderungen, allerdings nur zu Beginn eines Projektes.

- UE-Maßnahmen unterstützen nicht den gesamten Lebenszyklus, sondern sind nur auf Projektzeiträume beschränkt.

- Koexistenz von UE-Aktivitäten in SE-Prozessen.

- Geringe Gebrauchstauglichkeit aufgrund der fehlenden Berück-sichtigung der Nutzungsphase, der unzureichenden Einbindung von Nutzern und die fehlenden oder geringen Usability-Kenntnisse von Ent-wicklern und Entscheidern.

2.1.3 Usability-Engineering und Community-Innovation in der Entwicklungspraxis

In diesem Abschnitt wird die Durchführung von Usability-Maßnahmen in der Praxis betrachtet. Dafür wird im Wesentlichen auf Usability-Aktivitäten in Open-Source-Projekten (OS) eingegangen. Der Grund liegt darin, dass durch die Popularität von OS-Projekten und durch den erleichterten Zugang zu Projekt-informationen eine Vielzahl von Forschungsarbeiten existiert. Über betriebliche oder private Entwicklungspraxen liegen nur wenige Arbeiten vor, da hier der Zugang schwieriger ist. Allerdings ist der Kontext von OS-Projekten auch auf inhaltlicher Ebene interessant, da hier mit verteilten Akteuren, unzureichendem Domänenwissen und mit zeitliche, räumliche und organisationalen Distanzen zwischen den Akteuren umgegangen werden muss. Zudem sind Open-Source-Projekte ein gutes Beispiel für Community-basierte Innovationen. So wird sich ein Abschnitt dem Thema Community-Innovation widmen.

OSS (Free and Open Source Software) hat in den letzten Jahren immer mehr an Bedeutung gewonnen (Fitzgerald, 2006). Das lässt nicht nur an Mozilla Firefox, OpenOffice oder an mobilen Betriebsystemen wie Android erkennen. Solche Entwicklungsprojekte haben bei der späteren Betrachtung von explizitem Nutzerfeedback den Vorteil, dass im Gegensatz zu proprietären Projekten Fehler entdeckt und gelöst werden, weil *„there are many eyeballs looking at the prob-*

lem" (Barcellini, Detienne & Burkhardt, 2008, S. 559). Bisherige Studien über Open-Source-Projekte haben unterschiedliche Themen untersucht. Themen wie Motivation (Hertel et al., 2003), Source-Code-Verwaltung (Mockus et al., 2002), Finanzierung und Management (O'Mahony, 2003) und Anforderungen an FOSS-Entwicklung (Scacchi, 2002) wurden bisher betrachtet. Nur wenige Arbeiten beziehen sich hingegen auf Usability-Aspekte und die Durchführung von Usability-Maßnahmen in OSS-Projekten (Bach et al., 2009; Benson et al., 2004; Nichols & Twidale, 2006a; Rajanen et al., 2011; Twidale et al., 2005). Auch existieren Arbeiten, die grundsätzlich die Nutzerbeteiligung (Pagano & Bruegge, 2013) und Werkzeugunterstützung zu Feedback-Reporting (Bettenburg, Just, et al., 2008) in Open Source-Projekten untersucht haben. Es lässt sich erkennen, dass sich die Mehrheit der Studien auf die frühen Phasen der Entwicklung bezieht und nur wenige die Phase der konkreten Nutzung zu Usability-Aktivitäten oder Nutzerbeteiligung untersucht haben (Bettenburg, Just, et al., 2008; Chilana et al., 2011; Heiskari & Lehtola, 2009; Ko et al., 2011; Pagano & Bruegge, 2013; Seyff et al., 2010). Doch sollen nun einzelne Usability relevante Bereiche näher betrachtet.

2.1.3.1 Das Open Source-Ecosystem

Bødker et al. (Bødker et al., 2007) machen in ihrer Arbeit deutlich, dass es zu Problemen führen kann, wenn man versucht, traditionelle Usability-Methoden und -Empfehlungen mit dem OSS-Entwicklungsmodell und der Entwicklungsphilosophie zu kombinieren. Denn die Entwicklung von OSS läuft anders ab als in üblichen Softwareentwicklungsprojekten. OSS-Entwicklungen basieren auf einem Community-basierten Entwicklungsmodell, in dem technisch-orientierte Individuen eigene Softwarelösungen auf ihre persönlichen Bedürfnisse hin entwickeln und dann diese Lösung anderen zur Nutzung oder Modifikation zur Verfügung stellen (Hippel & Krogh, 2003). Titlestad et al. sehen OSS-Projekte auch als *„continuous form of open ended distributed participatory design, where new functionalities can always be proposed by different kinds of participants, regardless of their stake in the project, and users can potentially be involved in all phases of the development process"* (Titlestad et al., 2009, S. 32). Nutzer haben somit die Möglichkeit, jederzeit an der Entwicklung teilzunehmen, *„at least if they have the skills to do so"* (Barcellini et al., 2008, S. 558). Um die Arbeitsteilung in OSS-Communities besser zu verstehen, wird kurz auf deren Aufbau eingegangen, der meist mittels eines Zwiebelmodells beschreiben wird (s. Abbildung 8).

Im Kern befindet sich der oder das *Core Team*, in der Regel mit einem Projektleiter. In der nächsten Schicht befinden sind die *Contributing Developers*, die die vollen Lese- und Schreibrechte auf den Source-Code besitzen. Diese arbeiten eng mit dem Projektleiter zusammen und benötigen die Zustimmung des Projektleiters, um größere *commits* durchführen zu können. Die nächste Schicht sind *Bug reportes*. Dies sind externe Entwickler, die kleinere Optimierungen durchführen, oder Nutzer, die Bugreports schicken (vgl. Abschnitt 2.3.3). Beitragende haben Zugriff auf den Source-Code und können diesen modifizieren, können aber ihre Änderungen nicht in das Source-Code-Verzeichnis hochladen. Hierzu ist die Zustimmung eines *Contributing Developers* oder des Projektleiters notwendig, der die Änderungen zuvor begutachtet und danach in das Verzeichnis committet. Die äußerste Schicht stellt die *User* dar, die nicht aktiv an der Entwicklung teilnehmen, dafür jedoch die Software nutzen. OSS-Projekte sind i. d. R. stark leistungsorientiert. Für gute Leistung wechselt ein Akteur zu einer weiter innenliegenden Schicht (Aberdour, 2007).

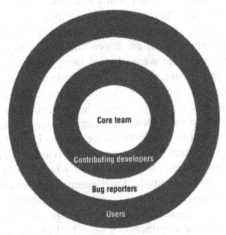

Abbildung 8: Zwiebelmodell einer Softwareentwicklungscommunity (Aberdour, 2007)

Bevor auf die Usability-Aktivitäten in OSS-Projekten eingegangen wird, werden zuvor die Rollen und die Zusammenarbeit im Entwicklungsprozess betrachtet, auch wenn sich bis jetzt erst wenige Arbeiten mit diesem Thema auseinandergesetzt haben (Barcellini et al., 2014; Titlestad et al., 2009; Twidale et al., 2005). Barcellini et al. (Barcellini et al., 2008) identifizierten drei Arten der Zusammenarbeit im Designprozess:

1. *Generation–evaluation activities*
    sind Aktivitäten, die sich auf die Lösung und die Evaluation von verschiedenen Aspekten von Designproblemen beziehen.

2. *Clarification–reformulation activities*
   sind Aktivitäten, die auf die Bildung eines gemeinsamen Verständnisses innerhalb der Gruppe von Co-Designern abzielen.

3. *Group management activities*
   sind Projektmanagementaktivitäten, die sich auf die Koordination von Personen und Ressourcen beziehen.

Der zweite Punkt ist von besonderer Bedeutung, da eines der grundlegenden Ziele beschrieben wird, das später auch im Kapitel zu Participatory-Design (s. Abschnitt 2.4) näher betrachtet wird. Die Unterstützung des gegenseitigen Lernens ist eine Voraussetzung, um ein gemeinsames Verständnis über Arbeitspraxen und Ziele zwischen den Akteuren zu schaffen. Anhand der Studie über die Weiterentwicklung der Programmiersprache Python soll dies verdeutlicht werden und insbesondere gezeigt werden, welche Herausforderungen durch heterogene Akteursgruppen bestehen. Barcellini et al. (Barcellini et al., 2014) zeigten in der Studie, dass die wesentlichen Designdiskussionen in zwei Mailinglisten durchgeführt wurden. Eine Mailingliste war für die Nutzer-Community, die andere für die Entwickler-Community. Es zeigte sich mehrheitlich, dass auch wenn ein Nutzerbeitrag wichtige Erkenntnisse über neue Nutzeranforderungen lieferte, dieser Beitrag weiterhin nur lokal in der Nutzer-Community diskutiert wurde und nicht zwingenderweise in Designentscheidungen der Entwickler-Community mit einbezogen wurde. Eine klare Trennung zwischen beiden „Welten" ist zu erkennen und wie später noch zu sehen sein wird, ist dies eher der Normalfall. Auch wenn OSS-Projekte per Definition grundsätzlich beteiligungsorientiert sind und Nutzerbeteiligung in allen Phasen der Entwicklung (Anforderungsermittlung, Design und Einführung) vorgeschrieben ist, agieren beide Communities vornehmlich für sich. Dennoch konnten in der Python-Studie Akteure identifiziert werden, die versuchten diese beiden Communities zu verbinden. *Boundary-Spanners*, von Barcellini et al. *Cross-Participants* (Barcellini et al., 2008) genannt, versuchten sicherzustellen, dass die Nutzung und die Entwicklung miteinander verbunden sind und emergente Nutzer- oder Aufgabenanforderungen im Design berücksichtigt wurden. Doch diese Rollen sind nicht zwangsläufig vorhanden. Sie sind abhängig von den Interessen, Fähigkeiten und vom Kontext und entwickeln sich im Laufe der Projektzusammenarbeit. So kommt der Unterstützung von *Social Awareness* eine entscheidende Bedeutung zu (Barcellini, 2010). Barcellini et al. (Barcellini et al., 2014) fordern Monitoring-Funktionalitäten die z.B. darüber informieren, was hinter den Grenzen passiert: Wer ist beteiligt? Was wird diskutiert? Welche Anforderungen werden in die Entwicklerumgebung übertragen, welche nicht?

2.1.3.2 Usability-Aktivitäten in Open-Source-Projekten

Laut Twidale et al. (Twidale et al., 2005) sind Usability-Probleme bei OS-Software auf fehlende Kenntnisse über HCI-Methoden in OSS-Communities zurückzuführen. Dass Usability-Fachwissen in den meisten OS-Projekten unzureichend ist, wird von weiteren Arbeiten bestätigt (Bach et al., 2009; Benson et al., 2004; Nichols & Twidale, 2003) und untermauert die Analyseergebnisse zu UE-/SE-Prozessen in Kapitel 2.1. Außerdem bestätigen die Studien zu OSSD, wie schon zuvor beschrieben, dass die unterschiedlichen Prozessphilosophien in der Praxis kollidieren, wenn eher dezentrale und agile SE-Prozesse auf starkgewichtige und geschlossene UE-Prozesse treffen (Benson et al., 2004; Bødker et al., 2007). Die Folge ist, dass Usability-Aktivitäten meist isoliert durchgeführt werden (Nichols & Twidale, 2006a). Usability-Spezialisten sind gern gesehene Berater, aber eine konkrete und direkte Integration in den Entwicklungsprozess ist nicht vorgesehen. Entscheidungsgewalt steht ihnen somit i. d. R. nicht zur Verfügung (Bach et al., 2009). Wie schon in Kapitel 2.1 gezeigt werden konnte, stehen beide Disziplinen für eine „alles oder nichts"-Haltung. Entweder liegt der Fokus auf Usability-Methoden und -Zielen oder auf SE-Prinzipien. Das führt zudem zu einer fehlenden Autorität und Wertschätzung von Usability-Experten und ihrer Arbeit bei der Entwicklercommunity. Aufgrund der Isolierung der Usability-Aktivitäten ist es sehr schwer, die Leistung deutlich zu machen und dadurch Autorität oder einen Ruf innerhalb eines Projektes aufzubauen (Andreasen et al., 2006; Bach et al., 2009).

Mehrere Arbeiten schlagen auf Prozessebene vor, Usability-Tests mit Endnutzern mit in den Entwicklungsprozess zu integrieren (Andreasen et al., 2006); andere hingegen empfehlen Expertentests, da sie sich deutlich einfacher integrieren lassen (Zhao & Deek, 2005, 2006). Rajanen et al. (Rajanen et al., 2011) empfehlen, die Starrheit von Usability-Verfahren aufzubrechen und Methoden entsprechend der Entwicklungsphilosophie und -kultur auszuwählen. Twidale et al. (Twidale et al., 2005) wiederum lenken den Fokus auf die Mediation von Nutzung und Design, um gegenseitiges Lernen und die Schaffung eines gemeinsamen Designverständnis besser zu unterstützen. Auch Rajanen et al. (Rajanen et al., 2011) heben das Wechselspiel zwischen Entwicklern und Usability-Experten hervor, da auch Entwickler über Usability-Grundkenntnisse verfügen sollten. Auf Werkzeugebene konnten Arbeiten zeigen, dass bei OS-Projekten Blogs (Nardi & Schiano, 2004) und Mailinglisten, Chats und Newsgroups (Hippel & Krogh, 2003) dafür verwendet wurden, um größere Analysen oder Designdiskussionen zu führen. Allerdings abseits der eigentlichen Entwicklungspraxis. Rajanen et al. (Rajanen et al., 2011) identifizierten mangelnde Artikulationsunterstützung bei Bugreports und die unzureichende Unterstützung beim Umgang mit der hohen Anzahl von Berichten und inhaltlich langen Berichten. Nichols und Twidale (Nichols & Twidale, 2006a) bemängeln die fehlende Unterstützung Berichte, zusammenfassen und strukturieren zu können. Beide Studien weisen auf die nicht bedarfsgerechten Werkzeuge hin, um aus subjektiven Fehlerberichten objektive und global geltende Designentscheidungen zu treffen. Dieses Thema ist wichtig für diese Arbeit und wird in Abschnitt 2.3 ausführlich betrachtet.

2.1.3.3 Community-Innovation

Ein entscheidender Teil in Open-Source-Projekten sind Nutzer- und Entwickler-Communities. Da die vorliegende Arbeit auf die Einbeziehung von Nutzern und Nutzergruppen in den Gestaltungsprozess abzielt, wird nun die Innovationsfähigkeit von Nutzer-Communities näher betrachtet.

Nutzer sind Experten hinsichtlich der Nutzung eines Produktes und somit eine wichtige Quelle für Innovationen (Thomke & Hippel, 2002). Magnusson (Magnusson, 2003) fand sogar heraus, dass Ideen von Nutzern wesentlich innovativer sind und einen wertvolleren Beitrag für andere Nutzer bringen als Ideen von professionellen Produktentwicklern. Meist sind jedoch diese Ideen für Entwickler schwerer umzusetzen, was darauf zurückzuführen ist, dass Entwickler eher Ideen integrieren, von denen sie wissen, dass sie implementierbar sind. So werden Nutzerideen häufig nicht integriert und die zuvor festgestellte Trennung zwischen Nutzer- und Entwickler-Communities wird so gestärkt (s. Abschnitt 2.1.3.2). Nutzerinnovationen sind im Grunde nichts Neues. Enthusiasten und Bastler haben schon immer eigene Lösungen für ihre Bedürfnisse entwickelt (Sharp & Salomon, 2008). Durch Internettechnologien ist dieses Phänomen sichtbar geworden und durch die Vernetzung von Individuen wird ein kollaborativer Innovationsprozess ermöglicht. Innovatoren können nun Ideen austauschen und erhalten schneller Rückmeldung von anderen Beteiligten, wodurch eine Veränderung im Wertschöpfungsnetzwerk vollzogen wird (Sharp & Salomon, 2008).

Open-Source-Projekte, wie sie im Abschnitt zuvor beschrieben wurden, sind ein gutes Beispiel für erfolgreiche Community-basierte Innovationen. In solchen Projekten wird Software auf Basis ihres offenen Source-Codes, der für alle nutzbar, modifizierbar und verteilbar ist, weiterentwickelt (Hippel & Krogh, 2003). Open-Source-Entwickler gestalten Software nach ihren persönlichen Bedürfnissen, teilen die Lösungen jedoch mit anderen. Nach Rantalianen et al. (Rantalainen et al., 2011) sind hier Internetwerkzeuge entscheidend, weil sie die Kommunikation und Arbeitsteilung in der Community unterstützten. Doch viele der Nutzer von Open-Source-Software entwickeln nicht selbst, wie bspw. beim Firefox-Browser zu sehen ist. Solche normalen Nutzer spielen, wie schon bei der genaueren Betrachtung von OS-Projekten zuvor, nur die Rolle der Feedbackgeber, die Nutzungsprobleme oder erdachte Lösungen in Diskussionsformen beschreiben und auf eine Umsetzung durch die Entwickler hoffen (Iivari, 2010).

Meist werden diese Lösungsvorschläge von Entwicklern aber nicht angenommen. Das hat mehrere Gründe. Erstens wird die Gestaltungskompetenz normaler Nutzer von Entwicklern nicht ausreichend hoch eingeschätzt (Iivari, 2010). Zweitens sind die Nutzerideen für Entwickler schwieriger umzusetzen. Drittens müssen die Nutzerideen sich nicht zwangsläufig mit Geschäftszielen oder -strategien decken (Magnusson, 2003). So zeigt sich auch hier eine Trennung zwischen der Nutzerschaft und den Entwicklern (Iivari, 2010), wie sie auch durch Barcellini et al. (Barcellini et al., 2014) identifiziert werden konnte.

Wichtige Faktoren für die Innovationsleistung von Communities sind somit die Kompetenz und die Fähigkeiten der einzelnen Teilnehmer. Magnusson (Magnusson, 2003) und Hippel (Hippel, 2001) sehen *Lead Users* als die entscheidenden Akteure an, die in der Lage sind, Innovationen zu generieren. *Lead User* sind stark in die Nutzung involviert und entdecken neue Anforderungen vor anderen Nutzern, denn im Gegensatz zu *Lead Usern* beschreiben normale Nutzer meist nur Bedürfnisse, statt neue innovative Lösungen zu entwickeln. Heiskanen et al. (Heiskanen et al., 2010) begründen dies damit, dass Nutzer, die nicht stark mit einem Produkt verbunden sind, nicht in der Lage sind, sich zukünftige Nutzungen oder nicht existierende Produkte vorzustellen. Wenn sie es dennoch schaffen, dann fehlte ihnen meist das Vokabular, um ihre Ideen oder gar radikale Innovationen zu artikulieren.

- ■ Drei Arten der Zusammenarbeit in Open-Source-Projekten: Generation–evaluation activities; Clarification–reformulation activities, group management activities.

- ■ Klare Trennung von Usabiliy-Maßnahmen und Softwareentwicklungsprozessen in Open-Source-Projekten.

- ■ Geringe Usability-Fachkenntnisse auch in Open-Source-Projekten.

- ■ Geographische Trennung zwischen Usability-Experten und Entwicklern erschweren Kommunikation und Diskussion von Usability-Maßnahmen und -Ergebnissen.

- ■ Wesentliche Einbeziehung von Nutzern geschieht über Bugreports oder Mailinglisten.

- ■ Unterschiedliche Rollen, Zuständigkeiten und Rechte in OS-Projekten.

- ■ Fähigkeiten der Akteure sind kontextbasiert und entwickeln sich weiter.

- ■ Social Awareness wichtig für die Kommunikation, für die Arbeitskoordination und für das kollektive Lernen.

- Nutzer-Communities als erfolgreiche Lieferanten von innovativen und bedarfsgerechten Verbesserungsideen.

- Lead User spielen wichtige Rolle im Innovationsprozess

- Klare Trennung zwischen Nutzer- und Entwickler-Communities aufgrund als gering eingeschätzter Gestaltungskompetenzen von Nutzern, hoher Umsetzungsaufwände von Nutzerideen oder der fehlenden Deckung mit bestehenden Geschäftszielen oder -strategien.

2.2 UE-Methoden in der Nutzungsphase

Abbildung 9 gibt einen Überblick über die Vielfalt existierender UCD-Methoden und Techniken, mittels derer die Endnutzer in die jeweiligen Entwicklungsphasen mit einbezogen werden können. Die Liste ist nicht vollständig, aber vergleicht man die Anzahl der Methoden und Techniken, die sich auf die Anwendungsphase beziehen, mit denen aus den vorangegangen Entwicklungsphasen, wird deutlich, dass der Fokus der HCI-Forschung auf den Phasen vor der Auslieferung liegt.

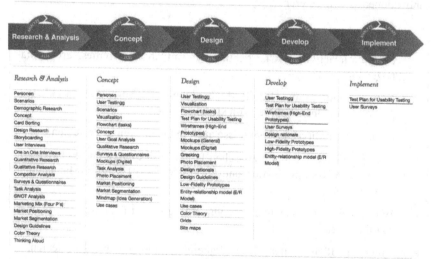

Abbildung 9: Überblick über existierende HCI-Methoden (Leurs et al., n.d.)

In diesem Abschnitt liegt der Fokus auf den wenigen existierenden Methoden und Werkzeugen die sich auf die konkrete Nutzung beziehen und als Ziel haben, Nutzungsinformationen zu erfassen, die Rückschlüsse auf die Gebrauchstauglichkeit geben können. Es werden unterschiedlichste Verfahren aus dem Usability-Engineering und angrenzenden Diskursen vorgestellt, die die räumliche und zeitliche Trennung zwischen Nutzern und Entwicklern gemein haben. Doch zuvor ein Schritt zurück zu elementaren Verfahren, die Einblicke in die Nutzung eines Softwareartefakts und dessen Kontext ermöglichen. Eine Vielzahl von Forschungsmethoden existiert, die Nutzungserlebnisse im Anwendungsfeld erfassen und auswerten. Dabei reichen die Methoden in ihrer Komplexität bei der Ausführung von gering bis sehr aufwendig und erfassen jeweils bestimmte Aspekte von Nutzungserlebnissen. Diese Verfahren sollen kurz diskutiert werden, da die später vorgestellten Remote-Usability-Verfahren deren Zielsetzung in die Bedingungen der räumlichen/zeitlichen Trennung von Nutzern und Entwicklern zu übertragen versuchen.

■ *Usability-Untersuchungen*
Usability-Untersuchungen sind ein wichtiger Teil im Usability-Engineering. Traditionelle Usability-Untersuchungen beinhalten szenarien-basierte Walkthroughs, in denen IT-Artefakte möglichst iterativ mit Probanden getestet und validiert werden können. Dies geschieht möglichst in der natürlichen Nutzungsumgebung der späteren Nutzer, findet aber doch meist in Laborumgebungen statt. Das kann durch Kostenvorteile begründet sein oder durch die Notwendigkeit an einer kontrollierten Umgebung, um gezielte Designfragestellung beantworten zu können (Rogers et al., 2011). Diese Fixierung der Nutzung stellt aber gleichzeitig eine Limitation von solchen künstlichen Umgebungen dar, da davon ausgegangen wird, dass Produkte unmittelbar nutzbar sind. Anlernzeiträume, organisatorische und soziale Rahmenbedingungen sowie schwer definierbare zukünftige Nutzungsszenarien werden hingegen ausgeblendet. Außerdem handelt es sich nicht um Software, die tatsächlich von den Nutzern erworben wurde oder mit der sie arbeiten müssen. So werden Laborergebnisse in Designstudien übertragen und es wird davon ausgegangen, dass diese auch in der tatsächlichen Nutzungsumgebung funktionieren (Nielsen, 1994b).

■ *Umfragen und Fokusgruppen*
Eine der am häufigsten verwendeten Methoden, um Einblicke in „wahre Welt" der Nutzer zubekommen, sind Umfragen oder Fokusgruppen. Sind diese Methoden gerade in der frühen Phase der Entwicklung nützlich, um z.B. etablierte Nutzungspraxen zu verstehen oder Funktionen zu bestimmen, sind sie meist doch zu abstrakt, um daraus konkrete Designentscheidungen treffen zu können. Auch wenn diese Methoden konkrete Designfragestellungen platzieren würden, besteht immer noch das Problem der Latenz zwischen tatsächlicher Praxis und Reflexion. Reflexionen von Probanden zu Handlungen, die in der Vergangenheit liegen, sind nicht so detailliert und

zuverlässig wie Reflexionen die entweder während oder unmittelbar nach der konkreten Nutzung eines Artefaktes abgefragt wurden. (Shneiderman & Plaisant, 2005)

■ *Ethnographische Studien*
Eine Methode, die eben diese Retrospektive zu vermeiden versucht, sind ethnographische Studien. Sie geben einen direkten Einblick in die Praxis von Menschen. Ethnographische Studien haben als Ziel, die Latenz zwischen Handlung und Reflexion zu minimieren (Suchman, 2002). Dennoch gibt es gute Gründe, die die weitreichende Nutzung als Forschungsmethode verhindern. So ist der Aufwand für Aufbau, Personal und Logistik bei teilnehmenden Beobachtungen hoch und kostenintensiv. Deutlich wird dies z.B. bei der Beobachtung der Nutzung von mobilen Endgeräten mit kleinen Bildschirmen und schnellen und kurzen Interaktionen (Rogers et al., 2011). Gleiches gilt für qualitative Interviews im Feld, denen hoher Zeit- und Personalaufwand gegenübersteht. Feldarbeit und die Analyse von großen Datenmengen, die sich daraus ergeben, sind erheblich zeitaufwendig. Die Probandenzahl ist gering und die Gefahr, dass die Ergebnisse auch wirklich brauchbar sind, ist im Vergleich zu direkten und strategisch ausgerichteten Methoden wie Usability-Untersuchungen ein Risiko. Zwar sind ethnographische Methoden am besten geeignet, um die wirklichen und nicht bewussten Handlungen aufzudecken, doch kann eben diese Offenheit den Zugang und die Finanzierung verhindern (Lew, 2009).

Wie im Folgenden zu sehen sein wird, versuchen Remote-Usability-Verfahren die eben genannten Herausforderungen bei der Erfassung von Nutzungserfahrungen zu adressieren. Das betrifft insbesondere die Reduzierung von Kosten, die Vergrößerung der Probandenanzahl und die Verringerung der Latenz zwischen Praxis und Reflexion. Remote-Usability hat eine lange Tradition in der HCI-Community (Andreasen et al., 2007). Remote-Usability fokussiert auf die Situation in der, der/die Evaluator(en) und der/die Nutzer räumlich und/oder zeitlich voneinander getrennt sind und stellt entsprechende Werkzeuge zur Verfügung, um Rückschlüsse auf die Gebrauchstauglichkeit einer Software zu ermitteln (Castillo et al., 1998). In diesem Abschnitt werden asynchrone Verfahren aus dem Remote-Usability vorgestellt. Also Verfahren, die neben der örtlichen, auch die zeitliche Trennung berücksichtigen. Synchrone Verfahren, die klassische Usability-Tests simulieren, werden aufgrund der Ausgangsfragestellung nicht betrachtet. Asynchrone Verfahren lassen sich in drei Typen unterteilen: In *quantitative Verfahren*, die die automatische Nutzungsdatenerfassung (z.B. die Erfassung von GUI-Events) unterstützen (Ivory & Hearst, 2001). In *qualitative Verfahren*, die Nutzer unterstützen, Erfahrungen mit einer Software zu beschreiben (z.B. Online-Fragebögen oder Tagebücher) (Bruun et al., 2009a) und in *hybride Verfahren*, die quantitative und qualitative Verfahren auf sinnvolle Weise miteinander verbinden (z.b. Use-Tracking mit Interviews) (Kort & de Poot, 2005).

2.2.1 Erweiterte Kategorisierung von Remote-Usability-Verfahren

Um die relevanten Remote-Usability-Verfahren ermitteln und analysieren zu können, wurde eine erweiterte Klassifizierung von Remote-Usability-Verfahren entwickelt (s. Tabelle 1)

Tabelle 1: Erweiterte Klassifizierung von Remote-Usability-Verfahren

Remote-Usability-Evaluation-Methoden	**(1) Methodenklasse** Testing, Inspection, Inquiry, Analytical Modelling, Simulation
	(2) Methodentyp Log File Analyse, Tagebuch, Fragebögen, etc.
	(3) Automatisierungstyp Keine, Erfassung, Analyse, Kritik
	(4) Aufwandsleve Geringer Aufwand, Modell-Entwicklung, Informelle Nutzung, Formelle Nutzung
	(5) Qualitätslevel Quantitativ, Qualitativ, Hybrid
	(6) Zeitpunkt Synchron, Asynchron
	(7) Ort Labor, Im Feld

Tabelle 1 baut auf der Klassifizierung von Ivory & Hearst (Ivory & Hearst, 2001) auf, die Remote-Usability-Verfahren nach vier Kategorien unterscheiden: *Methodenklasse, Methodentyp, Automatisierungstyp* und *Aufwandslevel*. Für diese Arbeit wurden drei weitere Kategorien ergänzt: *Qualitätslevel, Zeitpunkt* und *Ort*. Dadurch können Remote-Usability-Verfahren nun auch dahingehend unterschieden werden, ob es sich um ein quantitatives, qualitatives oder hybrides Verfahren handelt, ob die Evaluation synchron oder asynchron durchgeführt wird und ob das Verfahren im Feld oder im Labor angewendet wird. Jede dieser Kategorien wird nun einzeln vorgestellt.

(1) Unter *Methodenklasse* fallen:

■ *Testing*
Ein Evaluator beobachtet Nutzer bei der Interaktion mit einer Nutzerschnitt-

stelle (z.B. bei der Abarbeitung von Aufgaben), um Probleme bei der Gebrauchstauglichkeit zu identifizieren.

■ *Inspection*
Ein Evaluator nutzt Richtlinien oder Heuristiken zur Identifizierung von Problemen bei der Gebrauchstauglichkeit.

■ *Inquiry*
Der Nutzer liefern Rückmeldungen über die Nutzung eines Systems.

■ *Analytical Modeling*
Ein Evaluator verwenden, ein Nutzer- und Nutzerschnittstellenmodell, um Vorhersagen über die Gebrauchstauglichkeit machen zu können.

■ *Simulation*
Ein Evaluator verwendet ein Nutzer- und Nutzerschnittstellenmodell, um Nutzerinteraktionen zu imitieren, und berichtet über Ergebnisse der Interaktion.

(2) Innerhalb der Klassen *Testing, Inspection, Inquiry, Analytical Modeling* und *Simulation* werden unterschiedliche Evaluationsmethoden angewendet. Diese werden in *Methodentypen* gegliedert und sind z.B. Logfile-Analyse (Testing), Fragebögen (Inquiry) oder GOMA-Analyse (Analytical Modeling). Diese werden im folgendem nicht näher erläuert.

(3) Nach Balbo (Balbo, 1995) gibt es vier *Automatisierungstypen,* die angeben, welche Aufgaben automatisiert werden können:

■ *Keine*
Keine Automatisierung der Usability Evaluation.

■ *Erfassung*
Software erfasst automatisch Nutzungsdaten.

■ *Analyse*
Software identifiziert automatisch potentielle Probleme bei der Gebrauchstauglichkeit.

■ *Kritik*
Software analysiert und liefert Verbesserungsvorschläge automatisch.

(4) Des Weiteren wird zwischen unterschiedlichen Aufwandslevel unterschieden. Diese geben an, wie hoch der menschliche Aufwand für die Ausführung der Methode ist.

■ *Geringer Aufwand*
Nutzerinteraktion oder Nutzungsmodell ist nicht notwendig.

- *Modell Entwicklung*
  Benötigt ein Nutzungs- oder Nutzermodell zur Ausführung der Methode.

- *Informelle Nutzung*
  Benötigt die Ausführung von frei ausgewählten Aufgaben.

- *Formelle Nutzung*
  Benötigt die Ausführung von bestimmten Aufgaben

(5) Für diese Arbeit wurden drei weitere Kategorien zu der Klassifizierung von Ivory & Hearst (Ivory & Hearst, 2001) ergänzt. Zum einen die Kategorie *Qualitätslevel*.

- *Quantitativ*
  Die Methode liefert ausschließlich quantitative Daten.

- *Qualitativ*
  Die Methode liefert ausschließlich qualitative Daten.

- *Hybrid*
  Die Methode liefert eine Kombination aus quantitativen und qualitativen Daten.

(6) Zudem wurde eine Kategorie *Zeitpunkt* ergänzt, die angibt, ob der Evaluator und der/die Nutzer zeitlich getrennt sind oder nicht.

- *Asynchron*
  Evaluator und der/die Nutzer sind zeitlich getrennt.

- *Synchron*
  Evaluator und der/die Nutzer agieren zur selben Zeit.

(7) Die letzte Kategorie gibt den *Ort* der Ausführung der Methode an.

- *Labor*
  Die Methode wird in einer Laborumgebung ausgeführt.

- *Im Feld*
  Die Methode kann in der Arbeitsumgebung der Probanden ausgeführt werden.

2.2.2 Übersicht Remote-Usability-Verfahren

Die folgende Tabelle zeigt eine Übersicht über eine Auswahl relevanter Arbeiten zu Remote-Usability-Verfahren, die im darauffolgendem Kapitel jeweils näher beschrieben werden. Als relevant werden Verfahren angesehen, die die in-situ

Erfassung von Nutzungsinformationen adressieren, bei der Nutzer und Entwickler bzw. Usability-Experten zeitlich und räumlich voneinander getrennt sind.

Tabelle 2: Übersicht relevanter Remote-Usability-Verfahren

Methodenkl. / Methodentyp (Paper)	Automatisierungstyp				Aufwandslevel				Qualitätslevel			Zeitpunkt		Ort	
	Keine	Erfassung	Analyse	Kritik	Gering	Modell	Formell	Informell	Quantitativ	Qualitativ	Hybrid	Synchron	Asynchron	Labor	Im Feld
Testing															
Performance Measurement															
(Atterer et al., 2006)		X						X	X				X		X
(Arroyo et al., 2006)		X						X	X				X		X
(Kiura et al., 2009)		X						X	X				X		X
Log-File Analyse															
(De Vasconcelos & Baldochi Jr., 2012)		X	X	X				X	X				X		X
Inspection															
Richtlinienüberprüfung															
(Dingli & Mifsud, 2011)			X		X					X			X		X	
Heuristische Evaluation															
(Burzagli et al., 2007)			X	X		X				X			X		X	
Inquiry															
Fragebogen															
(Humayoun et al., 2009)		X								X		X		X		X
(Jerroudi et al., 2005)		X								X		X		X		X
(Stieger & Reips, 2010)		X								X	X			X		X
(Froehlich et al., 2007)		X								X		X		X		X
(Kim, Gunn, Schuh, et al., 2008)		X								X		X		X		X
Feedback															
(Christensen & Frøkjær, 2010)		X								X	X	X		X		X
Vorhersage															
(Hailpern et al., 2010)		X	X							X	X	X		X		X
Analytical Modeling															
GOMS Analyse															
(Sebok & Wickens, 2012)			X				X			X			X		X	
Kognitive Aufgabenanalyse															
(Renaud & Gray, 2004)			X				X			X				X		X
(Mittal et al., 2012)			X				X			X			X		X	

In den nun folgenden Abschnitten werden die in dargestellten Methoden vorgestellt und diskutiert. Die Abschnitte gliedern sich nach den Methoden-klassen (Testing, Inspection, Inquiry und Analytical Modelling), die zuvor be-schrieben wurden. Innerhalb der Methodenklassenabschnitte werden die Verfah-ren nach den Automatisierungstypen (Erfassung, Analyse und Kritik) gegliedert.

2.2.3 Testing-Methoden

In diesem Abschnitt werden nun Methoden vorgestellt, die Usability-Tests unter-stützen. Usability-Tests werden für diese Arbeit folgendermaßen definiert: *„An evaluator observes users interacting with an interface (i.e., completing tasks) to determine usability problems."* (Ivory & Hearst, 2001, S. 473). Die Automatisie-rung ist hier dadurch kennzeichnet, dass der Evaluationsbeauftragte nicht länger jeden Schritt manuell verfolgen muss, vielmehr unterstützen Werkzeuge entwe-der die automatische Sammlung von Nutzungsdaten (Automatisierungstyp: Er-fassung) oder sie können aus ermittelten Daten automatisch Schwächen und Probleme ermitteln (Automatisierungstyp: Analyse) oder generieren automatisch Verbesserungsvorschläge auf Basis gefundener Defizite (Automatisierungstyp: Kritik) (Ivory & Hearst, 2001).

2.2.3.1 Automatisierungstyp: Erfassung

User Activity Tracking
User Activity Tracking (Atterer et al., 2006) ist ein Verfahren zur automatischen Erfassung von Nutzungsdaten von Webapplikationen. Allgemein können benö-tigte Daten sowohl auf Server- als auch auf der Clientseite gesammelt werden. Dazu wird ein HTTP-Proxy-Server zwischen Client und Web-Server eingesetzt, der den Datenverkehr zwischen diesen beiden erfasst. In Abbildung 10 ist dieses grundlegende Konzept („Tracking Proxy" ist hier der HTTP-Proxy) dargestellt. Die zu testende Seite wird wie gewohnt von Nutzern verwendet, allerdings wer-den Anfragen an den Webserver nun erst über den HTTP-Proxy an den Webser-ver weitergeleitet, dieser antwortet dann mit den geforderten Inhalten. Ruft der Proband Dateien wie Bilder im Internet auf, werden diese direkt an den Proban-den weitergeleitet. Werden hingegen HTML-Seiten aufgerufen, modifiziert der Proxy die Seiten, indem ein JavaScript-Code eingefügt wird, damit die Events, die der Nutzer auslöst, erkannt und gespeichert werden können. Gesammelte Nutzungsdaten sind die IP-Adresse des Nutzers, browserfensterbezogene Daten (laden der Seite, Größe, usw.), Mausaktionen wie Klicks, Bewegungen und Scrollverhalten und Tastatureingaben mit zugehörigen Zeitstempeln. Die ermit-telten Daten werden in einer Logdatei gespeichert und stehen zur weiteren Eva-luierung zur Verfügung.

User Activity Tracking wurde mit 12 Probanden durch die Autoren evaluiert. Es konnte gezeigt werden, dass die ermittelten Daten Rückschlüsse auf die effektive und effiziente Bearbeitung einer Aufgabe liefern können. Z.B. ob für eine Suche innerhalb einer Seite die browsereigene Suchfunktion verwendet wurde oder nicht. Die Autoren mahnen allerdings an, dass verantwortungsvoll mit dem Werkzeug umgegangen werden muss, da die Nutzerdatenerfassung ohne die Kenntnis der Nutzer durchgeführt werden kann, da keine Installation auf Client-Seite notwendig ist.

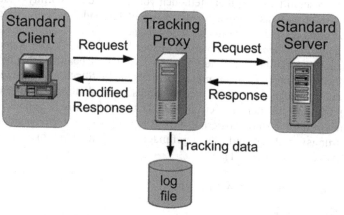

Abbildung 10: HTTP-Proxy zur Erfassung von Nutzerevents auf Webseiten
(Atterer et al., 2006)

MouseTrack

MouseTrack (Arroyo et al., 2006) ist ein Werkzeug zur Erfassung von Mausbewegungen auf Webseiten. Es basiert auf der Annahme, dass Mausbewegungen Rückschlüsse darauf geben können, wie Informationen von Nutzern interpretiert werden. Bspw. können langsame, bogenförmige Bewegungen auf ein unklares Verständnis des Nutzers zurückzuführen sein. Ähnlich wie in *User Activity Tracking* wird eine Proxy-basierte Infrastruktur verwendet. Ein PHP-Proxy fügt einen nötigen JavaScript-Code in eine beliebige Webseite. Im Hintergrund werden dann Aktivitäten aufgenommen, ohne dabei das Nutzerverhalten einzuschränken. Konkret werden solche Mausbewegungen (zusammen mit der Zeit, die an dieser Stelle verbracht wurde) aufgezeichnet, die sich außerhalb eines 50 Pixelradius bewegen. So können feine Bewegungen, die keinen relevanten Aussagewert haben, herausgefiltert werden. Zusätzlich speichert der Proxyserver bei einem Klick auf einen Link dessen Koordinaten. Abbildung 11 zeigt ein Beispiel für die Darstellung der Mausbewegungen durch die Nutzer. Bewegungen werden durch gestrichelte Linien gekennzeichnet und mit Pfeilen versehen, um die Bewegungsrichtung kenntlich zu machen. Für Stellen, an denen der Cursor länger verweilt, benutzt das Tool Schattierungen. Ebenso für Bereiche, in denen eine hohe Zahl an Aktivitäten erfolgt. Die grün eingefärbten Stellen kennzeichnen die Eintrittspunkte der Maus auf der Website.

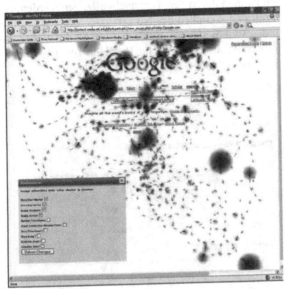

Abbildung 11: Darstellung einer von MouseTrack untersuchten Internetseite (Arroyo et al., 2006)

MouseTrack wurde mit 105 Probanden evaluiert. Es konnte gezeigt, werden dass die wesentlichen Aktivitäten der Nutzer aus den Bewegungen abgeleitet werden konnten und die Visualisierung auch für unerfahrene Beobachter verständlich ist.

Webjig

Webjig (Kiura et al., 2009) kann Informationen über verschiedene Interaktionen mit Bezug auf den Inhalt einer Webseite von statischen und dynamischen Seiten sammeln, indem das DOM (Document Object Model) der Webseite analysiert wird. Das Ergebnis ist dann eine videoähnliche Darstellung der Nutzerinteraktionen auf der Oberfläche. Der Tester kann so jede Nutzeraktivität genau erkennen. Das System besteht aus 3 Teilsystemen: Webjig::Fetch, Webjig::DB und Webjig::Analysis. Mauspositionen, -bewegungen, -klicks, Tastatureingaben mit Zeitstempel, Browserinformationen und die aufgerufenen Webinhalte bilden die Datenbasis. Diese zu sammeln ist Aufgabe von Webjig::Fetch. In Intervallen von wenigen Sekunden sendet das System diese Daten an Webjig::DB. Um die Datensammlung zu ermöglichen, muss der Tester lediglich eine Zeile in den

HTML-Quellcode eingeben: <script src="URL of Webjig::Fetch"></script>. Für eine Evaluation arbeitet Webjig::Analysis die bekannten Informationen auf. Abbildung 12 zeigt einen Screenshot eines Videos über die Nutzerinteraktionen. Die Interaktionen können durch den Test nachvollzogen werden. Angezeigt wird der Seiteninhalt mit den Aktionen des Nutzers. Der Tester kann mittels Abspieltasten innerhalb des Videos steuern. Zusätzlich erhält der Tester Zugriff auf eine Heatmap, die einerseits anzeigt, welche Bereiche oft angeklickt wurden, und andererseits angibt, wo Texte gelesen wurden.

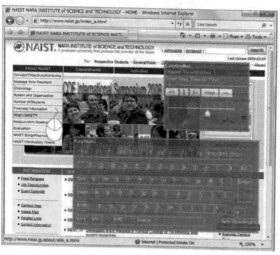

Abbildung 12: Darstellung der Nutzerinteraktionen durch Webjig::Analysis (Kiura et al., 2009)

Webjig wurde mit 54 Studenten evaluiert, die unterschiedliche Aufgaben auf einer Webseite durchgeführt haben. Webjig eignete sich gut, um die Interaktionen der Probanden nachzuvollziehen und die Ausführungszeiten einer Aufgabe zu bestimmen. Mit Hilfe des Videos konnten Entwickler Anpassungen z.B. an Menüs durchführen und die Ausführungszeiten von Aufgaben verringern. Die Autoren merken jedoch an, dass Webjig nicht einen Usability-Test vor Ort ersetzen kann, da notwendige Informationen über die Intentionen der Nutzer nicht über Interviews erfragt werden können.

2.2.3.2 Automatisierungstyp: Analyse

Im Automatisierungstyp Analyse werden nicht nur Daten gesammelt, sondern Konflikte mit der Gebrauchstauglichkeit werden auch automatisch erkannt. Eine vollständige Automatisierung erfolgt dann, wenn Konflikte genau aufgezeigt werden.

FeedLack

FeedLack (Ko & Zhang, 2011) analysiert Webseiten auf Verletzungen der Selbstbeschreibungsfähigkeit. Genauer gesagt identifiziert *FeedLack* fehlende Systemrückmeldungen, so dass Entwickler durch Codeänderungen darauf reagieren können. Um das leisten zu können, sucht *FeedLack* zunächst alle existierenden Funktionen und benennt und kategorisiert sie und stellt sie in Syntaxbäumen und Kontrollflussgraphen dar. Daraufhin werden die Rückmeldungen der Funktionen ggf. in Abhängigkeit von notwendigem Input (Maus, Tastatur, JavaScript Drag Events etc.) überprüft. Dabei speichert *FeedLack* jeden Fall, der keine Rückmeldung erzeugt. Die auftretenden Fälle, in denen es keine Nutzerrückmeldung gibt, werden gruppiert, damit aufgrund von Überschneidungen keine Redundanzen entstehen und derselbe Fehler nicht mehrfach angezeigt wird. Ausgegeben wird eine Übersicht aller Codestellen mit einer Kennzeichnung, welche davon problematisch sind und an welchen Stellen konkret keine Ausgabe zu erwarten ist.

FeedLack wurde durch die Autoren auf Basis von 330 Webapplikationen evaluiert. Dabei wurde festgestellt, dass die wesentlichen Feedbackprobleme ermittelt werden konnten. *FeedLack* kann jedoch keine Angaben über die Qualität der Feedbacks geben. Daraus ergibt sich, dass noch nicht klar ist, ob Usability-Experten oder Entwickler aus den Daten überhaupt sinnvolle Rückschlüsse auf die Gebrauchstauglichkeit ableiten können.

2.2.3.3 Automatisierungstyp: Kritik

Die folgende Methode knüpft an die vorherigen Verfahren an und erweitert sie um automatisch generierte Verbesserungsvorschläge zur Steigerung der Gebrauchstauglichkeit.

USABILICS

USABILICS (De Vasconcelos & Baldochi Jr., 2012) gibt neben der Erfassung und Analyse von Nutzerinteraktionen auf Webseiten auch Empfehlungen für Änderungen an der Webseite. Die Basis für *USABILICS* bildet das COP-Modell (Container, Object and Page). Mit diesem Modell wird jede Webseite hierarchisch in einzelne Teile aufgeteilt. Die kleinsten Einheiten sind Objekte, mit denen Nutzer interagieren können, z.B. Textfelder, Links, usw. Container sind die nächst höhere Stufe, sie stellen eine Sammlung von Objekten dar, z.B. Formulare, Listen, usw. Jede Seite beinhaltet mindestens einen Container. Alle diese Elemente sind eindeutig. Wie bei den zuvor beschrieben Verfahren wird auch hier ein Usability-Experte oder Entwickler eine optimale Aktivitätsabfolge eingeben. Im nächsten Schritt werden Nutzungsdaten automatisch gesammelt, hierzu zählen Maus-, Tastaturinteraktionen, Scrollbewegungen mit Zeitstempel, Fenstergröße, Browserinformationen und CSS-(*Cascading Style Sheets*)-Informationen. Sämtliche Daten werden komprimiert und in einer Datenbank zwischengespeichert, um sie dann analysieren zu können. Diese Prozessanalyse bestimmt vor allem die Ähnlichkeit zwischen optimalem und tatsächlichem Nutzen als Maß für Effizienz und den Prozentsatz der Vollständigkeit, der die Effektivität repräsentiert. *USABILICS* baut auf dieser Analyse auf und versucht Verbesserungsvorschläge anzubieten. Verbesserungsvorschläge basieren auf drei Annahmen, wie ein Fehler entstehen kann: 1. Aktionen können in falscher Reihenfolge durchgeführt werden. 2. Eine oder mehrere Aktionen werden ausgelassen. 3. Eine alternative Aktion wird durchgeführt. Aufgrund der anfänglichen eindeutigen Identifizierung der Elemente und der Zeitangaben der Interaktionen können alle involvierten Elemente erkannt werden, wenn ein Problem in der Analyse ermittelt wurde. Manuelle Analysen erlauben die Erstellung von Mustern, die Usability-Probleme kennzeichnen. Wird ein solches Muster in der von *USABILICS* getesteten Webseite erkannt, werden die betroffenen Elemente festgehalten und dazu passende Ratschläge ausgegeben. Z.B. könnte ein Link X auf der Seite Y hervorgehoben oder die Lage mancher Elemente geändert werden.

Für die Evaluation von *USABILICS* wurden Aufgaben an zwei Anwendungssystemen in einer Laborumgebung durchgeführt. Die Ergebnisse deckten sich größten Teils mit Ergebnissen von gegenübergestellten Labor-Usability-Tests. Die Autoren merken jedoch an, dass die zuvor definierten Ablaufpfade nicht aussagekräftig genug sind. Aufgaben können auch anders gelöst werden, was nicht schlechter sein muss.

2.2.4 Inspection-Methoden

Inspection-Methoden werden von Ivory und Hearst (Ivory & Hearst, 2001) so definiert, dass einer oder mehrere Gutachter eine Nutzerschnittstelle anhand von Richtlinien, Heuristiken oder eines kognitiven Programmdurchlaufs evaluieren. Diese Gutachter sind im Regelfall Usability-Experten. Die Automatisierung von Inspection-Methoden betrifft die Analyse von Nutzerschnittstellen auf Richtlinienkonformität. Gefundene Usability-Probleme werden bei diesem Vorgang automatisch erkannt und dem Gutachter gemeldet. Teilweise erfolgt auch eine automatische Fehlerkorrektur oder zumindest ein Fehlerkorrekturvorschlag.

2.2.4.1 Automatisierungstyp: Erfassung

INspect-World

INspect-World (Koehne & Redmiles, 2012) ist eine Plattform für die Planung und Durchführung einer Softwareevaluation. Die Plattform adressiert Herausforderungen verteilt agierender Gutachter. *INspect-World* bildet den gemeinsamen Treffpunkt und Arbeitsplatz und unterstützt Gutachter dabei, Arbeitsschritte zu planen und einzuhalten. Es stellt Hilfestellungen bei der Durchführung von kognitiven Walkthroughs bereit und eine zentrale Datenbank für die Evaluationsergebnisse. Zudem kann über Videochats mit anderen Gutachtern kommuniziert werden. Die Hilfestellungen werden mittels Avataren kommuniziert.

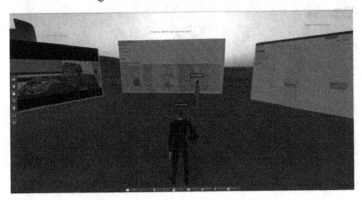

Abbildung 13: Planungsebene in INspect-World (Koehne & Redmiles, 2012)

Abbildung 13 zeigt die Planungsebene. Sie beinhaltet alle Funktionen, die für die Planung und Koordination des kognitiven Walkthroughs nötig sind. Im linken Bereich können Videokonferenzen mit anderen Gutachtern gehalten werden. Mittig befindet sich ein Datenverwaltungssystem für alle bisher evaluierten oder noch zu evaluierenden Objekte. Hier kann auch auf die einzelnen Evaluationsergebnisse zugegriffen werden. Rechts befindet sich Managementbildschirm, mit dem die Schritte des kognitiven Walkthroughs geplant werden und die Verfügbarkeit der einzelnen Gutachter kontrolliert werden kann.

Abbildung 14 zeigt die Evaluationsebene. Hier findet die eigentliche Durchführung des Cognitive Walkthroughs statt. Im Bild sind auf mehreren Bildschirmtafeln die einzelnen zu evaluierenden Programmausschnitte abgebildet. Das Team aus Gutachtern kann sich nun zwischen diesen Tafeln frei bewegen und dabei den kognitiven Walkthrough durchführen. Ergebnisse werden von den Gutachtern auf den Eingabetafeln neben den Bildschirmtafeln festgehalten. Während der Evaluierung nutzen die Gutachter Sprach- und Textchat, um miteinander zu kommunizieren. Außerdem bietet der virtuelle Avatar eines jeden die Möglichkeit, auf bestimmte Teile der Interfacetafeln zu zeigen, und so Teammitglieder auf besondere Aspekte des zu evaluierenden UIs aufmerksam zu machen. Außerdem besteht die Möglichkeit das gleiche Interface von mehreren Gutachterteams separat evaluieren zu lassen (Caldera, 2012). In diesem Fall bietet eine

Punktetafel einen Überblick darüber, welches Team bereits wie viele Fehler gefunden hat und wie viel Zeit dafür benötigt wurde. Auf diese Weise besteht die Möglichkeit, einen Wettbewerb zwischen den beiden Gutachterteams zu etablieren.

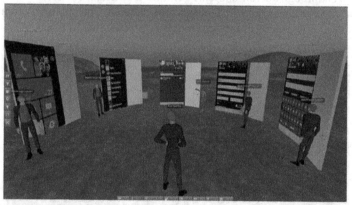

Abbildung 14: Evaluationsebene in INspect-World (Koehne & Redmiles, 2012)

INspect-World wurde mit einer Gruppe von Studenten in einer Laborumgebung evaluiert. Dabei konnte schon gezeigt werden, dass die Bedienung des Systems sehr schnell erfasst wurde. Jedoch kann das Erstellen von Notizen verbessert werden und eine Simulation des Nutzungskontextes der zu testenden Anwendung ist notwendig.

2.2.4.2 Automatisierungstyp: Analyse

USEFul

USEFul (Usability Evaluation Framework) (Dingli & Mifsud, 2011) überprüft mittels einer Sammlung von 240 Richtlinien eine Webseite automatisch auf Usability-Probleme. Die Richtlinien enthalten unterschiedliche Prioritäten, anhand derer später eingeschätzt werden kann, wie schwer der Verstoß gegen die jeweilige Richtlinie ist. Die Usability-Grundsätze der Richtlinien werden zuvor in eine Datenbank übertragen, so dass die Parameter einer Webseite automatisch überprüft werden können. Bspw. kann so die URL einer Webseite mit dem Grundsatz „URLs sollen nicht mehr als 50 Zeichen enthalten" verglichen werden.

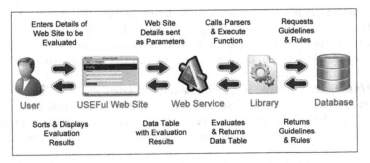

| Enters Details of Web Site to be Evaluated | Web Site Details sent as Parameters | Calls Parsers & Execute Function | Requests Guidelines & Rules |

User   USEFul Web Site   Web Service   Library   Database

| Sorts & Displays Evaluation Results | Data Table with Evaluation Results | Evaluates & Returns Data Table | Returns Guidelines & Rules |

Abbildung 15: USEFul-Ablauf (Dingli & Mifsud, 2011)

Abbildung 15 zeigt den Ablauf der automatischen Evaluation. Zuerst wird die zu evaluierende Webseite in *USEFul* eingetragen. *USEFul* übermittelt daraufhin die Daten der Webseite als Parameter an den Webservice und zergliedert diese in einzelne HTML- und CSS-Dokumente. Daraufhin werden die verschiedenen Richtlinien aus der Datenbank geholt und *USEFul* kontrolliert, gegen welche Regeln die geprüfte Webseite verstößt. Ist diese Überprüfung abgeschlossen, so wird dem Gutachter ein Bericht über die gefundenen Richtlinienverstöße mit Prioritätsangaben angezeigt.

Die Evaluation von *USEFul* wurde anhand 10 unterschiedlicher Webseiten (u.a. Nachrichtenseiten oder Firmenseiten) durchgeführt. Zuvor wurden diese Webseiten manuell nach dem Buch „Homepage Usability – 50 Websites Deconstructed" von Nielsen und Tahir (Nielsen & Tahir, 2002) evaluiert. Die Ergebnisse dieser Vergleichsevaluation haben gezeigt, dass *USEFul* im Durchschnitt 95,86% aller Fehler, die Nielsen und Tahir gefunden haben, ebenfalls gefunden hat. Wesentlicher Kritikpunkt ist, dass viele der Richtlinien nicht in einer Datenbank aufbereitet werden können. Z.B. konnten seitenspezifische Empfehlungen, die Nielsen ausgegeben hatte, von *USEFul* nicht überprüft werden.

2.2.4.3 Automatisierungstyp: Kritik

MAIS Designer

Der MAIS Designer (Burzagli et al., 2007) ist ein Entwicklungswerkzeug, das automatisch Nutzerschnittstellen für verschiedene mobile Geräte erstellen kann und dabei auf die Einhaltung von Accessibility- und Usability-Aspekten achtet. Der MAIS Designer besteht aus zwei Hauptkomponenten. Zum einen der *Service Editor* und zum anderen der *Interface Generator*. Wie schon im ersten Abschnitt zu Usability-Testing-Verfahren werden zuerst vorausgesagte Nutzerinteraktionen im *Service Editor* in ein UML-Aktivitätsdiagramm durch einen Entwickler modelliert. Nachdem das Grundverhalten der Applikation im Service

Editor modelliert wurde, erstellt der *Interface Generator* des MAIS Designers eine Nutzerschnittstelle, die an das jeweilige mobile Gerät angepasst ist. Während dieses Vorgangs wendet der *Interface Generator* automatisch Heuristiken an, um die Applikation auf den jeweiligen mobilen Geräten nutzerfreundlich und zugänglich zu gestalten.

MAIS Designer wurde von drei Usability-Experten und mit Nokia Mobiltelefonen evaluiert. Die Ergebnisse haben gezeigt, dass eine Applikation, welche mit dem MAIS Designer erstellt wurde, nicht frei von Accessibility- und Usability-Problemen ist, jedoch bereits einige Aspekte zufriedenstellend erfüllt sind.

2.2.5   Inquiry-Methoden

Inquiry-Methoden zielen auf die Erfassung subjektiver Eindrücke des Nutzers hinsichtlich der Benutzbarkeit oder Zufriedenheit mit einer Softwareanwendung oder allgemein eines Produktes ab. Inquiry-Methoden adressieren explizit die Einbeziehung von Nutzern, ob aktiv oder, wie später dargestellt wird, auch passiv. Im Vergleich zum klassischen Usability-Testing geht es bei Inquiry-Methoden nicht um die Durchführung von Aufgaben mit einem Produkt, sondern vielmehr um die Bewertung der Durchführung und des Produktes selbst. Die Durchführung von Inquiry-Methoden kann in Interaktion mit einem Evaluator stattfinden oder ohne ihn, so dass der Nutzer die Erfahrungen über Fragebögen oder ähnliches mitteilt. (Engelbrecht & Möller, 2007; Ivory & Hearst, 2001)

Bei der Automatisierung von Inquiry-Methoden geht es in erster Linie darum, den Evaluator bei der Erfassung von subjektiven Usability-Daten zu unterstützen sowie Zeit und Kosten der Durchführung einer Studie zu reduzieren. Durch die Automatisierung kann ebenfalls erreicht werden, dass mehr Teilnehmer für die Evaluation akquiriert werden können, was zu aussagekräftigeren Statistiken führt (Obendorf et al., 2004; West & Lehman, 2006).

2.2.5.1   Automatisierungstyp: Erfassung

UEMan

UEMan (User Evaluation Manager) (Humayoun et al., 2009) unterstützt bei der Erstellung von aufgaben- und fragebogenbasierten Usability-Tests und bietet Unterstützung für die Aufzeichnung von Nutzerverhalten. *UEMan* ist als Eclipse-Plug-In realisiert und ermöglicht die Vorbereitung von Usability-Evaluationen schon während der Entwicklungsphase einer Software. Wesentlichen Funktionen von UEMan dienen dem Entwurf und der Verteilung von Fragebögen, die aber nur geschlossene Fragebögen sein können. Im Konfigurationsassistenten können die geplante Ausführungszeit festgelegt und die Einladung und Verwaltung von Probanden durchgeführt werden. Der Assistent bietet ebenfalls die Möglichkeit, Aufgaben und Fragebögen zu erstellen und zu konfigurieren. Des Weiteren kann zuvor bestimmt werden, welche Nutzungsdaten während der Evaluation automatisch erfasst werden sollen (s. Abbildung 16). Das können Mausevents, Tastatureingaben oder eine Stoppuhr zur Messung der Ausführungszeit von Aufgaben sein.

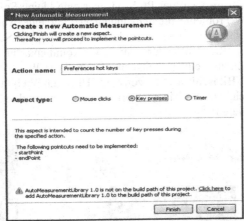

Abbildung 16: UEMan-Use-Tracking-Konfiguration (Humayoun et al., 2009)

UEMan bietet zudem die Unterstützung an, Aufgaben oder Fragebögen an bestimmte Code-Fragmente zu binden. Diese Technik wird *AOP* (aspektorientierte Programmierung) (Kiczales et al., 1997) genannt. Das Problem des *Crosscutting Concerns* wird durch *AOP* ebenfalls berücksichtigt. *Crosscutting Concerns* treten auf, wenn eine Implementierung das gesamte System betrifft (z.B. Logging-Aspekte) und die Modularität eines Systems stört. Bspw. soll nach einem Fehler im System ein Fragebogen anzeigt werden, so müsste an jeder Stelle im Quellcode der Software, an der ein Fehler auftreten kann, ein Fragebogen integriert werden. *AOP* versucht über sogenannte *join points* und *point cuts* diesen Umstand zu adressieren.

UEMan wurde mit neun Probanden evaluiert, allerdings wurde UEMan selbst getestet und die Probanden waren die Entwickler. Die wesentliche Erkenntnis war, dass die Darstellung der Ergebnisse nicht schnell genug klar macht, ob eine Evaluation erfolgreich oder nicht erfolgreich war.

DUE

DUE (Distributed Usability Evaluation) (Christensen & Frøkjær, 2010) adressiert die Durchführung von Usability-Tests vor Ort. *DUE* unterstützt den Probanden bei der Erfassung und Priorisierung von Usability-Problemen und Entwickler bei der Analyse der gewonnenen Daten. Es handelt sich um eine Client-Server-Architektur. Auf dem Client-Rechner muss zuvor eine kleine Software installiert werden, die ermittelten Daten werden auf einem zentralen Server für die spätere Analyse gespeichert. Vor Beginn der Evaluation wird der Proband instruiert, während der Nutzung auf Aspekte zu achten, die die effektive, effiziente und zufriedenstellende Ausführung seiner Aufgabe behindern. Während der Nutzung einer Software kann der Proband über eine kleine Software (s. Abbildung 17) Usability-Probleme melden, indem er über eine Audioaufzeichnung den Fehler beschreibt. Danach ist der Proband angehalten, die Schwere des Problems einzuschätzen (Rot, Gelb oder Grün). Der Kommentar und die Bewertung werden automatisch mit einem Zeitstempel versehen. Während der gesamten Nutzung wird der Bildschirm aufgezeichnet. Über ein Webinterface kann der Entwickler im Nachgang das Videomaterial zusammen mit den Nutzerfeedbacks sichten und analysieren.

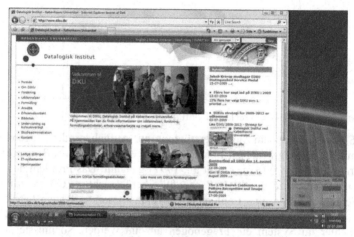

Abbildung 17: Anwendung zur Feedbackerfassung (rechts unten)
(Christensen & Frøkjær, 2010)

In einer 18-tägigen Fallstudie wurde DUE zur Evaluation eines Flottenmanagementsystems in einem Transportunternehmen eingesetzt. Die Studie hat gezeigt, dass die Zeit der Durchführung einer Evaluation drastisch gesenkt werden konnte. 37 Feedbacks wurden ermittelt. Davon waren 32 Usability-Probleme, 4 Probleme waren technischer Natur. Die Analyse des Materials durch die Forscher offenbarte 4 Usability-Probleme, die nicht von den Probanden berichtet wurden. Es wurden mehrheitlich Probleme berichtet, die auf Effizienz oder Zufriedenheit abzielten und weniger auf die Effektivität des Systems. Es konnten keine Probleme erfasst werden, die außerhalb der Anwendung auftraten (z.B. die Koordination von Fahrern über das Telefon). Stressige Zeitpunkte hatten Einfluss auf die Berichterstattungsaktivität, jedoch wurde kein Beweis gefunden, dass dadurch die Validität der Ergebnisse gestört wurde. Ein Störfaktor, der durch die Nutzer gemeldet wurde, war das Hören der Kollegen beim gleichzeitigen Aufnehmen von Kommentaren, wodurch sie sich in ihrer Berichterstattung beeinflusst sahen. Die Video- und Audioaufzeichnungen ermöglichten Entwicklern einen hinreichenden Einblick in die Praxis vor Ort und lieferten so hilfreiche Kontextinformationen. Wenige Probanden gaben an, dass sie Schwierigkeiten hatten, Probleme verbal auszudrücken. Es gab lediglich einen Kommentar, der für Entwickler nicht verständlich war. Zwei Probleme, die DUE noch nicht lösen konnte, sind die Einschätzung der Probleme auf deren Schwere und die Bündelung gleicher Problemberichte. Allerdings wurde von allen Beteiligten die zentrale Ablage der Ergebnisse hervorgehoben, die sowohl für Entwickler als auch Nutzer und andere Akteuren einsehbar war und die Kommunikation vereinfachte und Missverständnissen vorbeugte.

CLOTHO

CLOTHO (Computer Logistical Operations and Temporal Human Observation) (Hailpern et al., 2010) stellt ein allgemeingültiges Verfahren bereit, das die Nützlichkeit einer Applikation vorhersagen soll. Zur Entwicklung eines Modells wurde das *CLOTHO*-Datensammlungswerkzeug bei Nutzern über mehrere Tage eingesetzt, das verschiedene Parameter wie Systemdaten und Systemnutzung, Interaktionen und Aktivitäten des Nutzers erfasst. In einer automatisierten Nachbesprechung mussten die Nutzer in regelmäßigen Abständen ihre Tagesaktivitäten mit den zugehörigen Anwendungen verlinken (s. Abbildung 18).

Auf Basis der gesammelten Daten wurde dann ein Modell erstellt, das als Modellierungsansatz einen Entscheidungsbaum benutzt. Dieser Ansatz wurde gewählt, da er im direkten Vergleich zu anderen bereits etablierten Modellen die besten Resultate hinsichtlich der Vorhersagen erzielt. Das Modell kann nun aufgrund der erfassten Aktivitäten und der Nutzungsdaten auf die Nützlichkeit einer Anwendung schließen. Die Ergebnisse der Untersuchung haben gezeigt, dass mit Hilfe des Modells 66% der von den Nutzern als mit hohem Nutzen gekennzeichneten Applikationen vorausgesagt werden konnten, was eine deutliche Verbesserung von über 50% gegenüber existierenden Techniken zur Folge hatte. Der allgemeine Modellierungsansatz ermöglicht es zudem, beliebige andere Anwendungen in ihrer Bedeutsamkeit oder Nützlichkeit zu bewerten.

E-Quest

E-Quest (Jerroudi et al., 2005) ermöglicht die Einbettung von selbsterstellten Fragebögen und Aufgaben in Webseiten. Die Fragebögen können in einem PopUp-Fenster angezeigt oder direkt in eine Webseite eingebettet werden. Die Fragebögen können entweder an bestimmte Seiten der Webanwendung oder an Aufgaben, die der Nutzer erledigen soll, geknüpft werden. Auch allgemeine Fragebögen können erstellt werden, wie z.B. zur Abfrage von demographischen Daten. Neben den zu beantwortenden Fragebögen können auch freie Textfelder für Nutzerkommentare eingebunden werden. Für die Nutzung von *E-Quest* ist es nötig, dass der Nutzer einen HTTP-Proxy im verwendeten Web-Browser konfiguriert, der die Integration der Fragebögen in die Webseiten übernimmt und die Bewegungen (welche Links wurden wann geklickt) der Nutzer auf den Webseiten aufzeichnet. Die Ergebnisse von Umfragen können in *E-Quest* über ein eigenes Auswertemodul abgefragt werden, in dem die freien Textantworten ausgegeben und Antworthäufigkeiten mit absoluten Werten, relativen Werten, Mittelwerten sowie Standardabweichungen numerisch oder als Diagramm visualisiert werden. Für die Auswertung können Filterprofile angelegt und ein Datenexport in die üblichsten Kalkulations- und Statistikprogramme (z.B. Microsoft Excel oder SPSS) für Analysezwecke durchgeführt werden.

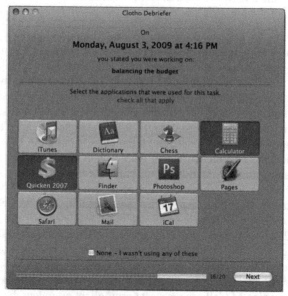

Abbildung 18: Verknüpfung von Tätigkeiten mit verwendeten Anwendungen (Hailpern et al., 2010)

UAT

UAT (User Action Tracer) (Stieger & Reips, 2010) unterstützt weniger die Erfassung subjektiver Eindrücke, sondern wie diese Ergebnisse zustande gekommen sind. Wurde beispielsweise eine Frage nicht richtig gelesen oder wurden Antworten mehrfach geändert. *UAT* sammelt zusätzliche Daten während einer online Befragung und erstellt Navigationsbilder vom Ausfüllprozess wie Abbildung 19 zeigt. Um diese Daten sammeln zu können, muss ein JavaScript-Code in die Webseite, auf der z.B. ein Fragebogen angezeigt wird, integriert werden. Mit

Hilfe des *UAT* kann ein Evaluator anhand der aufgezeichneten Mausbewegungen, Klickzeiten und Klickpunkte Aufschluss darüber erhalten, ob Instruktionen nicht gelesen und Antworten im Fragebogen (mehrfach) geändert wurden oder der Teilnehmer nicht motiviert genug war, den Fragebogen adäquat auszufüllen. Ein Motivationsverlust beim Ausfüllen spiegelt sich beispielsweise in „wildem Durchklick"-Verhalten wider.

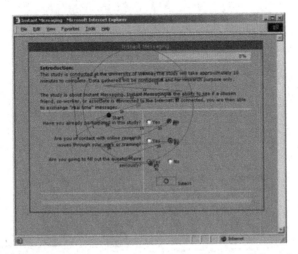

Abbildung 19: Nutzeraktivitäten bei der Fragebogenbearbeitung (Stieger & Reips, 2010)

MyExperience
MyExperience (Froehlich et al., 2007) verwendet eine Kombination aus expliziten qualitativen Daten und impliziten quantitativen Nutzungsdaten, ähnlich wie DUE und UEMan, um Erfahrungen eines Nutzers mit mobilen Anwendungen zu erfassen. *MyExperience* ermöglicht es, die Evaluation mobiler Geräte in der natürlichen Umgebung des Nutzers durchzuführen, ohne dass der Evaluator in der Nutzung eingreifen muss. Ziel ist es, den Evaluator bei der Sammlung von Daten zu unterstützen, gleichzeitig aber den Nutzer in seinen Aktivitäten nicht einzuschränken. So beinhaltet das System Mechanismen, die zum Beispiel ungewollte Störungen bei Telefonaten oder Meetings verhindern, sensible Daten vor externem Zugriff schützen oder die Auswirkungen auf die Akkulaufzeit des Gerätes minimieren. *MyExperience* ist ereignisgesteuert und verbindet Sensoren mit Aktionen über Trigger (s. Abbildung 20).

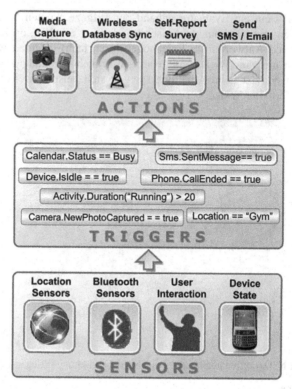

Abbildung 20: Sensor, Trigger, Aktivitäten zur Kontexterfassung (Froehlich et al., 2007)

Sensoren beziehen sich sowohl auf Hardware- (Mikrofon, GPS, Bluetooth, etc.) als auch auf Software-Sensoren, die beispielsweise aktuelle Applikationen, Termine im Kalender, eingehende Nachrichten oder Anrufe betreffen. So kann der Kontext des Nutzers ermittelt und mit speziellen Aktionen verknüpft werden. Z.B. die Anzeige eines Fragebogens über die Sprachqualität, nachdem ein Anruf getätigt wurde. Fragebögen können mit Fragen in offener (Textfelder) oder geschlossener Form (Kontrollkästchen, Auswahllisten, Optionsfelder) ausgestattet werden. Neben Bildschirm-Aufnahmen können außerdem Audio-Kommentare aufgezeichnet werden. *MyExperience* ermöglicht zudem die Verzweigung von Fragen anhand integrierter Skripte, so dass basierend auf den Antworten Folgefragen gestellt werden können, um ausführlichere Informationen zu aufgetretenen Problemen zu erhalten. Da nicht davon ausgegangen werden kann, dass Mobilgeräte ständig mit dem Netz verbunden sind, speichert *MyExperience* alle Usability-Daten in einer lokalen Datenbank und kann diese synchronisieren, sobald das Gerät direkt oder durch einen PC mit dem Internet verbunden ist.

MyExperience wurde mittels drei Feldstudien mit 4-16 Probanden über 1-4 Wochen evaluiert. Dabei ging es darum, die mobilen Nutzungspraxen zu erfassen und insb. darum warum Nutzer etwas gemacht haben und nicht nur was sie gemacht haben. Grundsätzlich zeigte sich, dass der MyExperience-Prototyp noch zu sehr die Probanden beeinträchtigt (Abstürze, niedrigere Akkuleistung, hohe CPU-Auslastung, was zu geringerer Reaktion des Telefons führte), was die Teilnahme negativ beeinflusste. Ein großes Problem bei Langzeitstudien ist, dass die Beteiligung mit der Zeit nachlässt. Dadurch, dass Nutzerfeedback aktivitätsbasiert angefordert werden kann (z.B. nach dem Aufladen eines Handys), konnte hier die Motivation der Beteiligung über einen längeren Zeitraum, aufrecht gehalten werden. Die Erfassung des Kontextes durch Sensoren und Aktionen ist gut, muss aber noch verbessert werden, um Fragebögen genauer platzieren zu können und Momente, in denen der Nutzer nicht gestört werden soll, besser zu erkennen. Von Seiten der Entwickler wurde die Bedienung des Werkzeugs hervorgehoben und das über die Kombination von qualitativen und quantitativen Daten, gezielt Nutzungspraxen hinterfragt werden können.

TRUE
TRUE (Tracking Real-Time User Experience) (Kim, Gunn, & Schuh, 2008) ist ein Verfahren, das den Evaluator beim Aufzeichnen von *user initiated events* (UIEs) und subjektiven Spieleindrücken durch In-game-Fragebögen unterstützt. *TRUE* ist in der Lage, nicht einfach nur das aufgetretene Event wie z.B. einen Unfall in einem Rennspiel zu erfassen, sondern ganze Sätze oder Sequenzen von Events zu sammeln und diese mit kontextgebundenen Informationen (z.B. das Auto, die Rennstrecke und zu diesem Zeitpunkt herrschende Witterungsverhältnisse) zu verknüpfen. Diese sollen helfen, den Kontext besser nachvollziehen zu können. Neben objektiven Verhaltensdaten bietet *TRUE* auch die Möglichkeit, das subjektive Spielempfinden des Spielers durch Fragebögen, die beispielsweise am Ende eines Rennens in einem Rennspiel angezeigt werden, zu erfassen, um das Spielerlebnis besser zu verstehen. Abbildung 21 zeigt den Aufbau von TRUE. Während der Nutzung eines Spiels wird die Abfolge von Events mit Zeitstempeln geloggt. Um gezielt subjektive Eindrücke abzufragen, können Fragebögen an bestimmte Situationen geknüpft werden. Die Logfiles, Fragebögen und automatisch aufgenommene Videosequenzen werden an die zentralen Server gesendet, über die Entwickler die Ergebnisse einsehen können.

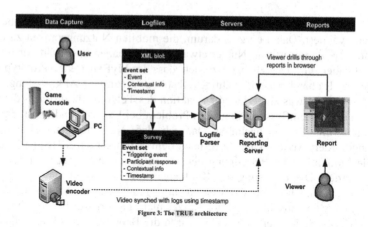

Figure 3: The TRUE architecture

Abbildung 21: TRUE-Architektur (Kim, Gunn, Schuh, et al., 2008)

TRUE wurde mittels zwei Studien mit bis zu 1000 Probanden evaluiert. Es konnte gezeigt werden, dass das Verfahren sich gut für Langzeitstudien eignete. Es hat sich auch gezeigt, dass es zu falschen Rückschlüssen geführt hätte, hätte die Erfassung von Nutzungsdaten nur über einen kurzen Zeitraum stattgefunden. Entwicklungen im Nutzungsverhalten hatten sich erst mit der Zeit gezeigt. Die Videosequenzen zusammen mit den Eventsequenzen waren für Entwickler wichtig, um bestimmte Probleme überhaupt nachvollziehen zu können. Ebenfalls konnten mit dem Verfahren hilfreiche Nutzungsdaten von über 1000 Probanden erfasst werden und musste sich nicht auf wenige Probanden beschränken.

2.2.5.2 Automatisierungstyp: Analyse

Die Analyse- oder Kritik-Unterstützung ist aufgrund der fehlenden Formalismen in den durch die Nutzer generierten Daten nicht möglich (Fabo & Durikovic, 2012) ebensowenig wie das direkte Aufzeigen von Usability_Problemen (Ivory & Hearst, 2001).

2.2.6   Analytical-Modeling-Methoden

Analytical-Modeling-Methoden sind Ergänzungen zu traditionellen Modeling-Methoden. Wie bei den Inspection-Methoden (s. Abschnitt 2.2.4) werden beim Analytical Modeling keine Nutzer benötigt, was sie zu einer kostengünstigen Methode macht, die Usability von System vorherzusagen. Stattdessen verwenden Experten Modelle und Formeln, um ein System zu analysieren. Hierbei werden Prognosen über die Effizienz von Systemen sowie die Performance von Nutzern bei dem Umgang mit einem getesteten Design erstellt. (Reindl, 2011)

Analytical-Modeling-Methoden werden vor allem eingesetzt, um verschiedene Benutzerschnittstellen miteinander zu vergleichen. Durch die Verwendung von strikten Formeln erhält man bei der Analyse messbare Ergebnisse. Diese können beispielsweise dazu dienen abzuwägen, welches UI für ein Handy besser geeignet ist, oder auch, ob ein entwickeltes Produkt sich von dem Konkurrenzprodukt abhebt oder nicht. Viele der aktuell existierenden Verfahren basieren auf dem GOMS-Modell (Preece et al., 2007). Das ursprüngliche GOMS-Modell wurde in den 1980ern entwickelt und sollte den kognitiven Prozess eines Nutzers bei der Interaktion mit einem System analysieren. GOMS ist ein Akronym und steht für:

- *Goals*
  Ziele, welche der Nutzer erreichen will, bzw. wonach der Nutzer strebt.

- *Operators*
  Aktionen und Handlung, die der Nutzer ausführen darf und kann.

- *Methods*
  Verbindung der kognitiven Prozesse, wie eine Aktion durch eine Abfolge von Operationen ausgeführt wird.

- *Selection Rules*
  Die Entscheidung, welche Methode genutzt wird.

Aus dem klassischen GOMS-Modell haben sich insgesamt vier verschiedene GOMS-Familien entwickelt – das KLM (Keystroke-Level-Model), die Natural GOMS Language und das Cognitive-Perceptual-Motor GOMS. Weitere klassische Methoden sind ETIT (external-internal task mapping), TAG (task-action grammar) oder CLG (command language grammar). (Ivory & Hearst, 2001)

2.2.6.1 Automatisierungstyp: Analyse

GRUMPS
GRUMPS (Renaud & Gray, 2004) ist ein Verfahren, das Low-Level-Nutzungsdaten (Keystroke-Events) automatisch erfasst. Eine Studie wurde durchgeführt, um herauszufinden, ob sich aus diesen Daten usability-relevante Phänomene ermitteln lassen, ohne dass zuvor eine bestimmte Usability-Fragestellung gegeben sein muss, wie es bei den meisten Remote-Usability-Verfahren der Fall ist. Über den User Action Recoder (UAR) werden permanent Windows-Focus-Events, Mouse-Click-Events und Key-Press-Events erfasst und mit Start- und Endzeit in einer SQL-Datenbank zentral abgelegt. Abbildung 22 zeigt, wie die Nutzungsdaten in einer CSV-Datei abgelegt sind.

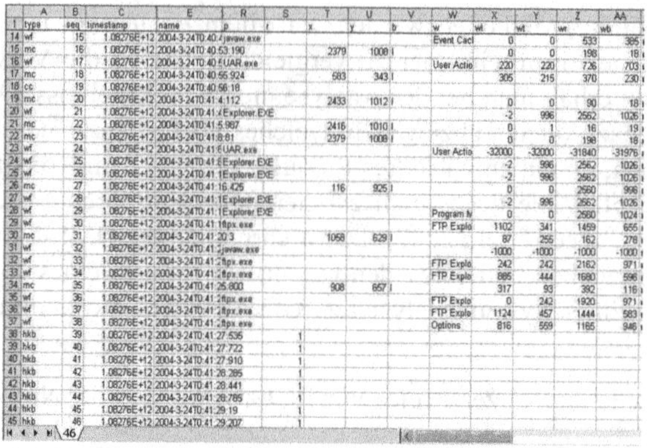

Abbildung 22: GRUMPS-Logfile (Renaud & Gray, 2004)

In der Studie sollte herausgefunden werden, ob Nutzeraktivitäten nach einem Nutzungsproblem ermittelt werden können, um ein Verständnis davon zu erhalten, was ein Nutzer nach dieser Störung getan hat. Die wesentliche Herausforderung bestand neben der Ermittlung von Mustern in den Daten, die eine Störung kennzeichneten, darin den Kontext nach einer Störung zu ermitteln. Also welche Aktivitäten der Nutzer innerhalb der Nutzung durchgeführt hatte. Es konnte nicht eindeutig bestimmt werden, welche Applikation nach einem Mouse-Click-Event oder durch die ALT+TAB-Tastenkombination gestartet wurde. Zudem konnten bestimmte Events nicht aufgezeichnet werden (z.B. Schließen einer Applikation über X). Des Weiteren sollte zwischen unterschiedlichen Unterbrechungen unterschieden werden, die nur schwer (z.B. kurz E-Mails checken) bis gar nicht identifizierbar (z.B. Telefonanruf) sind.

ADAT

ADAT (Automation Design Advisor Tool) (Sebok & Wickens, 2012) hat als Ziel, Cockpit-Systeme für Flugzeuge effizient zu entwickeln und zu evaluieren. Das Tool sollte nicht nur Fehler oder Schwächen erkennen, sondern gleichzeitig Vorschläge liefern, wie das Design verbessert werden kann. Das Tool wertet sechs verschiedene Designmerkmale eines Cockpit-Systems aus und bewertet diese mit einem Wert von 1-10, wobei 1 der schlechteste und 10 der beste zu erreichende Wert ist. Die sechs Merkmale sind: 1) Displaylayout, wichtige und oft genutzte Informationen und Operationen sowie ihre Folgefunktionen müssen zentral gelegen und leicht zugänglich sein. 2) Wahrnehmung von Änderungen, wichtige und kritische Änderungen, auf die ein Nutzer reagieren muss, müssen direkt sichtbar sein. 3) Sinnhaftigkeit einer Information, Sätze und Wörter werden auf zu viele Abkürzungen, Akronyme oder zu lange Sätze überprüft. 4) Verwechselbarkeit von Symbolen und Graphiken, ähnliche Symbole können zu

Verwechselungen führen. Symbole und Graphiken werden auf Ähnlichkeiten miteinander verglichen. 5) Kognitive Komplexität, das System wird auf unnötige Informationen untersucht. Gleichzeitig wird überprüft, dass kein zu hoher Grad an Automatisierung vorliegt, um Learing-by-doing zu unterstützen. 6) Abläufe, die Durchführung von Aufgaben soll nicht zulange dauern. Hier wird anhand des GOMS-Modells die Dauer der Durchführung gemessen.

ADAT wurde an unterschiedlichen Cockpitsystemen getestet. Diese Cockpitsysteme unterschieden sich in ihrer Aktualität. So wurden sehr alte Systeme (geringe Usability) bis sehr aktuelle und innovative (gute Usability) Systeme getestet. Es zeigte sich, dass ADAT die unterschiedlichen Systeme unterscheiden konnte und auch einem sehr aktuellen System hohe Displaylayoutwerte zuwies. Dies deckt sich mit Ergebnissen aus einer empirischen Studie, die die Gebrauchstauglichkeit der Systeme untersuchte.

Fuzzy Technique

Mittal et al. (Mittal et al., 2012) stellen ein Verfahren vor, das die Qualität von Webseiten auf Basis der Fuzzy-Logik bestimmt. Das Verfahren geht von einer IBM-Studie (Amerson et al., 2001) aus, die definiert hat, was für eine gute Webseite spricht:

- Durchschnittliche Zeit, bis Seite reagiert: < 0,5 Sekunden

- Anzahl an Komponenten pro Seite: < 20 Objekte

- Ladezeit: < 30 Sekunden

- Größe der Seite: < 64 Kbytes

Mittal et al. erweitern die Eigenschaften um weitere sieben: Ladezeit, Antwortzeit, syntaktische Korrektheit, defekte Links, Anzahl von Elementen, Fehler bei der Erreichbarkeit, Größe, Seitenranking, Updatefrequenz, Traffic und Designoptimierung. Nachdem alle elf Elemente bestimmt wurden, werde diese anhand Fuzzylogik verrechnet und ausgewertet. Der erhaltene Wert gibt die Qualität der Website an: je höher, desto besser die Qualität der Webseite. Eine Evaluation des Verfahrens wurde noch nicht durchgeführt.

- Quantitative Verfahren zur Analyse der Gebrauchstauglichkeit zielen auf die Analyse der effizienten Bearbeitung von vorgegebenen Aufgaben oder auf die Beantwortung von gezielten Usability-Fragestellungen ab.

- Geringe bis keine Aussagen zur Effektivität und Qualität einer Anwendung oder zu Teilaspekten bei quantitativen Verfahren.

- Kostenersparnisse und Möglichkeit, mehr Probanden zu evaluieren bei quantitativen Verfahren.

- Berücksichtigung von Privacy-Aspekten bei quantitativen Verfahren notwendig.

- Automatische Erkennung von usability-relevanten Aspekten aufgrund der schwierigen Nachvollziehbarkeit der Intention des Nutzers und der schwierigen Kontextreproduktion nur schwer möglich.

- Nutzung von quantitativen Daten, um den Aufwand bei Nutzern bei qualitativen Verfahren möglichst gering zu halten.

- Nutzung von quantitativen Daten zur Reproduktion des Kontextes, um Fragebögen besser zu platzieren.

- Geringe Beeinflussung des Nutzers in der Nutzung ist eine wichtige Zielgröße bei qualitativen Verfahren.

- Herausforderungen liegen bei der Erfassung von usability-relevanten Aspekten außerhalb des Anwendungssystems.

- Lange Beobachtungszeiträume sind notwendig, um qualitativ hochwertige Daten zu Nutzungsverhalten ermitteln zu können.

2.3 Explizite Nutzerfeedbacks

In den vorherigen Abschnitten wurden die für diese Arbeit interessanten Werkzeuge zu Remote-Usability vorgestellt. Dabei wurde ein Verfahren bewusst erst ausgelassen, worauf jetzt gesondert eingegangen werden soll: Bugreports bzw. Fehlerberichte von Nutzern von Anwendungssystemen. Es wird deshalb in einem eigenem Abschnitt auf Bugreports eingegangen, da zum einen eine etablierte Praxis besteht und Studien existieren, die diese Praxis untersuchten, und zum anderen da sie für diese Arbeit sehr wichtig sind, denn a) Bugreports werden in der Nutzungsphase nach Auslieferung einer Software, in der konkreten Nutzung, verwendet und b) da Studien zu Nutzerfeedbacks sich fast ausschließlich auf Open-Source-Entwicklungspraxen beziehen, ist auch die Auseinandersetzung mit der Trennung zwischen Nutzern und Entwicklern vorhanden.

2.3.1   Arten und Kanäle von Nutzerfeedbacks

Pagano & Bruegge (Pagano & Bruegge, 2013) haben Fehlerberichte von Nutzern bei fünf kleinen bis mittelgroßen Softwareentwicklungsunternehmen näher untersucht. Dabei konnten für diese Arbeit interessante Ergebnisse zu Nutzerfeedbacks selbst und zu deren Integration in den Entwicklungsprozess ermittelt werden. Sie identifizierten zum einen vier verschiedene Arten von Feedbacks, die retroperspektivische Nutzerinformationen liefern: *Fehlerberichte (Bugreports)*, *Funktionswünsche*, *Feedback zu vorhandenen Funktionen* (Verbesserungen und Erweiterungen) und *Bewertungen*, die z.b. in App-Stores abgegeben werden. Die unterschiedlichen Feedbacks werden dabei über unterschiedliche Kanäle kommuniziert, was auch von Heiskari und Lehtola (Heiskari & Lehtola, 2009) ermittelt wurde. Insgesamt waren es sieben Kanäle, die ermittelt werden konnten: *E-Mail, Appstores* und weitere Bewertungsseiten, *Blogs, Foren, soziale Netzwerke*, wie Twitter und Facebook, *Telefon* und in die Software direkt *integrierte Feedbackkanäle*. Welchen Kanal Nutzer für ihr Feedback auswählen, hängt von der Intention ab. Ein Feedbackkanal wird also nicht wahllos ausgewählt, sondern in Abhängigkeit von der Wichtigkeit der Rückmeldung genutzt. Je kritischer die Rückmeldung ist desto öffentlicher ist der gewählte Kanal. Der Hintergrund ist, dass mehr Druck auf das Entwicklungsteam aufgebaut werden kann. Beispielsweise wurde eine Facebook-Kampagne gestartet, um die Entwicklung einer Desktopversion zu erreichen, oder es wurden bewusst nur wenige Sterne bei einer Bewertung abgeben *„you'll keep getting one star until you fixed X"* (Pagano & Bruegge, 2013, S. 956). Die jedoch am meisten gewählten Kanäle für Bugreports, Funktionswünsche und -verbesserungen waren E-Mail, in die Software direkt integrierte Feedbackkanäle und Appstore-Bewertungen.

Letztere verzeichneten einen starken Anstieg in den letzten Jahren (Chen & Liu, 2011), was nicht zuletzt auf die enorme Verbreitung von Smartphones und Smartphone-Apps zurückzuführen ist. Die Bedeutung von solchen Bewertungen für die Weiterentwicklung von Softwareanwendungen wurde auch bereits von ersten Arbeiten bestätigt (Hassenzahl et al., 2010; Korhonen et al., 2010; Pagano & Maalej, 2013). Pagano & Mallej (Pagano & Maalej, 2013) untersuchten ca. 1,1Mio. Bewertungen aus Apple's App Store[1], Google's Play Store[2] und Microsoft's Windows Phone Store[3]. Alle drei Stores ähneln sich in ihrem Funktionsumfang (App-Beschreibungen, -Kategorisierung, -Bewertung mittels Kurznachricht und Sternbewertung), bieten aber Nutzern von Mobilgeräten die Möglichkeit, herstellerspezifisch Bewertungen abzugeben. Sie fanden heraus, dass insgesamt ca. 30% der Bewertungen usability-relevante Informationen beinhalten, die sehr wertvoll für App-Entwickler sind. So beinhalteten Bewertungen Informationen zu fehlenden oder fehlerhaften Funktionen, Empfehlungen für Verbesserungen oder Angaben zu Use Cases, in denen sich die Anwendungen als besonders nützlich erwiesen hatten. Auch beinhalteten Bewertungen

---

[1] https://itunes.apple.com/de/genre/ios/id36?mt=8

[2] https://play.google.com/store/apps

[3] http://www.windowsphone.com/de-de/store

Community- und soziale Aspekte. So wurden Empfehlungen oder Hilfen zur Nutzung für andere Nutzer gegeben. Ebenfalls wurden Bezüge zu anderen Bewertungen hergestellt oder es wurden direkte Fragen zu bestimmten Funktionen gestellt, die auch von anderen Nutzern beantwortet wurden. Zu ähnlichen Ergebnissen kommen auch Korhonen et al. (Korhonen et al., 2010), die aber die Untersuchung nicht nur auf Appstores beschränkten, sondern auch andere Bewertungsseiten wie amazon.com oder epinions.com mit einbezogen. Dort sind nur die Bewertungen um das 3-4 fache länger. In Appstores hingegen sind es meist nur kurze Texte, ähnlich wie Twitter-Nachrichten. Beide Studien kamen zu dem Schluss, dass großes Potential in den Bewertungen liegt, es fehlt jedoch an einer systematischen Integration dieser Feedbacks in den Entwicklungsprozess und auch an Werkzeugen, die aus den großen Mengen an Bewertungen die hilfreichen von nicht usability-relevanten Bewertungen trennen und Bewertungen aggregiert darstellen können, z.B. mit Hilfe von *Natural Language Processing*. Als besonders hinderlich wird es von Pagano & Mallej erachtet, dass ein bidirektionaler Kommunikationskanal zwischen Bewertungsschreiber und Entwickler fehlt. Das hindert Entwickler daran, bestimmte Nutzer noch mal zu kontaktieren, um Rückfragen z.B. zu bestimmten Fehlern zu stellen oder den Bewertungsabsender über gelöste Probleme zu informieren. Wie wichtig diese Zusammenarbeit ist, wird im Laufe dieses Kapitels noch deutlich.

2.3.2   Herausforderungen bei der Analyse von Nutzerfeedbacks

Interessant ist, dass in der Studie von Pagano & Bruegge (Pagano & Bruegge, 2013) alle Softwareunternehmen die Nützlichkeit der Nutzerrückmeldungen hervorheben, da dadurch die Software signifikant verbessert werden kann, aber diesem Nutzen derzeit noch erheblicher Analyseaufwand gegenüber steht. Die Gründe lassen sich auf Basis mehrerer Arbeiten zusammenfassen:

1. In der Schwierigkeit der Priorisierung von Feedbacks (Ko et al., 2011).

2. Der fehlenden systematischen Integration in den Entwicklungsprozess (Pagano & Bruegge, 2013).

3. In den Qualitätsschwankungen von Nutzerfeedbacks (Bettenburg, Just, et al., 2008).

Eine Schwierigkeit bei der Analyse der Feedbacks liegt zum einen in der Priorisierung der Feedbacks, also wie wichtig eine Rückmeldung ist und welche Konsequenz das für den internen Entwicklungsfahrplan hat. Bei einem Systemfehler ist dies noch relativ einfach zu bestimmen, wenn es sich um Funktionswünsche oder -verbesserungen handelt, hingegen nicht. Denn nicht jeder Funktionswunsch kann einfach pauschal berücksichtigt werden. In der Praxis folgt die Entwicklung in der Regel internen Roadmaps. So werden kleinere, inkrementelle, zur Verbesserung von Funktionen dienende Vorschläge meist direkt umgesetzt, revolutionäre neue Ideen meist jedoch nicht. Den Grund für die Zuhilfenahme einer Roadmap und der nicht direkten Berücksichtigung der Nutzerwünsche sehen Ko et al. (Ko et al., 2011) darin, dass den Entwicklern nicht bekannt ist, ob es sich nur um einen Vorschlag einer einzelnen Person handelt und somit nur für eine oder wenige Personen von Bedeutung ist oder ob dieser Vorschlag einen Großteil der Nutzerschaft betrifft. Das sehen Pagano & Bruegge (Pagano & Bruegge, 2013) auch durch Defizite in der technischen Unterstützung bei der Strukturierung, Konsolidierung, Analyse und Tracking von Feedbacks verschuldet. Entwicklern ist es nur durch hohen Aufwand möglich, Feedbacks zu analysieren und gleiche Wünsche und Verbesserungen zu bündeln oder Konflikte zwischen Anforderungen zu identifizieren, um so eine Prioritätenliste zu erstellen. Schlussendlich wird durch die Mängel der Wert von Feedbacks in der Praxis für direkte Implementierungsarbeiten dann doch etwas relativiert. Feedbacks liefern kontinuierlich Informationen über die Akzeptanz der Software, das ist schon sehr wertvoll. So kann relativ einfach überprüft werden, ob die Software weiterhin den Bedarf der Nutzergruppe bedient. Zur direkten Ableitung von neuen und konkreten Anforderungen ist der Analyseaufwand noch zu hoch. So sehen Ko et al. (Ko et al., 2011) Feedbacks eher als Startpunkt für eingehendere Nachforschungen bezüglich des Anliegens, sie können nicht direkt als neuer Eintrag auf der Implementierungsliste angesehen werden.

Bei der Betrachtung der Prozessebene zeigen die Studien von Pagano & Bruegge (Pagano & Bruegge, 2013) wie auch von Heiskari & Lehtola (Heiskari & Lehtola, 2009), dass Nutzerfeedbacks nicht systematisch in den Entwicklungsprozess integriert sind. Ein Teil der Gründe wurde bereits in den Abschnitten zuvor genannt. Ein weiterer Grund liegt in den vielen unterschiedlichen Feedbacktypen und –kanälen, die berücksichtigt werden müssen und von existierenden Vorgehensmodellen und Werkzeugen nicht unterstützt werden. Das liegt zum einen in der Verständlichkeit der Berichte und zum anderen in deren Wichtigkeit. Hier müssen jedoch zuvor zwei Feedbackarten unterschieden werden. Handelt es sich um Berichte, die automatisch bei Fehlereintritt erstellt wurden, also Berichte, die Log-files und weitere quantitative Nutzungsdaten beinhalten, so sind diese von den vielen Entwicklungsframeworks und -bibliotheken erfassund bearbeitbar. Diese Art von Bericht folgt einer konkreten und klaren Handlungspflicht, da es sich um einen Fehler handelt, der gelöst werden muss. Handelt es hingegen um Feedback, das nicht „maschinenlesbar", sondern in natürlicher Sprache verfasst wurde, liegen hier mehrere Herausforderungen vor, die es schwer machen, diese Feedbacks im Entwicklungsprozess zu institutionalisieren.

■ Feedbacks in natürlicher Sprache sind nur schwer zu analysieren;

■ Inhalte und die Qualität von Nutzerfeedbacks beeinflussen die Analyse;

■   relevante Informationen, um Funktionswünsche oder den Fehler zu repro-
    duzieren, werden oft von Nutzern nicht bereitgestellt;

■   Nutzern fehlt oft das notwendige Wissen, wie „gute" Feedbacks geschrie-
    ben werden müssen.

Diese Herausforderungen, die maßgeblich auf die Qualität der Feedbacks abzielen, werden nun im Folgenden in einem eigenen Unterkapitel näher betrachtet.

2.3.3   Informationsbedarfe in Fehlerberichten

Was macht die Qualität von Nutzerfeedbacks aus? Was sind die Ursachen für
schlechte Feedbacks? Diese beiden Fragen werden am Beispiel von Fehlerberichten (Bugreports) erläutert. Fehlerberichte erlauben es Nutzern, Entwickler
über Fehler zu informieren, die während der Nutzung aufgetreten sind. Typischerweise enthalten Fehlerberichte eine detaillierte Beschreibung des Fehlers
und gelegentlich auch einen Hinweis auf die fehlerhafte Stelle im Quellcode.
Fakt ist, dass solche Fehlerberichte sehr wichtig und hilfreich für die Softwareentwicklung sind, aber sehr stark in ihrer inhaltlichen Qualität schwanken –
beinhalten sie doch häufig inadäquate, falsche Informationen oder es fehlen gar
hilfreiche Hinweise (Aranda & Venolia, 2009a; Bettenburg, Just, et al., 2008;
Breu et al., 2010).

In einer Studie mit 156 Entwicklern aus den Open-Source-Projekten
APACHE, ECLIPSE und MOZILLA und mit 310 Fehlerberichterstattern (im
Folgenden Reporter genannt) identifizierten Bettenburg et al. (Bettenburg, Just,
et al., 2008) im Wesentlichen ein Hauptproblem: Eine Diskrepanz zwischen
dem, was Entwickler als hilfreiche Information erachten, und dem, was Nutzer
an Informationen liefern. Das wird deutlich, wenn Abbildung 23 etwas genauer
betrachtet wird.

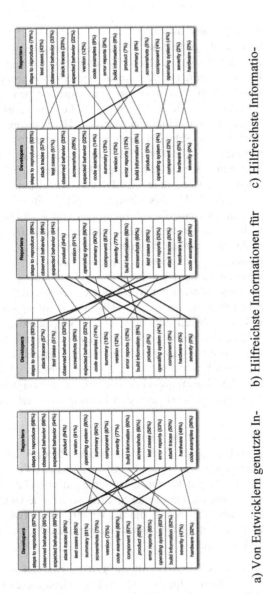

Abbildung 23: Diskrepanz zwischen Entwicklern und Reportern
(Bettenburg, Just, et al., 2008)

■ *Notwendige Informationen für die Entwickler*
Wie in Abbildung 23 a) links dargestellt ist, sind die am häufigsten genutzten Informationen, die Entwickler für die Reproduktion eines Fehler in ihrer Arbeit herangezogen haben: *Schritte zur Reproduktion* (steps to reproduce), *beobachtetes* und *erwartetes Verhalten* (observed and expected behavior), *Stapelspeicherzurückverfolgung* (stack traces) und *Testfälle* (test cases) sowie *Bildschirmfotos* (screenshots). Hingegen werden Hardwareangaben (hardware) oder die Angabe der Schwere eines Fehlers (severity) kaum verwendet. Welche Informationen die Entwickler als am hilfreichsten erachten, stehen auf der linken Seite in Abbildung 23 b). Hier stehen die Schritte zur Reproduktion an erster Stelle, gefolgt von Stapelspeicherzurückverfolgung, Testfällen und auch Bildschirmfotos. Vergleicht man nun die gegenüberliegenden Seite, welche die Informationen von ihrer Häufigkeit von oben herab auflistet, die von den Nutzern tatsächlich geliefert werden, so lässt sich die Diskrepanz genau erkennen. Die Linien, die die Informationen gegenüberliegend verbinden, zeigen entweder eine Übereinstimmung oder eben keine Übereinstimmung. Abbildung 23 a) macht deutlich, dass bei den mehrheitlich von Entwicklern genutzten Informationen nur die ersten drei Ergebnisse eine Übereinstimmung zeigen, bei den anderen gibt es keine Übereinstimmung. Die Diskrepanz zwischen Informationsbedarfen und -angebot wird noch deutlicher bei den Informationen, die als sehr hilfreich von Entwicklern angesehen werden. Hier zeigt Abbildung 23 b) fast keine Übereinstimmungen. Zusammenfassend lässt sich also eine sehr deutliche Unstimmigkeit zwischen den benötigten Informationen und den von Nutzern bereitgestellten Informationen erkennen. Woran liegt das?

■ *Fehlendes Verständnis über notwendige Informationen?*
Interessanterweise zeigt Abbildung 23 c), dass die meisten Reporter wissen, welche Informationen Entwickler benötigen. Somit ist fehlendes Verständnis in diesem Fall nicht der Grund für die Unstimmigkeit zwischen Entwicklern und Reportern. Vergleicht man beide Spalten, so ist eine Unstimmigkeit nur bei Bildschirmfotos zu sehen, die als wichtig für Entwickler, von den Reportern aber als weniger wichtig erachtet werden. Alle weiteren weisen kaum Unstimmigkeiten auf.

■ *Schwierigkeiten bei der Bereitstellung von notwendigen Informationen*
Bettenburg, Just, et al. (Bettenburg, Just, et al., 2008) erklären dieses Phänomen, dass Reporter eigentlich wissen, was für Informationen Entwickler zur Fehlerreproduktion benötigen, aber in der Praxis kaum liefern, damit, dass diese Informationen nur schwer zur Verfügung zu stellen sind. In diesem Fall scheint die Bereitstellung von Stapelspeicherzurückverfolgung,

Schritten zur Reproduktion und Testfällen entweder nur mit hohem Aufwand oder nur mit entsprechendem Fachwissen möglich zu sein. Auf die gleiche Schlussfolgerung kommen auch Ko et al. (Ko et al., 2007), die die Informationsbedarfe unter 49 Entwicklern durch teilnehmende Beobachtungen untersucht haben.

Diese Unstimmigkeiten bei der Bereitstellung von Bugreports führt nach Bettenburg, Just, et al. (Bettenburg, Just, et al., 2008) zu zwei wesentlichen Problemen, mit denen Entwickler umgehen müssen. Erstens, in unvollständige Informationen und zweitens, in fehlerhafte Informationen. Letzteres wird insbesondere bei Schritten zur Reproduktion von Fehlern und in der Beschreibung von Testfällen häufig beobachtet. Doch laut der Aussage eines Entwicklers sind fehlerhafte Informationen nicht der Hauptgrund, warum es zu Verzögerungen bei der Bearbeitung von Fehlern kommt, sondern notwendige Informationen, die nicht mitgeliefert wurden:

> *„The biggest causes of delay are not wrong information, but absent information."*
> (Bettenburg, Just, et al., 2008, S.5)

Die Interpretation der Informationen stellt sich für Entwickler auch als Herausforderung dar. Das häufig nicht fachspezifische Vokabular kann zu Missverständnissen oder zu aufwendiger Deutungsarbeit führen (Bettenburg, Just, et al., 2008; Breu et al., 2010). Auch Schreibstile tragen dazu bei, dass sehr viel Aufwand betrieben werden muss, um Sachverhalte verstehen zu können. *„Often users write a lot of text, but then it turns out that they just used or configured the software wrongly. At first this causes a lot of trouble, and then you find that it was the users' fault."* (Pagano & Bruegge, 2013, S.958). Ebenso verhält es sich bei widersprüchlichen Feedbacks wie z.B. der Wunsch nach fortgeschrittenen und professionellen Funktionen vs. der nach Wunsch übersichtlichen und einfachen Funktionen. *„We ignore contradicting feedback until there is a clear opinion in the community"* (Pagano & Bruegge, 2013, S.958). Die Existenz von Duplikaten wird in dieser Studie von Bettenburg, Just, et al. (Bettenburg, Just, et al., 2008) hingegen als gar kein so großes Problem betrachtet, da weitere Berichte, initiale Bugreports mit weiteren Informationen anreichern können und somit die Qualität der Informationen gesteigert werden kann. In einer weiteren Studie belegen Bettenburg, Premraj, et al. (Bettenburg, Premraj, et al., 2008) diese Aussage und empfehlen Werkzeuge, die die Zusammenfassung von Duplikaten zu einem Bericht und die Aktualisierung von noch nicht gelösten Bugreports über deren Lebenszyklus hinweg unterstützen. Andere Studien sehen hier weniger den Mehrwert, sondern eher den hohen Analyse- und Sortierungsaufwand, um initiierte Berichte von Duplikaten trennen zu können. Wang et al. (Wang et al., 2008) argumentieren, dass Duplikate zu Mehraufwand führen, da die Kosten der

Suche nach gleichen Reports höher sind, als einen neuen Bugreport anzulegen und zuzuweisen. Ähnlich sehen es Runeson et al. (Runeson et al., 2007) und Rastkar et al. (Rastkar et al., 2010) und stellen wie Wang et al. Verfahren vor, die die meist in natürlicher Sprache geschriebenen Reports automatisiert analysieren und bündelt en.

Hier soll noch einmal auf die Informationsbedarfe von Entwicklern zurückgekommen werden. Entgegen Bettenburg, Just, et al. (Bettenburg, Just, et al., 2008), die von recht statischen Informationsbedarfen ausgehen, fanden Breu et al. (Breu et al., 2010) heraus, dass die Interaktion zwischen Nutzern und Entwicklern nicht bei der Zusendung eines Bugreports aufhört, sondern sich eine Kooperation über den gesamten Lebenszyklus eines Bugs erstreckt und sich auch Informationsbedarfe im Laufe der Zeit ändern. Breu et al. identifizierten bei der Analyse von Fragen zwischen Nutzern und Entwicklern, die in 600 Bugreports von ECLIPSE- und MOZILLA-Projekten gestellt wurden, insgesamt acht Kategorien, die auch die Aktivitäten der Zusammenarbeit zwischen Nutzern und Entwicklern deutlich machen. Fragen bezogen sich auf:

1. Fehlende oder unvollständige Informationen in Bugreports.

2. Die Klärung von noch unklaren Aspekten.

3. Die Beurteilung und Zuweisung von Bugreports zu entsprechenden Entwicklern.

4. Den Debuggingprozess, mit Fragen zu Verhalten und Zuständen einer Anwendung und zu Codeteilen, zur Fehlerreproduktion.

5. Den eigentlichen Korrekturvorgang, insbesondere wie ein Fehler korrigiert werden soll.

6. Den Status der Bearbeitung von Bugreports.

7. Die Lösung des Problems, ob es weiterhin eine Problem darstellt oder gelöst wurde.

8. Den Prozess und andere administrative Aufgaben, best pratices und Vorgehen.

Durch diese Informationsbedürfnisse, die ermittelt wurden, wird deutlich, wie hoch der Kooperationsbedarf zwischen den Akteuren ist. Auf ähnliche Ergebnisse kamen zuvor auch Aranda & Venolia (Aranda & Venolia, 2009a). Sie fanden außerdem heraus, dass selbst die Bearbeitung kleinerer Fehler sehr stark von sozialem, organisatorischem und technischem Wissen abhängig ist. Personen, die den Fehler bemerkt haben, oder Personen, die den Fehler lösen müssen, müssen sich koordinieren, müssen Informationen von anderen Ressourcen (wie z.B. Dokumente) oder anderen Personen einholen, müssen Verantwortungen klären oder durch organisatorische Strukturen navigieren. Das deckt sich weitgehend mit den Ergebnissen von Breu et al. (Breu et al., 2010). Aranda & Venolia argumentieren zudem, dass die derzeitigen Stufen (Offen, In Bearbeitung, Gelöst), die von gängigen Bug-tracking-Werkzeugen verwendet werden, zu eng gefasst sind. Sie identifizierten sieben Ziele, die Akteure bei der Verarbeitung von Bugreports erreichen müssen und somit eher dem Lebenszyklus eines Bugs entsprechen und daher derzeitige Stufen in Bug-Tracking-Systemen ersetzten sollten:

1. *Aufdeckung*
   Ein Unterschied zwischen der Realität und den Erwartungen wird entdeckt. Dies ist der initiierende erste Schritt, ein unerwartetes Verhalten als Fehler zu melden.

2. *Diagnose*
   Die Ursache und das Ausmaß des Fehlers werden ermittelt.

3. *Zuweisung*
   Es wird ermittelt, wer für die Bearbeitung des Fehlers verantwortlich ist.

4. *Suche*
   Es wird nach geeigneten Informationen, Ressourcen und Kenntnissen gesucht. Häufig wird dieser Schritt mit dem vorherigen Schritt vermischt, da die eigneten Experten meist auch die Verantwortlichen sind.

5. *Korrektur*
   Dies ist der eigentliche Schritt, in dem der Fehler behoben werden soll. Die Korrektur des entsprechenden Codes, Änderung der Dokumentation, Scripts oder anderen Artefakten, so dass die Realität wieder mit den Erwartungen der Nutzer übereinstimmt.

6. *Abschluss*
   Hier wird darüber entschieden, ob der gegenwärtige Stand nicht weiter verändert werden muss und veröffentlicht werden kann.

7. *Kommunikation*
   In dem letzten Schritt wird der Status den beteiligten Akteuren kommuniziert.

Ein weiterer Grund, warum eine Zusammenarbeit notwendig ist, liegt darin begründet, dass sich Informationsbedarfe im Laufe der Bearbeitung ändern. In der Studie von Breu et al. (Breu et al., 2010) ließ sich erkennen, dass Fragen zu fehlenden oder unvollständigen Informationen in Bugreports oder zum Debugging im frühen Stadium eines Bugreports gestellt werden, also relativ kurz nach Sendung des Berichtes. Im Gegensatz zu diesen Fragen werden Fragen zur eigentlichen Korrektur und zum Status eines Bugs eher am Ende gestellt. Durch die Studien von Breu et al. und Aranda & Venolia wird deutlich, wie kollaborativ die Bugreport-Bearbeitung ist. Das gilt insbesondere für den Debuggingprozess, zu dem Entwickler und Nutzer gleichermaßen beteiligt sind (Breu et al., 2010). So werden bspw. Nutzer aufgefordert, Programme mit unterschiedlichen Einstellungen erneut zu starten, um den Fehler weiter eingrenzen zu können. Die Ergebnisse von Ko et al. (Ko et al., 2007) untermauern diese Erkenntnisse.

Durch die neue Dimension der intensiven Zusammenarbeit zwischen Nutzern und Entwicklern im Bugreport-Prozess bekommt das Problem von fehlenden Informationen noch mehr Bedeutung. Zuvor wurde die für Nutzer schwierige Bereitstellung von für den Entwickler hilfreichen Informationen als maßgeblicher Grund für das Informationsdefizit genannt (Bettenburg, Just, et al., 2008). Breu et al. (Breu et al., 2010) machen auch die hohe Anzahl von nicht beantworteten Rückfragen mitverantwortlich. Die Autoren fanden heraus, dass 32% aller Anfragen nicht beantwortet wurden. Der wesentliche Teil dieser Fragen war an Nutzer berichtet. Die Ergebnisse von Breu et al. zeigen, dass Entwickler die aktive Teilnahme von Nutzern an der Diskussion um die Bearbeitung von Bugs erwarten. Dass die Nutzer dieser Aufforderung nicht nachkommen, erklären die Autoren damit, dass ihnen nicht bewusst ist, dass ihre aktive Teilnahme auch nach der Zusendung eines Bugreports noch erforderlich ist. Erst die explizite Aufforderung der Entwickler *„Please work with us on this [...]"* (Breu et al., 2010, S.308) führte meist zur Beantwortung der notwendigen Fragen.

- Vier verschiedene Arten von Feedbacks: Fehlerberichte (Bugreports), Funktionswünsche, Feedback zu vorhandenen Funktionen und Bewertungen.

- Sieben verschiedene Feedbackkanäle: E-Mail, Appstores und weitere Bewertungsseiten, Blogs, Foren, soziale Netzwerke, wie Twitter und Facebook, Telefon und direkt in die Software integrierte Feedbackkanäle.

- Je kritischer eine Nutzerrückmeldung, desto öffentlicher der gewählte Kanal.

- Am häufigsten gewählte Kanäle: E-Mail, direkt in die Software integrierte Feedbackkanäle und Appstore-Bewertungen.

- Probleme bei der Analyse von Nutzerfeedbacks durch: Qualitätsschwankungen von Feedbacks, Schwierigkeiten bei der Priorisierung, die fehlende systematische Integration von Feedbacks in den Entwicklungsprozess.

- Bugreports enthalten häufig inadäquate, falsche Informationen oder es fehlen hilfreiche Informationen.

- Diskrepanz zwischen dem, was Entwickler als hilfreiche Information erachten und dem, was Nutzer an Informationen liefern.

- Ursache von fehlenden oder falschen Informationen liegt in der Schwierigkeit, Informationen bereitzustellen.

- Duplikate können vorangegangene Berichte anreichern, jedoch ist die Suche und Analyse weiterhin eine Herausforderung.

- Informationsbedarfe von Entwicklern sind nicht statisch, sondern ändern sich im Laufe der Bearbeitung.

- Nutzer gehen davon aus, dass die Zusammenarbeit mit Entwicklern nach der Zusendung eines Berichtes endet.

2.4 Participatory Design & Aneignungsunterstützung

In diesem Abschnitt wird es darum gehen, wie durch einen partizipativen Entwicklungsansatz, ein global geltendes Funktionsverständnis erreicht werden kann. Dazu wird zu Beginn in das Konzept des *Participatory Designs* eingeführt. In Abschnitt 2.4.2 werden speziell Erkenntnisse, Ansätze und Werkzeuge aus dem *Distributed Participatory Design* vorgestellt. In Abschnitt 2.4.3 werden für diese Arbeit interessante Erkenntnisse zu Motivationsfaktoren und -Werkzeugen, die die Nutzerbeteiligung adressieren, diskutiert. Das Kapitel schließt mit Konzepten zur Aneignungsunterstützung von Softwaresystemen (Abschnitt 2.4.4).

2.4.1 Ziele und Anwendungsbereiche des Participatory Designs

Um bei allen Akteuren im Software-Ecosystem ein gemeinsames Funktionsverständnis zu erreichen, wurde in dieser Arbeit die Einbeziehung von Nutzern als gleichwertige Partner neben Entwicklern und Entscheidern im Softwareentwicklungsprozess (Schuler & Namioka, 1993) gesetzt. Um dies zu adressieren, wird nun näher auf den Entwicklungsansatz Participatory Designs (PD) eingegangen. PD ist in den 70er Jahren aus der Arbeiterbewegung in Skandinavien und Nordeuropa hervorgegangen. Ziel der Bewegung war die Humanisierung und Demokratisierung von Arbeit. Der Mensch sollte entgegen entgegen existierender tayloristisch geprägter Arbeit ein Mitgestaltungsrecht bei Arbeitsprozessen und -werkzeugen bekommen. (Floyd et al., 1989)

PD fokussiert auf die Beziehung zwischen Nutzern und Entwicklern in deren natürlicher Umgebung im Softwareentwicklungsprozess (Floyd et al., 1989; Muller et al., 1993). Dabei wird die Softwareentwicklung als soziale Aktivität verstanden (Nygaard, 1986). PD hat traditionell zwei Ziele. Zum einen die Kontrolle der Nutzer über deren Arbeitsumgebung zu ermöglichen und zum anderen die Qualität der Softwarewerkzeuge zu steigern. Dabei steht im Fokus, die beiden Welten von Nutzern und Entwicklern zusammenzuführen. Entwickler partizipieren in der Nutzerwelt oder Nutzer partizipieren in der Welt der Entwickler oder eine Mischung aus beidem (Muller et al., 1993). Um das zu erreichen, fokussieren PD-Methoden auf die Gestaltung von Entwürfen und die direkte Interaktion zwischen Nutzern und Entwicklern, wie z.b. durch teilnehmende Beobachtungen am Arbeitsplatz, in Workshops oder durch gemeinsame Szenarienentwicklung (Kensing, 2003). Kensing & Blomberg (Kensing & Blomberg, 1998) unterscheiden zwischen drei Aufgabenbereichen im Participatory Design:

1. *Die Politik der Gestaltung (The Politics of Design)*
   Der Bereich der Politik zielt z.B. auf die Demokratie am Arbeitsplatz (Muller & Kuhn, 1993) oder auf die Stärkung des Mitbestimmungsrechts eines Arbeiters bei der Entwicklung von Anwendungssoftware (Clement & Besselaar, 1993) ab. Arbeiter wissen am besten, welche Art von (Software-)Unterstützung sie benötigen, deshalb müssen sie eine wesentliche Rolle im Entwicklungsprozess spielen, um ihre Anforderungen artikulieren zu können (Muller et al., 1997). Im Bezug darauf stellt Mumford (Mumford, 1993) drei prinzipielle Ziele vor: *(1)* die gemeinschaftliche und geteilte Verantwortung, *(2)* Nutzer erhalten eine wesentliche Rolle im Entwicklungsprozess und *(3)* können ihre eigene Arbeitswelt organisatorisch und technisch mitgestalten.

2. *Die Natur der Beteiligung (The Nature of Partizipation)*
   Der Bereich der Beteiligung bezieht sich vornehmlich auf die Beziehung zwischen Nutzern und Entwicklern. Die Herausforderung liegt darin, eine enge Beziehung zwischen diesen beiden Gruppen zu schaffen (Carmel et al., 1994), was für ein gemeinsames Verständnis und den gegenseitigem Respekt notwendig ist. Die grundlegenden Voraussetzungen für einen PD-Prozess haben Kensing & Blomberg bereits 1998 definiert (Kensing & Blomberg, 1998): Zugang zu allen relevanten Informationen; die Möglichkeit, dass sich Teilnehmer eine eigene unabhängige Meinung und Position zu einem bestehenden Problem bilden können; die Teilnahmemöglichkeit beim Treffen von Entscheidungen; die Verfügbarkeit von geeigneten beteiligungsorientierten Entwicklungsmethoden; Raum für technische und/oder organisatorische Alternativen.

3. *Methoden, Werkzeuge und Techniken (Methods, Tools and Techniques)*
   Der Bereich Werkzeuge und Techniken beinhaltet organisatorische Prinzipien, Werkzeuge und Techniken, die es den Nutzern ermöglichen, Verbindungen zwischen deren Arbeit, Abstraktionen und technischen Beschreibungen von zukünftigen Systemen herzustellen (Kensing & Blomberg,

1998). Organisatorische Techniken, um die Kooperation zwischen allen Beteiligten herzustellen, sind bspw. ein demokratischer Prozess (Muller & Kuhn, 1993), um den Nutzer im Entscheidungsfindungsprozess mit zu integrieren; Gegenseitiges-voneinander-Lernen (Carmel et al., 1994), um ein gegenseitiges Verständnis von den beteiligten Domänen zu erreichen oder eine gemeinsame Vision für zukünftige Technologien zu entwickeln; unterstützte Interaktion (Carmel et al., 1994), um die Teilnehmer mit unterschiedlichen Hintergründen bei der Kommunikation zu unterstützen.

Die meisten der PD-Verfahren adressieren Aktivitäten der Anforderungsermittlung und -definition im Softwareentwicklungsprozess. Nutzerbeteiligung während der Implementierungs- oder Nutzungsphase ist, wenn überhaupt, nur im End-User-Development-Diskurs (Lieberman et al., 2006) bzw. in der Verarbeitung von Nutzerfeedbacks (Bettenburg, Just, et al., 2008) im HCI-Diskurs zu finden und nicht im PD-Diskurs. Hier geht es mehr um Visionsentwicklung, gemeinschaftlich Anforderungen zu ermitteln, zu spezifizieren oder darüber abzustimmen (Gumm, 2006a). Kensing & Blomberg (Kensing & Blomberg, 1998) fassen die wesentlichen Bereiche zusammen, in denen Nutzer aktiv teilnehmen können:

■ Bei der Analyse von Notwendigkeiten und Möglichkeiten.

■ Bei der Evaluation und Selektion von technischen Komponenten.

■ Beim Entwurf und der Entwicklung von zukünftigen Technologien.

■ Bei der Einführung in Organisationen.

Um zu verstehen, wie PD mit unterschiedlichen Domänen und geographischen Herausforderungen umgeht, werden zunächst die unterschiedlichen Ebenen, in denen PD angewendet wird, betrachtet. Hierbei hilft die Klassifikation von Gaertner & Wagner (Gaertner & Wagner, 1996), die drei Ebenen unterscheiden. Zum einen die *individuelle Projektebene*, auf der spezifische Systeme gestaltet und neue organisatorische Strukturen geschaffen werden. Zum anderen die *Organisationsebene*, auf der „Störungen" oder die Verletzung von Vereinbarungen ermittelt und die etablierten Organisationsstrukturen und -funktionen hinterfragt und angepasst werden. Die letzte Ebene bildet die *nationale Ebene*, auf der generelle gesetzliche Zulässigkeiten und das politische Rahmenwerk ausgehandelt werden, die die Beziehung zwischen verschiedenen Industriepartnern definiert und Normen für die gesamte Bandbreite von arbeitsbezogenen Angelegenheiten festlegt. Haben die ersten PD-Projekte noch als Ziel gehabt, diese drei Ebenen zu verbinden, um lokale Rahmenbedingung der Mitbestimmung zu untersuchen und die Ergebnisse auch auf nationaler Ebene zu nutzen. Jedoch wurden in den letz-

ten Jahren PD-Projekte vorwiegend nur auf individueller Projektebene angewandt. Wenn die Anwendungskontexte betrachtet werden, lässt sich erkennen, dass
PD-Projekte mehrheitlich im Büro- und Arbeitskontext durchgeführt wurden und
Verfahren und Werkzeuge für diesen entwickelt und angepasst sind (Kensing &
Blomberg, 1998). Das ist nicht sonderlich verwunderlich, hat PD doch dort seinen Ursprung (Nygaard, 1986). Clement & Besselaar (Clement & Besselaar,
1993) als auch Oostveen & van den Besselar (Oostveen & Van den Besselaar,
2004) zeigen diesbezüglich, dass es bei den meisten PD-Projekten eher um kleine, alleinstehende Softwareanwendungen mit geringer organisationaler Komplexität geht. Hingegen hat sich die Computertechnologie stark weiterentwickelt
(Iivari et al., 2010). IT dringt immer tiefer in das alltägliche Leben ein und so
müssen auch PD-Verfahren an diese neuen Anwendungskontexte anpasst werden
und PD-Projekte dürfen sich nicht weiter nur auf den Büro- oder Arbeitskontext
beziehen (Bodker & Pekkola, 2010). Dieser Punkt wird dadurch noch weiter
verschärft, dass PD-Projekte unabhängig vom Kontext mehrheitlich nur auf
einzelne traditionelle Nutzergruppen, bei denen Teilnehmer bekannt und er-
reichbar und die Aufgaben klar definiert sind, fokussiert (Oostveen & Van den
Besselaar, 2004). Das sich Participatory Design sich auch hier neuen Herausforderungen stellen muss, wird im folgenden Abschnitt erörtert.

2.4.2   Distributed Participatory Design

Traditionelle PD-Methoden wie Papier-Entwürfe, Nutzerworkshops, Beobachtungen, Interviews oder gemeinsame Szenarienentwicklung sind gut anwendbar,
wenn die eben genannten klassischen Rahmenbedingungen gelten. Doch muss
sich die Softwareentwicklung immer mehr verteilten Projektkonstellationen stellen (Gumm, 2006a). Dies bedeutet nicht nur, dass sich PD-Projekte mit geographischen und zeitlichen verteilten Teilnehmern auseinandersetzen müssen, sondern auch mit unterschiedlichen Anwendungskontexten, Organisationskulturen
oder gar nicht vorhersehbaren Nutzungsumgebungen oder -gruppen. Dies soll
nun im Detail betrachtet werden, insb. welche Herausforderungen und Lösungen
hier bereits erforscht wurden und welche Fragen noch offen sind.
   Bei der Literaturanalyse wird deutlich, dass sich neben PD insbesondere der
Software-Engineering-(SE)-Diskurs mit der verteilten Softwareentwicklung
auseinandergesetzt hat, denn Strategien für erfolgreiche verteilte Entwicklung
aus der Distributed-Software-Engineering-(DSD)-Literatur sind sehr ähnlich zu
den Zielen von PD. So kann DSD Ansätze liefern, um verteilte Herausforderungen im PD anzugehen (Titlestad et al., 2009). Der Trend zu DSD ist deutlich
erkennbar (Audy et al., 2004). Unternehmen arbeiten an unterschiedlichen
Standorten zusammen – als Partner, als Kunden, als Auftragnehmer oder als
Offshore- oder Outsourcepartner. Das sind Themen, mit denen sich die Soft-

ware-Entwicklung aus der Praxis heraus schon früh mit beschäftigen musste (Heeks et al., 2001). DSD legt dabei aber den Fokus auf Organisation und Wissensaustausch (Lings et al., 2006) und diskutiert eher virtuelle Teams und Offshore-/Outsourcing-Settings (Titlestad et al., 2009).

2.4.2.1 Unterschiedliche Arten der Verteilung

Im PD-Diskurs ist die Auseinandersetzung hingegen relativ neu. Abgesehen von Teilaspekten, wie der Umgang mit unbekannten Nutzern (Finck et al., 2004) oder internetbasierte Werkzeuge zur Beteiligungsunterstützung (Divitini et al., 2000), ist erst in den letzten Jahren der Forschungsanteil in diesem Bereich gestiegen. So ist zum Beispiel das Special Issue zu Distributed Participatory Design im Scandinavian Journal for Information Systems (SJIS, 2009) erstmals 2009 erschienen. Der Fokus liegt bei der Literaturanalyse nun auf der verteilten Softwareentwicklung (DSD) auf der einen Seite und Distributed Participatory Design (DPD) auf der anderen Seite. Um die Zielsetzung der beiden Diskurse besser zu verstehen, wird sich der Klassifizierung von Gumm (Gumm, 2006a) bedient. Nach ihrer Definition bezieht sich DSD auf die *Projektstruktur*, also auf die Umgebung, in der Softwareentwicklung stattfindet. PD hingegen bezieht sich direkt auf die *Designaktivität* und die entsprechende Prozessunterstützung. Gumm (Gumm, 2006b) unterscheidet unter drei Arten von Verteilung:

- *Physische Verteilung*
  Personen arbeiten verteilt an unterschiedlichen Orten zusammen. Herausforderungen durch physische Verteilung können bereits bei Personen oder Objekten auftreten, die nur durch einen Flur innerhalb eines Gebäudes getrennt sind. Schwieriger wird es bei Verteilung von Akteuren innerhalb von Städten, über Ländergrenzen hinweg oder gar weltweit.

- *Organisatorische Verteilung*
  Dieser Aspekt bezieht sich auf die Struktur in der Personen arbeiten. Sie muss nicht zwangsläufig auf eine Organisationsstruktur zurückzuführen sein, sondern kann auch irgendeine Projektstruktur sein, die die Arbeitsweisen strukturiert und vorgibt.

- *Zeitliche Verteilung*
  Diese Art der Verteilung bezieht sich auf die Synchronität der Arbeitszeiten, also auf die Zeiten, in der Akteure Zeit für reale Interaktionen haben. Zeitliche Unterschiede können durch unterschiedliche Zeitzonen hervorgerufen werden oder durch unterschiedliche Arbeitszeiten im Schichtbetrieb.

2.4.2.2 Herausforderungen im verteilten Projektsetting

Verschiedene Arbeiten haben sich bereits auf unterschiedliche Weise dieser Herausforderung angenommen. Einige Arbeiten beschäftigten sich im Generellen mit den Besonderheiten, die durch die geographische Verteilung der bei der Softwareentwicklung beteiligten Akteure resultieren. Eine der wesentlichen Herausforderungen durch die Verteilung in der Softwareentwicklung liegt bei der Kommunikation und dem Austausch von Wissen, Expertisen und Informationen (Coar, 2003), die für gegenseitiges Voneinander-lernen und Aushandlungsunterstützung von Designentscheidung entscheidend sind. Lanubile et al. (Lanubile et al., 2003) stellen vor allem heraus, dass informelle Kommunikation besonders erschwert wird und zu einem Mangel an entscheidungsrelevanten Informationen führen kann. Ein weiteres Problem stellt sich bei der Aufteilung von Aufgaben. Sind Personen und Kompetenzen räumlich getrennt, so empfiehlt Turnlund (Turnlund, 2003), Personen oder Gruppen nach Kompetenzbereichen aufzuteilen und Informationsüberladung zu vermeiden. Dies kann jedoch dazu führen, dass Personen oder Gruppen fast nur für sich arbeiteten (Coar, 2003). Die Trennung der Aufgabenerledigung führt außerdem zu Reduzierung von direkter Kommunikation und erschwert Kooperation und gemeinsames Lernen. Zudem erschweren die räumliche und zeitliche Trennung den Aufbau von Vertrauen zu anderen Teilnehmern (Lanubile et al., 2003), was die Zusammenarbeit erschwert und demokratische Designprozesse blockieren kann.

2.4.2.3 Werkzeuge des Distributed Participatory Designs

Weitere Arbeiten beschäftigten sich mit der Anwendung von PD-Methoden im verteilten Projektsetting. Es geht vor allem um Methoden zur Interaktionsanalyse, zum e-Prototyping und der generellen Einbeziehung von Nutzern. Irestig & Timpka (Irestig & Timpka, 2002) stellen in ihrer Arbeit die Dynamic Interactive Scenario Creation (DISC)-Methode vor, die große und verteilte Nutzergruppen adressiert. Dabei werden Teilnehmer einer Design-Gruppe gebeten, kurze Beschreibungen ihrer Arbeitsaufgaben in der Praxis zu liefern. Diese Beschreibungen werden an alle Teilnehmer kommuniziert und können ergänzt oder durch weitere Szenarien ergänzt werden. Es zeigte sich, dass Aufgaben erst dann dokumentiert wurden, wenn diese auch tatsächlich aufgetreten waren. In zeitkritischen Situationen wurde dies deutlich seltener gemacht. Die text-basierte Eingabe von Szenarien führte dazu, dass Akteure, die weniger gut im Schreiben und Beschreiben waren, nicht teilgenommen haben. Ruhleder & Jordan (Ruhleder & Jordan, 1997) haben VIBA (Videobased Interaction Analysis) angepasst, um die Interaktionen von Personen und Objekten zu erfassen. Dearden et al. (Dearden et al., 2004) stellen ein Werkzeug zur digitalen Erstellung von Mock-Ups mit Kommentarunterstützung für physisch verteilte Entwickler vor. Bleek et al.

(Bleek et al., 2002) stellen Feedbackkanäle vor, die es Endnutzern ermöglichen Eindrücke zu regelmäßig erstellten Designentwürfen zu geben. Die Arbeit ist insofern interessant, als sie die Use-Time mit berücksichtigt und auch den Umstand von unbekannten Nutzern adressiert. Die Autoren stellen einen Prozess vor, der sich an dem STEPS-Modell (Floyd et al., 1989) orientiert und auf kurze Iterationen von Softwareversionen basiert. Der Prozess teilt sich in vier Schritte auf und wird stetig wiederholt (s. Abbildung 24). Schritt 1: Auswahl des Funktionsumfangs. Durchgeführt durch eine Steuerungsgruppe. Schritt 2: Konstruktion. Hier werden die ausgewählten Funktionen hinzugefügt und Fehler behoben. Als Ergebnis steht eine neue Softwareversion den Nutzern zur Verfügung. Schritt 3: Anwendung. Hier können Endnutzer die neue Softwareversion nutzen. Feedback der Nutzer wird über verschiedene Kommunikationskanäle eingesammelt. Dies können E-Mail, Telefon, Bug-Tracker oder soziale Medien wie Twitter, etc. sein. Schritt 4: Entscheidung über weitere Verwendung. In diesem Fall wurde die Auswahl von einer Steuerungsgruppe übernommen. Allerdings wurde dieser Prozess noch nicht evaluiert.

Stevens & Draxler (Stevens & Draxler, 2006) adressieren ebenfalls den Nutzungskontext und stellen mit PaDU ein Werkzeug vor, das die Beteiligung an Designdiskussionen aus der konkreten Nutzung heraus ermöglicht und erlaubt, Gestaltungsideen während der Nutzung festzuhalten. Das Konzept zu mediierendem Feedback stellt Finck et al. (Finck et al., 2004) vor. Im Gegensatz zu direktem Feedback steht hier entweder ein technisches Artefakt (Forum, Bug-Tracker, etc.) oder eine Person dazwischen. Die Studie fokussierte insb. darauf, nicht bekannte und verteilte Akteure in den Entwicklungsprozess zu integrieren, und nutzte eine Forumgruppe, um das Feedback der Nutzer einzusammeln und zu diskutieren. Dabei zeigt sich, dass a) eine Forumgruppe gut geeignet ist, um designbezogene Entscheidungen zu treffen. b) In-situ Feedback sehr hilfreich ist, da der Nutzungskontext nicht verlassen werden muss. c) Interpretationsprobleme berücksichtigt werden müssen. d) Möglichst mehrere Feedbackkanäle zur Verfügung gestellt werden sollten. e) Mediatoren teilnehmen müssen, um Teilnehmer zu motivieren und Diskussionen zusammenzufassen und an die für den Mediator bekannten Entwickler weiterzuleiten. Salz (Salz, 2004) stellt ein Online-Abstimmungsverfahren vor, das Nachteile von Online-Foren und Online-Befragungen überbrücken soll.

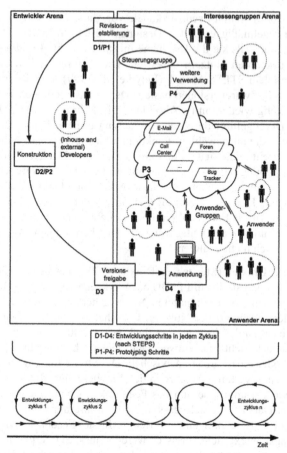

Abbildung 24: Evolutionäres Prototyping (Bleek et al., 2002)

2.4.2.4 Herausforderungen durch kulturelle Unterschiede im Designprozess

Eine der größten Herausforderungen liegt jedoch in den kulturell bedingten Unterschieden in Arbeitspraktiken, Normen und Werten zwischen den Akteuren oder Akteursgruppen. Ein Beispiel auf Makroebene sind länderspezifische Unterschiede, z.b. präferieren US-amerikanische Unternehmen schriftlich ausgearbeitete Vereinbarungen und explizite Dokumentation, unterstützt durch häufige und informelle Telefonanrufe und E-Mailkontakte. Wohingegen Japaner die direkte Kommunikation und non-verbale und stetig verhandelte Vereinbarungen bevorzugen. Kommunikationsmedien wie Telefon oder E-Mail werden weniger oder nur für formelle Zwecke genutzt. (Krishna et al., 2004) Auf Mikroebene, also auf Organisations- oder Projektebene, finden sich ebenfalls kulturelle Unterschiede (Evaristo & Scudder, 2000). Zum einen beeinflussen die Hintergründe der Akteure und des Ortes auch die Kultur einer Organisation oder eines Projektes. Das kann bspw. das Machtverständnis, der Umgang mit Unsicherheiten, Maskulinität vs. Feminität, Individualismus oder das Zeitverständnis sein (Hofstede et al., 1991). Zum anderen beeinflussen auch die Organisationskultur als solche und die Projektorientierung eines Unternehmens die Handlungen der Akteure. Management nach Projekten ist eine wichtige Managementstrategie für Unternehmen, die auf Projektarbeit ausgerichtet sind. Durch Starten, Durchführen und Abschließen von Projekten wird eine dynamische Balance erreicht, welche die Fortentwicklung und das Überleben eines Unternehmens sichert. Diese Arbeitskultur beeinflusst die Handlungen der Akteure und ist Ursache für die impliziten Annahmen der Akteure. Die unterschiedlichen Hintergründe und Annahmen der Akteure können eine Quelle für Missverständnisse bei der Zusammenarbeit darstellen (Evaristo & Scudder, 2000). Gleichwohl ist der Umgang mit unterschiedlichen Organisationskulturen und Gewohnheiten eben eine der Stärken von PD:

> *„The mediation between workers and management represents the mediation between different organizational areas. Mutual learning also aims at decreasing organizational distribution since it aims at enabling the participants to understand the others' domain." (Gumm, 2006a, S. 5)*

Dennoch sind derzeitige PD-Methoden nicht an diese Anforderungen angepasst. Traditionelle PD-Worshops wie Zukunftswerkstätten (Greenbaum & Kyng, 1991) sind eine nützliche Methode innerhalb einer Arbeitsgemeinschaft, um bestehende Arbeitspraktiken zu hinterfragen und weiterzuentwickeln. Das gilt auch für unterschiedliche Probes-Typen. Postkarten-Probes (Kanstrup & Christiansen, 2006) oder Probes zur Erfassung von kulturellen Kommunikations- und Technologienutzungspraktiken (Lindquist & Westerlund, 2007) fokussieren auf *„designing for skill and work practices in context"* (Binder, Brandt, & Gregory, 2008, S. 2).

2.4.2.5 Praxisbeispiele zum Umgang mit kulturellen Unterschieden

Betrachtet wird nun ein Anwendungsbeispiel aus dem Softwareentwicklungsprojekt CommSy, in dem verschiedene Organisationen mit unterschiedlichen kulturellen Hintergründen über zehn Jahre beteiligt waren (Obendorf et al., 2009). Es zeigte sich, dass die Anforderungen aus den unterschiedlichen Kontexten nichts gemeinsamen haben. Die Arbeitskontexte unterschieden sich in der Art, wie gearbeitet, wie Software implementiert und in der Sprache, wie die Arbeit beschrieben wird. Die Konsequenz war, dass Nutzer aus den verschiedenen Arbeitskontexten nicht in der Lage waren, Systemnutzungen auf Basis ihrer eigenen Arbeit zu diskutieren. So unterschiedlich waren die Arbeitshintergründe und so gering das gegenseitige Verständnis darüber. Obendorf et al. (Obendorf et al., 2009) beschreiben dieses Problem mit Arias' et al. (Arias et al., 2000) und Fischers (Fischer, 2001) Theorie zu *Communities of Interest* (CoI). Im Gegensatz zu *Communities of Practice* (CoP), die in diesem Fall die unterschiedlichen Organisationen mit den individuellen Arbeitspraktiken darstellen, spannt sich eine CoI über verschiedene CoPs. *"CoIs bring together stakeholders from different CoPs to solve a particular (design) problem of common concern"* (Fischer, 2001). Im Gegensatz zu CoPs verfügen Teilnehmer einer CoI nicht über eine gemeinsame Praxis, dafür aber über ein gemeinsames Interesse. In dieser Fallstudie ist das Objekt des gemeinsamen Interesses das CommSy-System. Aufgrund der fehlenden gemeinsamen Praxis ist der Kommunikationsbedarf bei Communities of Interest hingegen hoch, weil zuerst ein gemeinsames Verständnis über die bevorstehende Aufgabe geschaffen werden muss. Das geht nicht von jetzt auf gleich. Fischer (Fischer, 2001) macht deutlich, dass Teilnehmer einer CoI lernen müssen, mit anderen Teilnehmern zu kommunizieren und voneinander zu lernen, um ein gemeinsames Verständnis aufzubauen. Was natürlich schwierig sein kann, aufgrund von unterschiedlichen Perspektiven und einer anderen Sprache zur Beschreibung von Ideen.

Obendorf et al. (Obendorf et al., 2009) etablierten zwei Werkzeuge im CommSy-Projekt für den Aufbau und die Unterstützung von CoIs: Einen *Inter-contextual User Workshop* und *Commented Case Studies*.

■ *Inter-Contextual User Workshops*
   Entwickler und Nutzer aus unterschiedlichen CoPs reflektierten über die Nutzungen der gegenwärtigen CommSy-Implementierung und weniger über die Gestaltung von neuen oder überarbeiten Funktionen. Die Eintages-Workshops fanden abwechselt an unterschiedlichen Standorten statt. Unterschiedliche Arbeitssituationen, Arbeitszeiten und sonstige Termine mussten berücksichtigt werden. Zehn bis fünfzehn Nutzer und drei bis fünf Entwickler nahmen an den Workshops teil. Begonnen wurde mit einer Vorstellungsrunde und mit einem Bericht der Entwickler über geplante Entwicklungen. Dies führte in der Regel zu Diskussionen über Nutzungserfahrungen, Problemen und Anforderungen. Die Diskussionen wurden protokolliert. Mitunter kam der Wunsch auf, auch kleinere Arbeitsgruppen zu bilden, die sich eines Themas gesondert annehmen. Themen adressierten hier Nutzungsprobleme oder Phänomene, die von einer Mehrheit der Nutzer geteilt wurden. Die Workshops schlossen mit einer Feedbackrunde ab.

■ *Commented Case Studies*

Ziel war, die Erfahrungen bei der individuellen Aneignung von CommSy in den unterschiedlichen Nutzungskontexten zu dokumentieren und den Teilnehmern zur Verfügung zu stellen. Dafür wurden Sammlungen mit mehreren Fallstudien zusammengetragen und als Handbuch den unterschiedlichen CoPs bereitgestellt. Die Beschreibung der einzelnen Case Studies erfolgte über eine Vorlage, die von Vertretern der CoPs verwendet wurde. Die Beschreibungen wurden nach Art der erhobenen Daten, Informationen zum Anwendungskontext, Art der Dokumentations- und Supportpraxis klassifiziert. Am Ende der Sammlung kommentierten die Entwickler die einzelnen Nutzungserfahrungen und gingen auf die daraus resultierenden neuen Anforderungen ein. Zudem wurde ein Ausblick auf zukünftige Entwicklungen gegen.

In der Retrospektive haben sich beide Instrumente als wirksam erwiesen, eine Basiskommunikation zwischen den unterschiedlichen CoPs zu etablieren und ein gemeinsames Basiswissen zu schaffen. Halfen doch beide Verfahren, einen gegenseitigen Einblick in die jeweiligen anderen Anwendungspraxen und die Aneignung des Systems zu erhalten und über eigene Nutzungsroutinen zu reflektieren. Dies ist in beiden Fällen sehr zeitintensiv. Das Erstellen der Beschreibungen durch einzelne Organisationen und der Revisionsprozess sind zeitaufwendig und beinhalten dadurch meist nicht mehr aktuelle Fallstudien-Beschreibungen. Innerhalb der Workshops führen der Umgang mit unterschiedlicher Sprache und die Aushandlungen von Kompromissen zwischen Meinungsgruppen zu langandauernden Arbeitsrunden. Im Vergleich zu traditionellen PD-Methoden, wie die gemeinsame Erstellung von Designentwürfen oder Szenarien, ging es im Intercontextual Worshop um ein gemeinsames Verständnis, wie ein bereits existierendes System zu den individuellen Arbeitsaufgaben passt. So sind die Resultate eher von abstrakter Natur und beinhalten wenig konkrete Designentscheidungen. Obendorf et al. (Obendorf et al., 2009) resümieren dementsprechend, dass durch die Verschiebung von einer CoP zu mehreren, heterogenen und verteilten Akteuren sich das Ziel von PD ändert. Es geht um Kompromisse, die ausgearbeitet werden müssen, und nicht um die Entwicklung einer Software, die optimal an die Bedürfnisse einer einzelnen Organisation mit klar definierter Nutzergruppe und bekannten Aufgaben angepasst ist. Der Aufbau einer gemeinsamen Sprache, um Diskussionen zu etablieren, die auf die Gestaltung und das Verständnis, wofür eine Software genutzt werden kann, abzielen, ermöglicht Teilnehmern aus unterschiedlichen Kontexten ihre Perspektiven und Erfahrungen auszutauschen, wie und wofür eine Software eingesetzt werden kann. Darüberhinaus erlangen Teilnehmer die Fähigkeit zur Technikselektion, -aneignung und -nutzung.

Obendorf et al. (Obendorf et al., 2009) stellen in ihrer Arbeit die unterschiedlichen Level von Nutzerbeteiligung dar. Abbildung 25 beschreibt Kommunikationshintergründe zwischen den Entwicklern und individuellen Nutzervertretern, Teilnehmern einer einzelnen Community of Practice und zwischen Vertretern verschiedener CoPs, die eine CoI formen.

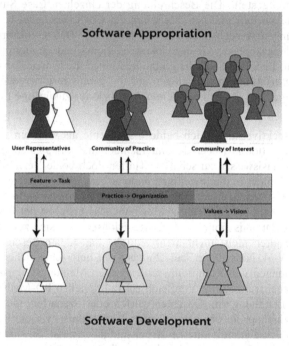

Abbildung 25: Parizipationsbereiche bei der Softwareentwicklung
(Obendorf et al., 2009)

Nutzervertreter (User Representatives): Eine permanente Beteiligung existiert durch die direkte Verbindung zwischen Nutzer und einem Mitglied aus der Entwicklergruppe. Die Beteiligung kann als funktionsgetrieben bezeichnet werden, bei der einzelne Funktionen angefragt werden, die aus der Bewältigung einer konkreten Arbeitsaufgabe resultieren.

Community of Practise: Teilnehmer einer CoP, die nicht im direkten Kontakt zur Entwicklergruppe stehen, werden zu einem Workshop eingeladen, bei dem es um die Analyse des Anwendungskontextes und um die Reflektion und Gestaltung von Organisationsstrukturen geht. Keyuser und Mitglieder der Entwicklergruppe starten die Diskussion. Bei dieser Beteiligungsform geht um konkrete Nutzungen und Funktionen wie auch um Nutzungspraxen und Organisationsstrukturen

Community of Interest: Durchführung von Workshops zur Einbindung von Erfahrungen aus unterschiedlichen CoPs. Ziel ist die Etablierung einer gemeinsamen Sprache, die zu einer Diskussion auf abstrakter Ebene führt. Es geht um Ausarbeitung von Werten und deren Anwendung in unterschiedlichen Kontexten, um eine Nutzungsvision zu schaffen, die für alle CoPs gilt. Ein gemeinsames Werteverständnis hilft eine gemeinsame Produktvision zu schaffen und bildet eine CoI. Beide, Entwickler und Nutzer, können ihr Verständnis über die unterschiedlichen Kontexte, welche die Software unterstützen und die Richtung der Weiterentwickler der Software verbessern.

Oostveen und Van den Besselaar (Oostveen & Van den Besselaar, 2004) konnten ebenfalls Erkenntnisse zur Anwendung von PD-Methoden in großen Entwicklungsprojekten mit interdisziplinären Akteursgruppen liefern. In einem Projekt zur Entwicklung eines E-Government-System von Obendorf et al. (Obendorf et al., 2009) konnten die Ergebnisse bestätigt werden, dass im Vergleich zu kleinen PD-Projekten, bei denen Nutzer direkten Einfluss auf die Gestaltung haben, die Diskussionen abstrakter und grundsätzlicherer Natur waren. Auch Titlestad et al. (Titlestad et al., 2009) zeigen in ihrer Studie, dass für die Transformierung von lokalen Innovationen aus lokalen Arbeitspraxen zu globalen Designanforderungen eine Abstraktion oder Generalisierung dieser notwendig ist. Sie empfehlen dafür einen Meta-Design-Ansatz, um diese Innovationen mit globalen Zielen vereinbar zu machen. Des Weiteren konnte gezeigt werden, dass trotz unterschiedlicher Normen und Werte Kompromisse zwischen den Akteuren erzielt werden konnten. Unstimmigkeiten basierten meist auf Missverständnissen, insbesondere aufgrund der unterschiedlichen Hintergründe der Akteure. Zudem schränkten die Entwickler nicht nur die Interessen der Nutzer oder die der Managementebene ein, sondern auch gesetzliche Bestimmungen, die aufgrund der Größe des Projektes berücksichtigt werden mussten.

Barcellini et al. (Barcellini et al., 2008) wie auch Titlestad et al. (Titlestad et al., 2009) heben in ihren Arbeiten die Wichtigkeit von *Boundary-Spanners* hervor, um mit der geographischen und organisatorischen Trennung und der Unterschiedlichkeit der Akteure im Designprozess umzugehen. Dies konnte bereits in Abschnitt 2.1.3 gezeigt werden. *Boundary-Spanners* sind Personen, die als Mediatoren agieren und mehrere Gruppen durchqueren und informelle Kommunikation stärken. *"Becoming boundary spanners implies having developed skills and competencies in the different fields that are spanned. Boundary spanners are well aware of all practices and have achieved legitimacy and credibility in the domains they span"* (Barcellini et al., 2008, S.560). In DPD-Projekten sind viele verschiedene Grenzen zwischen Akteursgruppen zu überbrücken. Zwischen Entwicklern und Nutzern oder zwischen Nutzern unterschiedlicher Anwendungskontexte usw. Dies impliziert den Bedarf an Entwicklern und Koordinatoren, die zwischen organisationalen Kontexten und geographischen Grenzen mediieren können (Titlestad et al., 2009).

- PD-Prozesse sind zeitlich begrenzt (projekt-basiert) und decken nicht den gesamten Softwarelebenszyklus ab.

- PD-Verfahren sind an heterogene und verteilte Nutzergruppen nicht angepasst.

- Geographische, organisatorische und zeitliche Distanzen erschweren den Austausch von Wissen, Expertisen und Informationen sowie informelle Kommunikation.

- Herausforderungen bestehen ebenfalls im Aufbau von Vertrauen zwischen den Akteuren und Koordinatoren der Arbeiten.

- Herausforderungen beim Umgang mit unterschiedlichen kulturellen Hintergründen der Akteure.

- Boundary-Spanners helfen beim Wissensaustausch zwischen unterschiedlichen Communities of Practise (CoP).

- Communities of Interest (CoI) als Erklärung für die vorherrschenden sozialen Gruppierungen in PD-Projekten mit heterogenen Akteuren.

- Boundary-Objects unterstützen die Kommunikation zwischen Nutzern und Entwicklern.

- Bei PD innerhalb einer CoP geht es um konkrete Nutzungen und Funktionen sowie Nutzungspraxen und Organisationsstrukturen.

- Bei PD innerhalb einer CoI geht es um den Aufbau eines gemeinsamen Werte- und Visionsverständnisses.

2.4.3   Motivation zur Beteiligung

Die Literatur unterscheidet bei den Bedingungen, unter denen Personen sich aktiv an der Bewältigung von Aufgaben beteiligen, zwischen *externen* (z.B. sozial getrieben) und *internen* (z.B. persönlichen) Motivationen (Batson et al., 2002). Moore & Serva (Moore & Serva, 2007) identifizierten eine Gruppe von 14 Motivationsfaktoren: *Altruismus, Zugehörigkeit, Zusammenarbeit, Egoismus, Selbstbezogenheit, emotionale Unterstützung, Empathie, Wissen, Macht, Reziprozität, Ruf, Ansehen, Selbstdarstellung* und *Erfahrung*. Noch spezifischer unterscheidet Simon (Simon, 1976) zwei Formen von Motivation bei der Betrachtung

der Beziehung zwischen der Aufgabe und dem Willen diese zu lösen. *Intrinsisch*
und *extrinsisch.* Eine Aufgabe ist intrinsisch motiviert, wenn die Motivation
direkt mit der Ausführung einer Aufgabe verbunden ist. Bspw. wenn durch die
Aufgabe oder das Ergebnis individuelle Bedürfnisse der Person befriedigt werden. Eine Aufgabe ist extrinsisch motiviert, wenn die Motivation nicht im Bezug
zur Aufgabe steht. Bspw. wenn die Erledigung einer Aufgabe durch extra Geld-
zahlungen motiviert wird. Die Studie der intrinsischen Motivation wird traditionell durch die Gesellschaftswissenschaft durchgeführt. Wohingegen extrinsische
Motivation, wo die Ausführung einer Aufgabe an sich eine ungewollte Aktivität
ist, vorwiegend durch Ökonomen erforscht wird.

2.4.3.1 Motivation der Beteiligung bei computer-mediierten Aufgaben

Eine Vielzahl von Studien existiert, die die Beteiligung in Online-Communities
und im Wissensmanagement untersuchten. Wasko & Faraj (Wasko & Faraj,
2000) fanden heraus, dass die Motivation der Beteiligung am Austausch von
Wissen darin begründet ist, dass die Teilnehmen Teil einer Gemeinschaft sein
wollen und so Ideen und Lösungen innerhalb dieser Gemeinschaft teilen. Auf ein
ähnliches Ergebnis kommen auch Forte & Bruckman (Forte & Bruckman, 2008),
so spielt Anerkennung im Wikipedia-Projekt eine wichtige Rolle. Wang & Fesenmaier (Wang & Fesenmaier, 2003) demonstrierten, dass die Wirksamkeit
oder das Ziel einer der Hauptfaktoren ist, der die Beteiligung in einer Online-
Community beeinflusst. Die Studie zeigte ebenfalls, dass mögliche zukünftige
Entwicklungen und Erwartungen die individuelle Beteiligung motivieren. Ling
et al. (Ling et al., 2005) zeigten, dass insbesondere herausfordernde Ziele starke
Motivatoren in Online-Communities sind, wohingegen Waski & Faraj (Wasko &
Faraj, 2000) herausgefunden haben, dass Personen entsprechend ihren Fähigkeiten teilnehmen, wenn sie meinen, dadurch ihren Ruf verbessern können. Kuz-
netsov (Kuznetsov, 2006) argumentiert, dass die Motivation sich an Wikipedia
zu beteiligen, sich mit Werten wie Reputation, Community, Reziprozität, Altruismus und Autonomie, begründen lassen. Wietz & de Ruiter (Wiertz & de
Ruyter, 2007) sehen die Teilnahme am Wissenstausch durch die Online-
Interaktion mit anderen Personen, das Bekenntnis zur Community und durch die
informellen Werte motiviert. Bock et al. (Bock et al., 2005) empfehlen explizite
Rückmeldungen an Mitarbeiter zu geben, die Wissen teilen oder auch nicht teilen. So sei es wichtig Druck, durch z.B. Vorgesetzte auszuüben, um Wissensaustausch zu fördern. Verschiedene Faktoren der Arbeitsumgebung beeinflussen
wahrscheinlich ebenfalls die Beteiligung. Laut Durcikova & Gray (Durcikova &
Gray, 2009) hat eine transparente Darstellung des Wissensvalidierungsprozesses
ebenfalls entscheidenden Einfluss auf die Teilnahmefrequenz an Wissensaus-
tauschaktivitäten.

Studien, die sich mit der Nutzerbeteiligung in Web 2.0 Communities auseinandergesetzt haben, haben herausgefunden, dass es einen Zusammenhang zwischen der Anzahl von Tags und der Anzahl an Posts (Cattuto et al., 2007) und
zwischen der Anzahl an Tags und der Anzahl an Beitragenden gibt. Dabei tragen
wenige Personen unverhältnismäßig mehr bei als andere (Golder & Huberman,
2006). Ames & Naaman (Ames & Naaman, 2007) untersuchten die Motivationen zum Taggen von Bildern bei Flickr und fanden heraus, dass zwei wesentliche Motive dahinterstehen: Taggen zur Organisation der eigenen Bilder und
Taggen, um Informationen über die Bilder Freunden oder der Familie zu kommunizieren (z.B. „tolles Hotel"). Thom-Santelli et al. (Thom-Santelli et al.,
2008) identifizierten eine Sammlung von Tagging-Verhaltensmustern durch die
Struktur der Community, der Aktivitäten in der eigenen Gruppe und durch das
Bedürfnis, mit der einen Gruppe zu kommunizieren. Chen et al. (Chen et al.,
2010) fanden heraus, dass der Vergleich mit anderen zur Beteiligung im Falle
von MovieLens führte. Joinson (Joinson, 2008) identifizierte folgende Belohnungen und Nutzungen im Kontext von Facebook: soziale Verbindung, Grup-
penzugehörigkeit, Inhalte, Suche nach anderen Personen, social network surfing
und Statusupdates.

Studien, die sich mit der Beteiligung an Open-Source-Softwareprojekten
beschäftigt haben, fanden heraus, dass nur wenige Individuen die wesentliche
Arbeit machten (Lerner & Tirole, 2004). Fang & Neufeld (Fang & Neufeld,
2009) stellten einen Überblick über die Motive zur Beteiligung zusammen: der
Nutzwert der Software, Status und Wahrnehmung, Lernen, persönliches Ver-
gnügen, Reziprozität, Bezahlung, Gefühl des Besitzes und Kontrolle, Karriere-
vorteile, Ideologie freier Software und soziale Identität. Hars & Qu (Hars & Ou,
2001) zeigten, dass sowohl interne Faktoren (wie intrinsische Motivationen,
Altruismus und Identifikation mit der Community) als auch externe Faktoren
(wie die direkte Entschädigung), eine signifikante Rolle spielten. Erkenntnisse,
die auf zukünftige monetäre Belohnungen hinweisen, wie die Bildung von Hu-
mankapital, Selbstmarketing, seien ebenso wichtig. Eine bestimmte Software für
die eigene Arbeit zu benötigen, ist ebenfalls ein weiterer Faktor. Oreg & Nov
(Oreg & Nov, 2008) ermittelten, dass Softwareentwickler in OS-Projekten mehr
durch Reputationsgewinnung und Selbstverwirklichung getrieben waren als
Beitragende in wissensbasierten Projekten, für die eher altruistische Motive im
Vordergrund standen.

2.4.3.2 Motivation durch Design

Wiedenhoefer et al. (Wiedenhoefer et al., 2010) argumentieren, dass neben der
Einbeziehung von späteren Nutzern in den Designprozess von sozial eingebette-
ter Software auch das Design der Anwendungssysteme selbst für Nutzer ein
entscheidender Faktor für den Grad der Beteiligung ist. So sollten Anforderun-

gen in den Bereichen *Usability, Socialbility, menschliche Werte* und *hedonischer Qualität*, im Design berücksichtigt werden. Softwareprodukte sollten notwendige Funktionen bereitstellen (*Usefullness*) und eine gute Nutzung dieser Funktionen (*Usability*) garantieren. Eine Vielzahl von Richtlinien existiert, um die Usability einer Software sicherzustellen. Als prominentes Beispiel ist die ISO-Norm 9241 (Mentler & Herczeg, 2013) zu nennen, die im Teil 110 sieben Dialogprinzipien empfiehlt, die beim Design oder bei der Evaluation berücksichtigt werden sollen. Darunter fallen: *Anforderungsangemessenheit, Selbstbeschreibungsfähigkeit, Fehlertoleranz, Individualisierbarkeit, Erwartungskonformität, Lernförderlichkeit* und *Kontrollierbarkeit*. Nielsen (Nielsen, 1994a) stellt 10 Heuristiken für die Softwaregestaltung vor: *Sichtbarkeit des Systemstatus, Übereinstimmung zwischen System und der Realwelt, Nutzerkontrolle und Zufriedenheit, Konsistenz und Standards, Fehlerprävention, Erkennen ist besser als erinnern, Flexibilität und Effizienz, Minimales Design und Ästhetik, Hilfe beim Rückgängigmachen von Fehlern, Hilfe und Dokumentation*. Weitere grundsätzliche Usability-Richtlinien sind hier zu finden: (Nielsen, 1994b; Rogers et al., 2011; Shneiderman & Plaisant, 2005). Allerdings stellen Preece & Shneiderman (Preece & Shneiderman, 2009) spezielle Richtlinien bereit, die auf Motivation zum Lesen, zur Teilnahme und zur Zusammenarbeit abzielen. Bspw. Usability-Faktoren, die das Lesen beeinflussen:

- Interessante und relevante Inhalte in einem attraktiven und gut organisierten Layout.

- Regelmäßige Updates mit Hervorhebungen, um zum Wiederkehren zu ermutigen.

- Tutorials, FAQs, animierte Videos, Kontakte für Neuankömmlinge.

- Klare Navigationspfade, um dem Nutzer ein Gefühl von Kontrolle und Überlegenheit zu vermitteln.

- Universale Usability, um Anfänger/Experten, kleine/große Displays, langsames/schnelles Internet, Mehrsprachigkeit und Nutzer mit Behinderungen zu unterstützten.

- Bei der Gestaltung der Nutzerschnittstelle sollte Lesen, Browsen, Suche und Teilen mit berücksichtigt werden.

Usability-Faktoren, die die Teilnahme beeinflussen:

- Geringe Beitrittsschwelle, um kleine Beiträge zu ermöglichen (z.B. keine Anmeldung).

- Ausreichend Platz, um häufige und lange Beiträge machen zu können.

■ Sichtbarkeit der Beiträge der Nutzer und der Häufigkeit der Betrachtung.

■ Sichtbarkeit von Bewertungen und Kommentaren von Community-Mitgliedern.

■ Werkzeuge, um Vandalismus, bösartige Nutzer, Pornographie und Beleidigungen zu unterbinden.

Usability-Faktoren, die die Zusammenarbeit beeinflussen:

■ Unterstützung bei der Auffindung von relevanten und kompetenten Personen für eine Zusammenarbeit.

■ Werkzeuge zur Unterstützung der Zusammenarbeit: Kommunikationsunterstützung, Planungsunterstützung bei Projekten, Unterstützung beim Aufgabenmanagement, Unterstützung beim Teilen von Artefakten, Assistenzunterstützung.

■ Sichtbarkeit der Wahrnehmung und Belohnung von Beitragenden, z.B. Autorenschaft, Referenzierung, Verlinkung, Anerkennung.

■ Werkzeuge, um mit Differenzen (z.B. Abstimmungen), Disputen und nicht hilfreichen Beitragenden, umzugehen.

Neben einer guten *Usability* fördert auch eine gute *Socialbility* die Motivation zur Beteiligung. Bouman et al. (Bouman et al., 2008) empfehlen ein Framework, das Designern helfen soll, soziale Software zu entwickeln, die Nutzer ermutigt, sich an sozialen Aktivitäten online und offline zu beteiligen. Die Autoren argumentieren, dass Designer die folgenden Hilfestellungen berücksichtigen sollten:

■ Unterstützung der Praxis, z.B. eine Praxis unterstützen, die bereits existiert oder in einer sozialen Gruppe existieren könnte.

■ Nachahmung der Realität, z.B. durch das Auffinden von Metaphern aus der realen Welt.

■ Aufbauen einer Identität, z.B. durch die Bereitstellung von Mechanismen, die es der Community erlauben, eine eigene Online-Identität aufzubauen.

■ Unterstützung der Selbstverwirklichung, z.B. durch die Bereitstellung von Mechanismen, die es Mitgliedern erlauben, vom kollektiven Wissen und Erfahrungen für den eigen Lernprozess und Selbstverwirklichungsprozess zu profitieren.

Nach Preece & Maloney-Krichmar (Preece & Maloney-Krichmar, 2003) verfügen Online-Communities mit einer guten *Socialbility* über soziale Grundsätze, die den Zweck einer Community unterstützen und die verständlich, akzeptiert und praktikabel sind. Der Erfolg einer Online-Community hängt von einer gut designten Software (Usability) ab und von vorsichtig entwickelten sozialen Grundsätzen. Laut Lazar & Preece (Lazar & Preece, 2002) sind die folgenden Kategorien von besonderer Bedeutung: Registrierungsaspekte, Vertrauen und Sicherheit und Governance-Aspekte.

Des Weiteren kann die *Affordance* einer Software ebenfalls die Motivation eines Nutzers hinsichtlich der Beteiligung steigern. Traditionell betrachten Softwaredesigner Designoptionen, die auf des Nutzers intrinsische und extrinsische Motivation abzielen, von einer sozio-psychologischen Basis her. Aus der Literaturstudie ergeben sich dazu drei psychologische Mechanismen, die eine aktive Nutzbeteiligung stärken können:

■ Unterstützung von Spaß und Begeisterung,

■ Stärkung vom Gefühl der Zugehörigkeit,

■ Unterstützung zur Entwicklung von Sozialkapital.

2.4.3.3 Motivationsmechanismen zur Steigerung der Beteiligung in Softwareanwendungen

Die Literaturstudie zeigte auch Motivationsmechanismen, die direkt in ein Softwaresystem eingebunden waren. Rashid et al. (Rashid et al., 2006) untersuchten ein erweitertes Nutzerinterface einer existierenden Community-Webseite. Das Interface beinhaltete individuelle Möglichkeiten, Beiträge einzustellen, und bestimmte den Wert des Beitrags für die Community. Für Vassileva (Vassileva, 2012) ist es wichtig, die Kontrolle über die Qualität und Quantität von Beiträgen zu haben und Informationsüberladung und niedrige Qualität zu vermeiden. So wurde ein Belohnungssystem entwickelt, das ein kollaboratives Bewertungsverfahren beinhaltet, womit Mitglieder einer Communitiy andere Beiträge bewerten können, um so die Qualität der Beiträge messen zu können. Des Weiteren enthält das Verfahren einen adaptiven Belohnungsmechanismus, der Belohnungen an die individuellen Reputationen und die aktuellen Bedürfnisse der Community anpasst. Vassileva & Sun (Vassileva & Sun, 2007) zeigten, dass eine entsprechende Visualisierung der Community-Aktivitäten einen sozialen Vergleich zwischen den Nutzern stimuliert und die Nutzerbeteiligung stärkt. Farzan & Dabbish (Farzan & Dabbish, 2011) implementierten eine Funktion, um Beiträge auf einer sozialen Plattform mit Punkten zu bewerten. Zhang (Zhang, 2008) entwickelte eine Sammlung von Designprinzipien (abstrakt und kontextfrei), die bei der Entwicklung von Informations- und Kommunikationstechnologie berücksichtigt werden sollten, um eine aktive Nutzerbeteiligung zu erreichen.

■ Zwei Motivationsformen: Intrinsische und extrinsische Motivation.

■ 14 Motivationsfaktoren: Altruismus, Zugehörigkeit, Zusammenarbeit, Egoismus, Selbstbezogenheit, emotionale Unterstützung, Empathie, Wissen, Macht, Reziprozität, Ruf, Ansehen, Selbstdarstellung und Erfahrung.

■ In Open-Source-Entwicklungsprojekten sind Reputationsgewinnung und Selbstverwirklichung vorwiegende Motive. In wissensbasierten Projekten stehen vorwiegend altruistische Motive im Vordergrund.

■ Grad der Beteiligung auch vom Design des Unterstützungswerkzeugs abhängig.

■ Neben der Usability (Effektivität, Effizienz, Zufriedenheit) soll auch Sociability (z.B. Registrierungsaspekte, Vertrauen und Sicherheit, Governance-Aspekte) im Design berücksichtigt werden.

■ Unterstützungswerkzeuge zur Qualitätsmessung von Beiträgen und zum Vergleich mit anderen Community-Mitgliedern.

■ Punkteverfahren als Belohnungsmechanismus zur Förderung der Beteiligung in Online-Communities.

2.4.4 Aneignungsunterstützung

In diesem Abschnitt werden die Begriffe der *Aneignung* und der *Aneignungsunterstützung* kurz erläutert, da diese den Prozess adressieren, indem sich dem Nutzer die Möglichkeiten einer Softwareanwendung während der Nutzung erschließen.

Pipek (Pipek, 2005) definiert den Begriff *Aneignung* als *„Assignment of purpose or use"* oder *„making use without authority or right"* (Pipek, 2005, S. 30) und grenzt dabei *Aneignung* von der *Objektifizierung* (Versachlichung) (Leontjev, 1981) eines Artefaktes ab. Aneignung ist demzufolge der Prozess, in dem sich die Möglichkeiten eines Artefaktes während der Nutzung, durch Interpretation dieses Artefaktes, für den Nutzer selbst erschließen. Diese Möglichkeiten müssen nicht zwingenderweise jene sein, die der Erschaffer des Artefaktes im Erstellungsprozess adressieren wollte, sie können auch darüberhinaus gehen. In Bezug auf Informationssysteme betrachtet Dourish (Dourish, 2003) Aneignung aus einer technischen Perspektive und definiert eher Aktivitäten wie neue Technologien, an die sich für den Nutzer ergebenen Möglichkeiten anpassen lassen können:

"Appropriation is the process by which people adopt and adapt technologies, fitting them into their working practices. It is similar to customisation, but concerns the adoption patterns of technology and the transformation of practice at a deeper level."
(Dourish, 2003, S. 1)

Es existieren verschiedene empirische Studien, die Aneignungsprozesse über einen längeren Zeitraumes betrachtet haben (Orlikowski, 1995; Pipek & Wulf, 1999; Törpel et al., 2003; Wulf, 1999) und einen guten Einblick darüber geben, wie sich Arbeitspraxen durch Aneignung in dieser Zeit verändert haben. Orlikowski & Hoffmann (Orlikowski & Hoffman, 1997) entwickelten ein konzeptionelles Modell, um die organisationalen Veränderungen, die sich aus der Aneignung von Groupware ergeben, besser nachvollziehen zu können. Das Modell unterscheidet drei Typen von Veränderungen:

- *Anticipated changes*
  sind organisatorische Veränderungen, die geplant sind und während der Nutzung einer Groupware umgesetzt werden.

- *Opportunity-bases changes*
  sind organisationale Veränderungen, die bei der Einführung nicht bedacht wurden und sich während der Aneignung der Groupware ergeben haben.

- *Emergent changes*
  sind organisatorische Veränderungen, die spontan auftreten und weder geplant noch antizipiert werden können.

Durch diese gelegenheitsbasierten oder spontanen Änderungen bedarf es einer Aneignungsinfrastruktur, die die Innovationen der Nutzer berücksichtigt. Nach Stevens et al. (Stevens et al., 2007) entstehen solche Innovationen dadurch, dass einzelne Personen oder Personengruppen *„eine technische Funktionalität auf innovativer Weise in die Praxis integrieren können"* (Stevens et al., 2007, S. 826). Oft sind es Irritationen, die sich bei der Reflexion der Anwendung mit der Praxis ergeben. Pipek (Pipek, 2005) versuchte diesen Umstand mit dem Konzept der Diskursinfrastrukturen zu adressieren und entwickelte 10 Möglichkeiten der Kollaborationsunterstützung, die als Nutzer-Nutzer-Kollaborationen zu sehen sind:

1. *Articulation support*
   Unterstützung von technikbezogenen Artikulationen – real oder online.

2. *Historicity support*
   Unterstützung der Dokumentation von vergangenen Anpassungsentscheidungen und eines Zugriffs auf Anpassungs- und Nutzungsbeschreibungen.

3. *Decision support*
   Unterstützung der Entscheidungsprozesse bezüglich der Konfiguration gemeinsam genutzter Software.

4. *Demonstration support*
    Unterstützung von Kommunikationskanälen, um individuelle oder Gruppen-Nutzungen einem anderen Nutzer oder Nutzergruppen zu demonstrieren.

5. *Observation support*
    Unterstützung der Beobachtung von akkumulierten Nutzungen im organisationalen Kontext.

6. *Recommendation support*
    Unterstützung eines Empfehlungsnetzwerkes bezüglich der Konfiguration und Nutzung von Werkzeugen.

7. *Simulation/exploration support*
    Unterstützung einer endnutzerverständlichen Simulation von Anwendungsverhalten und Konfigurationsergebnissen mit evt. Anpassung der Konfiguration in einer Sandbox.

8. *Explanation support*
    Unterstützung der Darstellung von Gründen für bestimmte Anwendungsverhalten.

9. *Delegation support*
    Unterstützung für die explizite Repräsentation und Umsetzung von spezialisierten Rollen des Anpassens/Konfigurierens und Unterstützung der damit zusammenhängenden Delegationsbeziehungen in Nutzernetzwerken.

10. *(Re-)Design support*
    Feedback an Designer zum Aneignungsprozess. Hier sind explizit Arbeiten von Draxler & Stevens (Draxler & Stevens, 2011; Stevens, 2009) zu nennen. Sie empfehlen eine Infrastruktur, welche die Interpretation von Softwareartefakten mit der täglichen Praxis persistent und Entwicklern zugänglich macht. Ein erstes Werkzeug wurde bereits in Abschnitt 2.4.2.3 genannt, das einen Kommunikationskanal zwischen Nutzer und Entwickler etabliert, indem ein Bug-Tracking-System mit Artikulationsunterstützung direkt in eine Anwendung integriert wurde.

■   Aneignung ist der Prozess, in dem sich die Möglichkeiten eines Artefaktes während der Nutzung und Interpretation dieses Artefaktes für den Nutzer selbst erschließen.

■   Drei verschiedene Arten von Veränderungen: anticpated, opportunity-based, emergent changes.

■   Aneignung ist ein kollaborativer Prozess.

> ■ Bedarf einer Aneignungsinfrastruktur mit Nutzer-Nutzer-Kollaborationsunterstützung.

2.5 Zusammenfassung

In diesem Abschnitt werden die wesentlichen Erkenntnisse der vorliegenden Literaturstudie nochmal kurz zusammenfasst.

Abbildung 26 stellt die wesentlichen Erkenntnisse aus der Analyse der Felder Usability-Engineering (UE) und Software-Engineering (SE) dar. Die Analyse hat gezeigt, dass die gängigen Prozesse und Vorgehensmodelle beider Disziplinen die Phase der konkreten Nutzung kaum bis gar nicht berücksichtigen. Zwar werden nun selbst in gängigen SE-Modellen, wie *RUP* oder *V-Modell XT*, Nutzer und deren Anwendungskontext in geringem Maße auf Prozess- und Methodenebene integriert, doch bezieht sich dies lediglich auf die frühen Phasen der Entwicklung (Gulliksen et al., 2003; Höhn, 2008). Selbst in gängigen UE-Modellen wie dem *UE Lifecycle* sind zwar Feedbacks aus der Nutzung vorgesehen, aber Rücksprünge in die Designphase sind nicht mehr möglich. Die gesamte Lebensdauer einer Software wird von den Modellen nicht unterstützt, was auch dadurch untermauert wird, dass bspw. in der DIN 9241 nur von der *„Dauer eines Projektes oder von definierten Zeiträumen"* (DIS & ISO, 2010, S. 4) die Rede ist. Die Literaturstudie konnte darlegen, dass sich die Usability in der Praxis trotz ihrer Berücksichtigung in den analysierten Prozessen kaum verbessert hat. Als wesentliche Gründe wurden zum einen die fehlenden oder zu geringen Kenntnisse der Entwickler über die Anwendung von Usability-Methoden genannt (Vukelja et al., 2007). Zum anderen verfolgen sowohl SE- als auch UE-Prozesse vorwiegend eine „entweder oder"-Strategie. Das heißt, entweder liegt der Fokus des Entwicklungsprozesses hauptsächlich auf SE-Methoden oder auf UE-Methoden (Richter & Flückiger, 2013). Eine integrative Sicht beider Ansätze existiert bisweilen noch nicht.

Die Analyse von Open-Source-(OSS)-Projekten wurde durchgeführt, weil zum einen diese Projekte durch eine kommunikative, asynchron-mediierte Entwicklungspraxis charakterisiert sind, in der Entwickler und Nutzer räumlich und zeitlich voneinander getrennt sind (Andreasen et al., 2006; Gumm et al., 2006; Rajanen et al., 2011; Titlestad et al., 2009). Zum anderen sind OSS-Projekte ein gutes Beispiel für community-basierte Innovationen. Bei der Analyse von Studien wurde der Fokus auf Herausforderungen bei der Durchführung von Usability-Maßnahmen gelegt. Hier zeigten sich im Wesentlichen zwei für diese Arbeit relevante Aspekte, die bereits in der Analyse der gängigen Vorgehensmodelle deutlich wurden. Zum einen ist bei der Durchführung von Usability-Aktivitäten eine klare Trennung von Softwareentwicklungsaktivitäten zu erkennen (Pyla et al., 2005; Seffah et al., 2005). Usability-Maßnahmen laufen meist parallel und isoliert von SE-Aktivitäten ab. Zurückzuführen ist dies auf die fehlenden Usability-Fachkenntnisse bei den Entwicklern wie auch auf die geographischen, zeitlichen und organisationalen Distanzen zwischen Entwicklern und Usability-Experten, welche die Kommunikation und Diskussion von lokalen Usability-Aktivitäten und -ergebnissen erschwert (Gumm, 2006a).

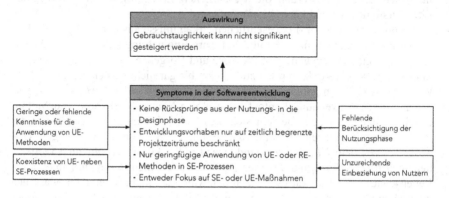

Abbildung 26: Herausforderungen in der UE-/SE-Prozesspraxis

Zum anderen konnte ermittelt werden, dass die Einbeziehung von Endnutzern im Wesentlichen mittels Bugreports oder Mailinglisten geschieht (Barcellini et al., 2008; Pagano & Bruegge, 2013). Zudem haben Studien gezeigt, dass sich die Fähigkeiten der Akteure in solchen Gemeinschaften stetig weiterentwickeln und zudem *kontextualisiert*, also abhängig von Interessen und Kontext, sind (Barcellini et al., 2014). Diese Weiterentwicklung und Kontextualisierung ist jedoch noch nicht bedarfsgerecht durch Methoden und Prozesse unterstützt, wodurch der Lernunterstützung und *social awareness* im verteilten Entwicklungssetting eine noch wichtigere Rolle zukommt (Barcellini, 2010). Die Analyse der Gestaltungsfähigkeiten von Nutzer-Communities hat gezeigt, dass diese eine wertvolle Quelle für innovative und bedarfsgerechte Verbesserungsideen von Produkten sind. Allerdings zeigte die Literaturstudie aus dem User-Innovation-Diskurs auch hier die disjunkten Welten von Entwicklern und Nutzern. Das wird damit erklärt, dass die Beschreibungs- und Gestaltungskompetenzen von Nutzern bei Entwicklern als zu gering eingeschätzt werden, Nutzerideen meist nur mit hohen Aufwand implementierbar sind und Nutzervorschläge sich häufig nicht mit existierenden Geschäftszielen oder -strategien decken.

Durch die Analyse von Remote-Usability-Verfahren konnte eine Vielzahl unterschiedlicher Verfahren dargestellt werden, die alle das gleiche Ziel haben: Aus automatisch oder semi-automatisch erfassten Nutzungsdaten (ob quantitativer oder qualitativer Natur oder gar beidem) Rückschlüsse auf die Gebrauchstauglichkeit zu ziehen (Andreasen & Nielsen, 2007; Hilbert & Redmiles, 2000; Ivory & Hearst, 2001). Dabei wurden insbesondere Verfahren analysiert, welche die räumliche und zeitliche Trennung von Nutzer und Gutachter/Entwickler vorsahen. Die Analyse zeigte, dass rein quantitative Verfahren (z.b. die zeitliche Erfassung von Nutzerevents, ausgelöste Funktionen oder die Erfassung von Systemzuständen) zwei Zielsetzungen adressierten. Zum einen die Analyse der Durchführung von Aufgaben zur Messung der Effizienz einer Bearbeitung, wie z.b. die Dauer der Durchführung oder die Übereinstimmung mit einem vorgesehenen Nutzungsverhalten. Zum anderen die Beantwortung von gezielten Usability-Fragestellungen, wie z.b. der Zustand von Systemrückmeldungen oder die Einhaltung von Accessiblity-Richtlinien (z.b. bestimmte Farbwerte oder Bildschirmauflösungen). Die Verfahren funktionieren in diesen Bereichen gut, da eine explizite Fragestellung vorausgeht. Gilt dies nicht, so scheitern diese Verfahren (noch) an der Kontexterfassung und der Ermittlung der Motive hinter den Nutzeraktivitäten, damit automatisch Probleme bei der Gebrauchstauglichkeit ermittelt werden können. Es wurden Verfahren dargestellt, wie z.b. E-Quest, *MyExperience* oder *DUE*, die diesen Missstand durch qualitative Ansätze oder durch eine Kombination von qualitativen und quantitativen Verfahren versuchen zu lösen. Dabei wurden verschiedene Herausforderungen durch die analysierten Verfahren adressiert: Reduzierung des Beschreibungsaufwandes der Nutzer; die Beeinflussung des Nutzers bei seiner Arbeit und beim Berichten von Usability-Problemen; die Beschreibung von Problemen sowie die Beschreibung von Problemen außerhalb des Anwendungssystems und die Wahrnehmung von Usability-Problemen (Andreasen & Nielsen, 2007; Bruun et al., 2009b; Ivory & Hearst, 2001).

Die Literaturstudie zu expliziten Feedbacks von Nutzern konnte die Ursachen, die Symptome und Probleme mit Nutzerfeedbacks in der Praxis identifizieren. Abbildung 27 fasst diese noch einmal zusammen. Feedbacks der Nutzer sind häufig gekennzeichnet durch fehlende und fehlerhafte Informationen, durch widersprüchliche und mehrfache Feedbacks, durch Schwankungen in der Fachlichkeit und durch unterschiedliche stilistische Schreibweisen. Zudem sind Entwickler mit einer hohen Anzahl von Feedbacks und unterschiedlichen Feedbackkanälen konfrontiert. Die Ursache sieht die Forschung in drei Bereichen (Aranda & Venolia, 2009a; Bettenburg, Just, et al., 2008; Breu et al., 2010):

1. In der Bereitstellung von hilfreichen Informationen für die Entwickler durch die Nutzer.

2. In der fehlenden Prozessunterstützung.

3. In dem fehlenden Verständnis darüber, dass die Artikulation von Defiziten zwischen Realität und Erwartung als Kollaborationsprozess zwischen Nutzern und Entwicklern zu verstehen ist.

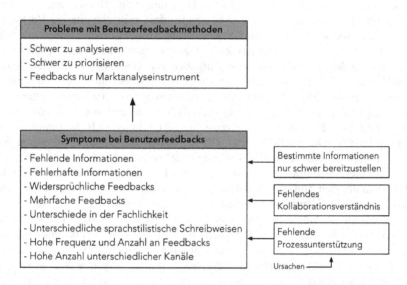

Abbildung 27: Probleme, Symptome und deren Ursachen bei explizitem Nutzerfeedback

Diese Ursachen und die Symptome führen dazu, dass explizite Feedbacks nur schwer zu analysieren und zu priorisieren sind. Das hat zur Folge, dass das Potential in der Praxis zwar erkannt wird, aber Feedbacks vorwiegend nur als Instrument zur Messung der Nutzerakzeptanz verwendet werden.

Durch die Analyse der Participatory-Design-(PD)-Literatur konnte gezeigt werden, dass PD-Prozesse zeitlich begrenzt sind und meist nur die Phase der frühen Anforderungsermittlung adressiert wird (Gumm, 2006a; Rajanen et al., 2011). Es konnten ebenso die wesentlichen Herausforderungen identifiziert werden, die durch die geographische, organisatorische und zeitliche Distanz zwischen den Akteuren existieren. Der Austausch von Wissen, Expertise und Informationen ist weiterhin schwierig, wie auch die Unterstützung von informeller Kommunikation. Gleiches gilt für den Aufbau von Vertrauen zwischen den Akteuren sowie die Koordination der Arbeiten. In Bezug auf den Umgang mit unterschiedlichen kulturellen Hintergründen der Akteure zeigten die Studien, wie entscheidend Kommunikation ist, um ein gemeinsames Verständnis über Arbeitspraxen oder Ziele zu schaffen (Dalsgaard & Eriksson, 2013; Gumm et al., 2006; Obendorf et al., 2009). Methoden wie *Inter-Contextual User Workshops* oder *Commented Case Studies* liefern gute Ergebnisse, zeigen aber auch, dass sich Designdiskussionen eher auf einer abstrakten Ebene bewegen. Ebenfalls konnte gezeigt werden, wie wichtig *Boundary-Spanners* und *-Objects* für die interkontextuale Kommunikation und für das gemeinsame Lernen sind (Barcellini et al., 2014).

Die Analyse der Literatur zu den Motiven der Nutzer, sich an der Software-entwicklung zu beteiligen, hat zwei wesentliche Motivationstypen ergeben: *extrinsische* und *intrinsische* Motivation (Simon, 1976). Es hat sich gezeigt, dass die Beteiligung in Open-Source-Entwicklungsprojekten vorwiegend durch direkte oder zukünftige Belohnungen motiviert ist. Hingegen ist die Beteiligung in wissensbasierten Projekten eher altruistischer Natur (Oreg & Nov, 2008). Es konnte ebenfalls dargestellt werden, wie wichtig Design von sozial einbettenden Systemen für die Nutzerbeteiligung ist (Wiedenhoefer et al., 2010). So wurden Richtlinien für die Systemgestaltung präsentiert und auch welche *Sociability*-Grundsätze beachtet werden sollen (Bouman et al., 2008; Preece & Maloney-Krichmar, 2003; Preece & Shneiderman, 2009), um Beteiligung zu fördern. Des Weiteren konnten Werkzeuge zur Qualitätsmessung von Beiträgen und Belohnungsmechanismen vorgestellt werden (Vassileva & Sun, 2007; Vassileva, 2012).

Die Analyse der relevanten Literatur zu Aneignungsunterstützung (*Appropriation Support*) konnte eine Definition zur Aneignung von Softwareartefakten liefern und verschiedene Arten von organisationalen Veränderungen durch Aneignung identifizieren. Es wurde dargestellt, dass die Aneignung und die sich daraus ergebenden organisationalen und technischen Veränderungen, auch im Bezug auf die Softwareanpassung, ein kollaborativer Prozess sind und Nutzer typischerweise voneinander lernen (Pipek, 2005). So konnte der Bedarf einer Infrastruktur ermittelt werden, die gelegenheitsbasierte oder auch spontan auftretende Veränderungen und Innovationen durch Aneignungsprozesse unterstützt und Nutzer-Nutzer-Kollaborationen zulässt (Stevens et al., 2007).

2.6 Forschungslücken

In diesem Abschnitt werden nun die Forschungslücken diskutiert, die durch das Community-basierte Nutzungserfassungsverfahren geschlossen werden sollen. Durch die vorangegangene Analyse des Stands der Forschung in den relevanten Domänen lässt sich eine generelle Forschungsfrage formulieren, die in dieser Arbeit adressiert wird:

Hauptfrage:
Wie sollen Prozesse und Werkzeuge gestaltet sein, die heterogene und verteilte Nutzungskontexte und Gruppen von Nutzern, Entwicklern und Entscheidern bei der in-situ Weiterentwicklung von bestehenden Anwendungssystemen unterstützten?

Um diese Frage zu begründen und weiter zu konkretisieren, werden im Folgendem zwei weitere Unterforschungsfragen diskutiert. Die Entwicklung einer Software über den kompletten Lebenszyklus zu verstehen und nicht bei der Auslieferung einer Software enden zu lassen, ist ein Schritt, um auf veränderte Rahmenbedingungen und in der Anfangsphase der Entwicklung nicht bekannte zukünftige Nutzungskontexte und -szenarien schnell reagieren zu können. Die Analyse gegenwärtiger UE- und SE-Prozesse hat ergeben, dass die Phase der Nutzung meist nicht berücksichtigt wird und falls es doch der Fall ist, wird sie eher als Wartungsphase verstanden. Einzig die agile Softwareentwicklung versucht, diesen Umstand zu adressieren, indem durch Extreme-Programming-Ansätze die zuvor im Prozess ermittelten Anforderungen umgesetzt werden (Seffah et al., 2005). Letztendlich muss jedoch auch hier festgehalten werden, dass die Einbeziehung der Nutzer nicht konsequent in die Extreme-Programming-Ansätze integriert ist. Auch bei weiteren SE-Prozessmodellen, wie dem V-Modell XT oder RUP, und UE-Prozessen, wie Star Lifecycle, UE-Lifecycle oder der ISO 9241 Teil 210, sind, mehr oder weniger ausgeprägt, Defizite auf Expertisen-, Methoden-, und Werkzeugebene zu sehen. Beispielsweise ist nicht definiert, wie und wann EndNutzer während der Nutzung zur Ausgestaltung von Nutzer- und Aufgabenanforderungen eingebunden werden können. Es ist zu erkennen, dass Usability-Fachkenntnisse bei den beteiligten Akteuren, insbesondere bei den Entwicklern, kaum oder nicht vorhanden sind, und somit nur vereinzelt gute Nutzeranforderungen erhoben werden können (Vukelja et al., 2007). Des Weiteren zeigte sich, dass den Veränderungen in der existierenden Softwarepraxis nicht Rechnung getragen wird. So werden die unterschiedlichen Verteilungsarten (physische, zeitliche und organisationale Verteilung) von Akteuren selbst im antizipativen Entwicklungsprozessen kaum berücksichtigt (Gumm, 2006a). Zudem ist beispielsweise der Umgang mit neuen Geschäftsmodellen im Bereich *Software-as-a-Service* (SaaS) oder mit der hohen Anzahl vielfältiger Nutzerfeedbacks über verschiedene Kanäle eher von improvisiertem Handeln und durch eigene Best-Practise-Maßnahmen geprägt (Ko et al., 2007). Ebenfalls konnte gezeigt werden, wie wertvoll Ideen und Innovationen von einzelnen Nutzern wie auch von Nutzergemeinschaften sind, dass aber durch Kompetenzdefizite, Artikulations- und Abstimmungsprobleme das volle Potential nicht ausgeschöpft werden kann (Iivari, 2010). Dies ist durch die fehlende integrative Sicht zwischen Usability-Engineering und Software-Engineering zu erklären. Konsequenterweise sollte die Einbindung von Nutzungsinnovationen bereits auf Prozess- und Methodenebene berücksichtigt werden und durch Richtlinien und Hilfestellungen handhabbar gemacht werden. Aus diesen Erkenntnissen lässt sich die folgende Teilfrage ableiten:

Teilfrage 1:
Wie sollte eine integrierte Sicht zwischen Usability-Engineering und Software-Engineering aussehen, die insbesondere die Dynamiken der evolutionären Software-entwicklung mit verteilten und heterogenen Akteuren und Nutzungskontexten berück-sichtigt?

Wie sieht es auf der Werkzeugebene aus? Grundsätzlich sind Nutzer in der Lage, Feedback in Form von Funktionswünschen, Fehlerberichten oder Praxis-beschreibungen zu liefern (Castillo et al., 1998). Nach der Analyse von gängigen Verfahren, wie z.b. Bug-Reports oder Online-Fragebögen wird jedoch deutlich, dass hier weiterhin Herausforderungen sowohl für Nutzer als auch Entwickler bestehen. Fehlende, für Entwickler relevante Informationen sind weiterhin ein großes Problem in der Praxis. Das ist auf zwei Umstände zurückzuführen.

Zum einen auf die mangelnde Artikulationsunterstützung bei der Bereitstel-lung von Feedback durch die Nutzer. Es ist häufig schwierig für Nutzer, den Entwicklern die notwendigen Informationen bereitzustellen, weil Fachkenntnisse fehlen oder der Aufwand für die Bereitstellung zu hoch ist (Bettenburg, Just, et al., 2008). In den vorangegangenen Kapiteln wurden Verfahren wie *Mouse-Track*, *TEA* oder *GRUMPS* dargestellt, die diesen Umstand durch eine implizite Nutzungsdatenerfassung zu lösen versuchen. Fehlende Kontextinformationen machen es dabei schwierig, die Motivationen und Nutzungshintergründe der Nutzer zu ermitteln. Das ist dadurch gebründet, da sich gegenwärtige Verfahren strikt auf Bildschirminteraktionen beziehen und den Nutzungskontext außerhalb des Computers außer Acht lassen. Außerdem setzten diese Verfahren explizite Usability-Fragestellungen, vordefinierte Nutzungsabläufe und Szenarien voraus und scheitern somit daran, usability-relevante Aspekte selbst zu erkennen.

Zum anderen ist das Problem darauf zurückzuführen, dass den Nutzern meist nicht bekannt ist, welche Informationen benötigt werden (Breu et al., 2010; Ko et al., 2007). Auch wenn manche Arbeiten aus dem Open-Source-Bereich zeigen, dass dem nicht so ist, ist hier doch die meist technikaffine Nutzerschaft der Open-Source-Community zu berücksichtigen (Aberdour, 2007). Qualitative Verfahren, wie z.B. *E-Quest* oder reine Tagebuchstudien, versuchen hier Abhilfe zu schaffen und adressieren insbesondere den Nutzungskontext, um die Nut-zungshintergründe besser zu verstehen (Andreasen & Nielsen, 2007). Diese Verfahren scheitern aber weiterhin an den hohen Aufwänden für die Erstellung eines qualitativ hochwertigen Feedbacks durch den Nutzer wie auch an den ho-hen Aufwänden für die Entwickler bei der Analyse des Feedbacks und an den Beeinträchtigungen während Nutzung, z.B. durch das Ausfüllen eines Fragebo-gens.

Hybride Verfahren, wie z.B. *MyExperience*, *DUE* oder *UEMan*, versuchen die Vorteile von qualitativen und quantitativen Verfahren miteinander zu verbin-den, lassen aber den Umstand außer Acht, dass Informationsbedarfe nicht statisch sind und sich im Laufe der Bearbeitung von Nutzerfeedbacks ändern. Für Entwickler ist es weiterhin schwer, Feedbacks der Nutzer zu analysieren, was zum einen auf die hohe Anzahl der Feedbacks zurückzuführen ist, und zum anderen an deren Verständlichkeit liegt. Derzeitige Verfahren konnten diesen Missstand noch nicht zufriedenstellend lösen. Andere Studien ((Bettenburg, Just, et al., 2008) und (Ko et al., 2007)) zeigen, dass die Priorisierung von Feedbacks bzw. Anforderungen immer noch eine Herausforderung darstellt. So ist es beispielsweise schwierig zu ermitteln, ob das Feedback nur für diesen Nutzer gilt oder ob es eine Relevanz für die gesamte Nutzerschaft hat.

In diversen Studien wurde gezeigt, dass Informationsbedarfe bei Entwicklern nicht im vorhinein fixiert werden können (Breu et al., 2010). So sind aufgrund von emergenten Koordinationsbedarfen, Konsultationen und individuellen organisatorischen Strukturen im Vorfeld nicht in Gänze voraussagbar, welche Informationsbedarfe überhaupt existieren (Aranda & Venolia, 2009a). Somit besteht der Bedarf, die Bearbeitung eines Feedbacks als Zusammenarbeit zwischen Nutzern und Entwicklern anzusehen, so dass es schließlich zu einer Ausspezifizierung der Anforderungen und der Schaffung eines gemeinsamen Verständnisses kommt. Die Schaffung dieses Verständnisses wurde von vielen Arbeiten, wie beispielsweise Breu et al. (Breu et al., 2010), bereits empfohlen, aber noch nicht hinreichend adressiert. Aus den hier dargestellten Erkenntnissen lässt sich abschließend eine weitere Teilfrage ableiten:

Teilfrage 2:
Wie müssen Werkzeuge gestaltet sein, die Nutzer und Entwickler in-situ bei der Spezifizierung von Anforderungen unterstützen und somit zur Schaffung eines gemeinsamen Verständnisses dieser Anforderungen führen? Diese Werkzeuge sollten zum einen die Nutzer dazu befähigen verständliche Anforderungen zu erstellen und zum anderen die Entwickler bei der Analyse und Priorisierung der ihnen übermittelten Anforderungen zu unterstützen.

3 Forschungsmethoden und Forschungsdesign

Eine Vielzahl an Forschungsmethoden könnten genutzt werden, um die in Kapitel 2.6 dargestellten Forschungslücken zu adressieren. Die entsprechenden Methoden müssen jedoch die Einbeziehung von Endnutzern vorsehen, da diese Forschung im Anwendungsfeld einbettet ist. Einige der nutzerzentrierten Methoden und Verfahren wurden bereits begutachtet, z.B. (Palvia et al., 2003, 2004; Pipek & Systems, 2009; Wulf et al., 2011). Basierend auf deren Arbeiten soll hier nun kurz auf die Forschungsmethoden eingegangen werden, die am geeignetsten sind, um die Forschungsfragen zu beantworten: *Ethnographie, Design Case Studies* und *Aktionsforschung*. Das Forschungsdesign selbst wird in Abschnitt 3.5 beschrieben.

3.1 Ethnographie

Der Ursprung der Ethnographie liegt in der Sozial- und Kulturanthropologie. Insbesondere durch die Arbeit von Lucy Suchman „Plans for situated actions" (Suchman, 1987) wurden ethnographische Studien weitgehend als qualitative Forschungsmethode in den Disziplinen Human-Computer Interaction, Information Systems und Computer Supported Cooperative Work anerkannt (Randall et al., 2007). Sie geben einen direkten Einblick in die natürliche Umgebung von Menschen und deren Arbeitspraxis (Wilde & Hess, 2007). Beobachtungen oder Interviews haben die Aufgabe, die Latenz zwischen Handlung und Fragen zu minimieren (Suchman, 2002).

Eine Vielzahl von Wissenschaftlern, wie Blomberg (Blomberg et al., 1993), Dourish (Dourish, 2006), Harper (Harper et al., 1991), Health & Luff (Heath & Luff, 1992) oder Hughes et al. (Harper et al., 1991) haben wesentlich zur Rolle von ethnographischen Studien im Designprozess beigetragen. Einige haben Verfahren entwickelt, die durch den Einsatz von ethnographischen Methoden in der Softwareentwicklung die Anforderungen der Nutzer besser treffen können. Dabei ist Ethnographie nicht einfach auf das Generieren von "bullet list of design implications" zu reduzieren, liefert sie doch ein detailliertes Bild einer Organisation und stellt "[...] models for thinking about those settings and the work that goes on there" (Dourish, 2006, S. 549) bereit.

Eine der populärsten qualitativen ethnographischen Methoden sind Interviews. Interviews ermöglichen es dem Forscher, subjektive Ansichten des Gesprächsteilnehmers zu erfassen. Dabei stehen unterschiedliche Interviewtypen (offene, geschlossene und strukturiert, teil-strukturiert) zur Verfügung, die entsprechend dem Einsatzzweck ausgewählt werden können. Merton & Kendall (Merton & Kendall, 1946) stellten entsprechende Kriterien auf, die ein Interview erfüllen sollte:

■   Keine Beeinflussung des Interviewten (keine Manipulation des Interviewten).

■   Darstellung der subjektiven Meinung des Interviewten bezüglich des Interviewthemas.

■   Erfassung von unterschiedlichen Aspekten zum Interviewthemas.

■   Emotionale Tiefe in den Interviewaussagen und in der Situation.

Ethnographische Studien sind in unterschiedlichen Settings eingebettet (David et al., 1999):

■   Case studies fokussieren auf eine einzige Organisation, um detaillierte Beschreibungen der existierenden Arbeitspraxen z.b. durch die Anwendung von Beobachtungen zu erhalten.

■   Cross-sectional Studien nutzen empirische Daten von mehreren Organisationen z.b. durch die Durchführung von Interviews oder Fragebögen.

■   Time-series analysieren Nutzungsdaten wie z.b. Dokumente oder Protokolle von mehreren Organisationen über eine bestimmte Zeit hinweg.

Für die Durchführung von ethnographischen Studien gibt es einige Herausforderungen zu bewältigen. Zum einen ist eine entsprechende Anzahl an Organisationen notwendig, um Daten sammeln zu können. Es muss zudem im Hinterkopf behalten werden, dass jede Organisation nur wenig von der Forschungsarbeit zurückbekommen, was sie praktisch und direkt umsetzten könnten. Die erhobenen Daten müssen dann in der Art gecoded und analysiert werden, dass daraus ein Beweis entstehen kann (David et al., 1999). Außerdem können ethnographische Studien Anforderungen für das Systemdesign liefern, es ist jedoch schwer diese für die Gestaltung zu verwenden. Die erhoben Daten sind mehrheitlich qualitativer, nicht quantitativer Natur. Qualitative Daten aus Observationen, Interviews oder Dokumenten liegen in der Regel in Textform vor, können aber auch bewegte oder nicht-bewegte Bilder enthalten. Bevor qualitativen Daten weiterverarbeitet werden können, müssen diese transkribiert werden. Danach können die Transkripte in drei verschiedenen Weisen analysiert werden:

1. *Interpretivism*: Die existierenden Daten werden immer und immer wieder gelesen/angeschaut, um die „Essenz" herauszufiltern, die die Konstante dar-

stellt in einem sich stetig ändernden Leben. Das Ziel ist, ein praktisches Verständnis von Bedeutungen und Handlungen zu bekommen. Die Interpreteure legitimieren diese Vorgehensweise damit, dass sie nicht so stark verbunden sind, wie es die Informanten sind, und objektiver urteilen können. Dennoch ist es so, dass Interpreteure von dem, was sie im Feld beobachten, beeinflusst sind. Das macht es beim En- und Decoden schwierig herauszufinden, was die realen Informationen sind und welche Informationen von den Interpreteuren ergänzt wurden.

2. *Social anthropology*: Forscher versuchen ein intensives Verhältnis zu der gegebenen Community aufzubauen, in dem direkt oder indirekt an lokalen Aktivitäten mit teilgenommen wird. Häufig werden Audio- oder Filmaufnahmen, Filme und strukturierte Observationen verwendet, um Daten zu gewinnen. Die Analyse der Daten ist eher beschreibend und fokussiert auf Routinen in Alltagssituationen.

3. *Collaborative social research*: Forscher und lokale Akteure führen ein gemeinsames Feldexperiment durch z.b. einen Organisational Change Process. Hier wird häufig nach der Aktionsforschungsmethode vorgegangen.

3.2 Fallstudien

Fallstudien dienen dazu, aktuelle komplexe Phänomene innerhalb deren natürlichen Umgebungen zu untersuchen. Der Fokus liegt auf einer kleinen Anzahl an Probanden, die aber dafür detailliert untersucht werden. Die Validität der Schlussfolgerungen aus einer oder mehreren Fallstudien wird durch die Plausibilität einer logischen Begründung der Ergebnisbeschreibungen und durch die Erstellung einer Schlussfolgerung aus diesen Ergebnissen sichergestellt (Walsham, 1993).

Die Designphilosophie von Fallstudien kann behavioristischer, objektivistischer oder konstruktivistischer Natur sein, mit dem Ziel, die Verhaltensmuster von Probanden innerhalb deren konstruierter Realität zu interpretieren (Wilde & Hess, 2007).

3.3 Design Case Studies

Aufbauend auf den Fallstudien im vorangegangen Kapitel führten Wulf et al. (Wulf et al., 2011) die Forschungsmethode der *Design Case Studies* ein. Dabei wird davon ausgegangen, dass das Design von technischen Artefakten einen bedeutenden Einfluss auf die sozialen Systeme hat, die die Artefakte aneignen. Die Qualität des Designs ist somit nicht nur von technischen Eigenschaften bestimmt, sondern muss als Interaktion zwischen dem Artefakt und dem sozialen System verstanden werden. Somit geht es um die Gestaltung von innovativen Softwareartefakten, deren Aneignung zu (gewünschten) Veränderungen im zugrundeliegenden sozialen System führt.

Demzufolge ist eine Auseinandersetzung mit dem sozialen System notwendig, um Designmöglichkeiten zu untersuchen. Das Forschungskonzept der Design Case Studies sieht drei Phasen vor:

- **Phase 1**: *Empirische Analyse der vorhandenen Praxen im Anwendungsfeld.* Die Phase beinhaltet Beschreibungen von sozialen Praktiken auf Mikro-Ebene, bevor die Intervention in das Forschungsfeld durchgeführt wird. Die Analyse sollte Beschreibungen der existierenden Werkzeuge, Medien und ihrer Nutzung enthalten. Dabei liegt der Dokumentation typischerweise ein Ausgangsproblem zugrunde, wenn die Forschungsarbeit definiert wird.

- **Phase 2**: *Entwicklung von innovativen Designs von ICT-Artefakten entsprechend den Ergebnissen aus der 1. Phase.* Design Case Studies beschreiben innovative ICT-Artefakte von einer Produkt- wie auch von einer Prozessperspektive aus. So ist eine Beschreibung des spezifischen Designprozesses enthalten, ebenso wie die involvierten Akteure, die angewendeten Gestaltungsmethoden und die entwickelten Designkonzepte. Der Fokus liegt auf der Dokumentation der antizipierten Veränderungen bei den sozialen Praktiken und darauf, wie diese Annahmen das Design des ICT-Artefakt beeinflusst haben.

- **Phase 3**: *Beobachtung der Aneignung des ICT-Artefakts über einen längeren Zeitraum hinweg.* Design Case Studies dokumentieren Einführung, Aneignung und potentielle Designänderungen von ICT-Artefakten in den jeweiligen Anwendungskontexten. Diese Dokumentation ermöglicht die Analyse des transformationellen Einflusses von bestimmten Funktionen und Designoptionen in entwickelten ICT-Artefakten auf das soziale System.

3.4 Aktionsforschung

Die Aktionsforschung ist eine qualitative Forschungsmethode, die durch eine Gruppe von Forschern und Praktikern angewendet wird, um ein praktisches Problem zusammen, unter Berücksichtigung eines gemeinsamen ethischen Rahmenwerks, zu lösen (Wilde & Hess, 2007). Diese Zusammenarbeit in der Gruppe hilft den Praktikern, praktische Verbesserungen zu erreichen, während sie die

Forscher in deren wissenschaftlichen Arbeiten unterstützen. Der kollaborative Aspekt mit dem Ziel, Wissen weiter zu vermehren, ist es, was die Aktionsforschung von der angewandten Sozialforschung unterscheidet, welche „nur" an der Anwendung von Forschungswissen interessiert ist (Myers, 1997).

Aktionsforschung geht davon aus, dass komplexe soziale Systeme, welche mit ICT interagieren, nicht so einfach untersucht werden können z.b. durch Beobachtungen. Solche Systeme können nur als gesamte Einheit verstanden werden. Am besten können Systeme durch die Beobachtungen von den Auswirkungen untersucht werden, die durch gezielte Veränderungen im sozialen System auftreten (Baskerville, 1999).

Die unterschiedlichen Arten von Aktionsforschung können durch vier Hauptcharakteristiken unterschieden werden:

■ *Das Vorgehensmodell:* iterativ, reflektiv, linear.

■ *Die Struktur:* starr, fließend.

■ Die Beteiligung von Forschern im Anwendungsfeld: kollaborativ, Unterstützend, Experten.

■ *Die Ziele der Studie:* z.B. organisationale Entwicklung, Systementwicklung.

In der Praxis tritt Aktionsforschung oft als zyklischer Prozess in Erscheinung, der folgende Schritte beinhaltet (Susman & Evered, 1978):

1. Diagnose: Analyse der Probleme im Anwendungsfeld.

2. Aktionsplanung: kollaborative Planung von Veränderungen.

3. Aktionsdurchführung: kollaborative Durchführung der geplanten Veränderungen.

4. Evaluation: Analyse, ob Veränderungen erfolgreich waren und zu welchen Anteil.

5. Spezifiziertes Lernen: Reflektion der Ergebnisse (unabhängig vom Erfolg), um den Prozess für zukünftige Iterationen zu verbessern.

Diese Schritte lassen sich gut in die Forschungsmethode der Design Case Studies einbetten. Die Analyse der Probleme im Anwendungsfeld (Schritt 1) ist elementarer Bestandteil der ersten Phase der Design Case Studies. Nach der Entwicklung von innovativen Konzepten und Designs und der Dokumentation von antizipierten Änderungen in der sozialen Praxis in Phase 2 folgt die Aktionsplanung und -durchführung. Die Evaluation und spezifiziertes Lernen sind ebenfalls Bestandteil der dritten Phase der Design Case Studies.

3.5 Forschungsdesign

Das dieser Arbeit zugrundeliegende Forschungsdesign folgt der Tradition der interpretativen Forschung (Orlikowski & Baroudi, 1991). *„Interpretive researchers start out with the assumption that access to reality (given or socially constructed) is only through social constructions such as language, consciousness and shared meanings."* (Myers, 1997, S. 242). Interpretative Studien untersuchen den Kontext eines ICT-Artefakts und wie der Kontext das Artefakt und der Kontext durch das Artefakt beeinflusst wird (Walsham, 1993). Da interpretative Forschung keine Variablen vorhält, fokussiert sie auf die volle Komplexität der sinnerzeugende Handlungen des Menschen in einer bestimmten Situation (Kaplan & Maxwell, 2005). Die interpretative Forschung beinhaltet üblicherweise empirische Studien, um ein detailliertes Verständnis über den Kontext bzw. die Anwendungsdomäne zu erhalten.

Design Science, z.B. die „künstliche Forschung" wie Architektur, Ingenieurswissenschaft oder Stadtplanung, versuchen Dinge zu gestalten, die einem praktischen Nutzen folgen (March & Smith, 1995). Design Science fokussiert auf ein reales Problem, das gelöst werden muss, und endet mit einer Evaluation der Effektivität und Effizienz dieser Lösung. Im Gegensatz zur Naturwissenschaft, die versucht die Welt wie sie ist zu verstehen und zu erklären, argumentiert Niehaves (Niehaves, 2007, S. 9), dass *„design science research is not only a positivist domain".* Folgt man dieser Argumentation, so ist Design Science eine angemessene Wahl für das Forschungsdesign dieser Arbeit.

Allerdings argumentieren Rohde et al. (Rohde et al., 2009) und Pipek & Wulf (Pipek & Wulf, 2009), dass das Design und die Nutzung nicht voneinander getrennt werden können und es somit notwendig ist, einen starken Fokus auf die organisationale Perspektive im Entwicklungsprozess zu legen, z.B. durch die Einbeziehung von Endnutzern. Wulf (Wulf, 2009) macht jedoch deutlich, dass Design Science eben diesen starken Fokus nicht liefern kann, da sie keine klare Hilfestellung bereitstellt, wie die Arbeitspraxen und die Evaluation von Langzeiteffekten von ICT-Artefakten in sozialen Systemen durchgeführt werden können. Wulf favorisiert ebenfalls eine interpretative Forschung, die eine erkenntnistheoretische und ontologische Perspektive vorhält und in der die Welt sozial konstruiert ist. Das bereits in Abschnitt 3.3 von Wulf et al. (Wulf et al., 2011) vorgestellte und dieser Argumentation folgende Forschungsdesign der Design Case Studies stellt für diese Arbeit das adäquate Rahmenwerk dieser Forschung dar, da es empirische Vor- und Evaluationsstudien miteinander kombiniert und in der Praxis einbettet. Abbildung 28 gibt einen Überblick über das beabsichtigte Forschungsdesign. Die Forschungsmethoden, die in den einzelnen Phasen und Iterationen anwendet werden darauffolgend im Detail dargestellt.

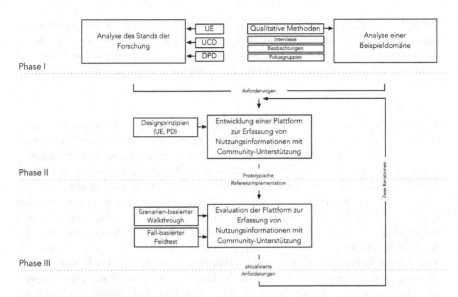

Abbildung 28: Forschungsdesign

Phase I

Maßgeblich sind drei Ziele, die in der ersten Phase des Forschungsvorhabens erreicht werden sollen. Das ist zum einen die Analyse des Stands der Forschung. Die Analyse der existierenden Forschung wurde bereits im vorangegangenen Kapitel dargestellt. Die Analyse hilft dabei, bestehende Verfahren und Erkenntnisse in den Disziplinen Usability-Engineering, Distributed-Participatory-Design und Aneignungsunterstützung zu verstehen und den Bereich der fortführenden Forschung zu identifizieren. Das weitere Ziel ist die Exploration eines Beispielanwendungskontextes. Dabei gilt es zum einen, ein besseres Verständnis über das Anwendungsfeld zu bekommen, indem die gelebten Arbeitspraxen und die Nutzung von existierenden Werkzeugen beschrieben werden, und zum anderen Probleme im Anwendungsfeld zu identifizieren. Um dies zu erreichen, werden unterschiedliche Methoden der empirischen Sozialforschung angewendet (Randall et al., 2007), die es erlauben die Vielfältigkeit und Komplexität der sozialen Praktiken im Feld verstehen zu können. Es werden semi-strukturierte Interviews und teilnehmende Beobachtungen als ethnographische Methoden verwendet, da sie detaillierte Einblicke in die Arbeitspraxen und Probleme der Probanden verschaffen und dabei den Aufwand relativ gering halten. Durch gezielte Fokusgruppen kann darüberhinaus auch ein tieferer Einblick in die Werkzeugnutzung und deren Voraussetzungen gewonnen werden. Zudem kann auf weitere Interessensgebiete eingegangen werden, die in den Interviews nicht behandelt wurden. Das dritte und letzte Ziel der Phase I ist die Formulierung von Anforderungen für eine Plattform zur bedarfsgerechten Erfassung von Nutzungsinformationen zur Weiterentwicklung von Anwendungssystemen durch die Reflektion der empirisch erhobenen Probleme und der Ergebnisse aus der Literaturstudie.

Phase II

Das Ziel der Phase II ist die Entwicklung eines Konzepts und einer Referenzimplementierung zur bedarfsgerechten Erfassung von Nutzungsinformationen mit Community-Unterstützung, die mit den Anforderungen und den Designprinzipien aus Phase 1 übereinstimmen. Allerdings lassen sich mit den gewählten Forschungsmethoden aus der ersten Phase keine Ergebnisse produzieren, die sich eins-zu-eins in das Design überführen lassen. So wird diese Phase zweimal durchlaufen. In der ersten Iteration wird eine erste, rudimentäre Version eines ersten qualitativen Feedbackwerkzeugs entwickelt, das Informationen aus der konkreten Nutzung hinsichtlich der Gebrauchtstauglich beim Nutzer abfragt. Diese erste Version hilft dabei, erste Designideen schon früh im Entwicklungsstadium zu diskutieren und zu evaluieren. Des Weiteren verschafft sie ein besseres Verständnis von Feedbackpraxen und deren Rahmenbedingungen wie auch von der Interaktion zwischen Nutzern und Entwicklern. In der zweiten Iteration gilt es, die aus der ersten Evaluation gewonnenen Erkenntnisse in die Weiterentwicklung der Plattform hin zu einem community-basierten System einfließen zu lassen.

Phase III

Das Ziel der dritten Phase ist die Evaluation des Verfahrens zur Erfassung und gemeinsamer Bearbeitung von Nutzungsinformationen. Die Erkenntnisse der Evaluation dienen der Beurteilung des in Phase 2 entwickelten Konzeptes und der der Referenzimplementierungen. Auch diese Phase wird zweimal durchlaufen. In der ersten Iteration soll durch die Anwendung von szenarien-basierten Walkthroughs und semi-strukturierten Interviews die Evaluation an dem Anwendungskontext ausgerichtet und Akteure aus dem Feld möglichst eng einbezogen werden. Semi-strukturierte Interviews helfen dabei, insbesondere die Unterstützung der Nutzer/Entwickler-Interaktion und der Feedbackpraxen zu adressieren. In der zweiten Iteration wird das Verfahren auf Basis eines Feldtests evaluiert, der in der Anwendungsdomäne über einen längeren Zeitraum hinweg durchgeführt wird. Semi-strukturierte Interviews helfen auch hier, im Nachgang die Nützlichkeit des Verfahrens, über das technische und graphische Design der Plattform hinaus zu evaluieren. Es handelt sich jedoch bei den zugrundeliegenden Anwendungssystemen, auf die das neue Verfahren aufsetzt, selbst um neue innovative Systeme, die sich in einem Langzeittestbetrieb neben den operativen Systemen befinden. An den Systemen selbst müssen noch weitere technische und organisatorische Anpassungen vorgenommen werden, bis sie direkt in den Alltagsbetrieb integriert werden können. So kann die Plattform zwar im Anwendungsfeld und durch die tatsächlichen Endnutzer genutzt und evaluiert werden, doch mit der Einschränkung eines Testbetriebes.

Das Durchlaufen der drei genannten Phasen dient zur Beantwortung der in Abschnitt 2.6 dargestellten und erläuterten Forschungsfragen. Die drei Phasen finden sich in der Kapitelstruktur dieser Arbeit wie folgt wieder: Phase I mit der Analyse des Stands der Forschung und der Anwendungsdomäne befindet sich in Kapitel 2 und 4. Wie zuvor beschrieben, werden die Phasen II und III zweimal durchlaufen. Der erste Durchlauf von Phase II und III wird in Kapitel 5 beschrieben. Phase II der zweiten Iteration mit einem überarbeiteten Konzept und einer Referenzimplementierung der Plattform zur bedarfsgerechten Erfassung von Nutzungsinformationen mit Community-Unterstützung wird in Kapitel 6 vorgestellt. Phase III der zweiten Iteration mit den Ergebnissen der Evaluation der Plattform ist in Kapitel 7 zu finden.

4 Empirische Untersuchungen einer Beispieldomäne

In diesem Kapitel wird die empirische Untersuchung einer exemplarischen Anwendungsdomäne vorstellen. Diese ist ein gutes Beispiel für eine Welt, in der Anwendungssysteme eingebettet sind, die durch dynamische und sich stetig ändernde Rahmenbedingungen geprägt ist. Sie ist ebenso ein gutes Beispiel für die Heterogenität der Akteure und Akteursgruppen und deren Trennung untereinander und von den Entwicklern. Gleichwohl zeigt die Anwendungsdomäne auch, welche Defizite im Usability-Engineering auf Prozess-, Methoden- und Werkzeugebene existieren. Am Ende Kapitel 4 werden diese Defizite und sich daraus ergebende Anforderungen diskutiert. Doch zu Beginn wird das Forschungsfeld und die angewendete Methodik vorgestellt. Darauf folgt die Darstellung der empirischen Ergebnisse, die im Rahmen des InfoStrom-Projektes durchgeführt wurden.

4.1 Projekt InfoStrom

Die empirischen Arbeiten sowie die Entwicklungen von Referenzimplementationen und deren Evaluationen wurden innerhalb des vom Bundesministerium für Bildung und Forschung geförderten Forschungsprojektes InfoStrom (Fö.-Kz. 13N10712) durchgeführt. InfoStrom hat als grundlegendes Ziel, die Zusammenarbeit zwischen allen Akteuren zu verbessern, die bei der Bewältigungs- und Wiederherstellungsarbeit von Schäden in Versorgungsinfrastrukturen eine Rolle spielen. Als Anwendungsbeispiel wurde in diesem Projekt ein mittlerer bis großer Stromausfall gewählt. Es ging darum, eine Kommunikations- und Informationsplattform („Sicherheitsarena") für das interorganisationale Krisenmanagement zu entwickeln. Dadurch sollte die Kooperation bei der Wiederherstellung der Stromversorgung zwischen Infrastrukturanbieter (Stromnetzbetreiber), Feuerwehr, Polizei, Kreisen und Bürgern verbessert werden. Innerhalb des Projektes wurden interorganisationale Kommunikations-, Informations- und Koordinationsprozesse gemeinsam mit den Anwendern erarbeitet und neue Technologien in den Bereichen Lageillustration, Ausfallsicherheit, Visualisierung von Informationsqualität, Flexibilisierung und Bürgerbeteiligung entwickelt. Es wurde sowohl die strategische als auch die operative Arbeit im Krisenmanagement adressiert und Technologien als Basis für weitere Aktivitäten entwickelnt. Das Projekt wurde in Zusammenarbeit mit der Universität Siegen[4], dem Fraunhofer FIT[5], der PSI Transcom GmbH[6], der RWE Westnetz[7], der SAP Research[8] und den Anwendungspartnern Rhein-Erft-Kreis[9] und Kreis Siegen-Wittgenstein[10] durchgeführt. (Balduin et al., 2010; Wiedenhoefer et al., 2011)

4.2 Forschungsfeld

Die empirischen Untersuchungen fanden innerhalb zwei Landkreisen Nordrhein-Westfalens statt. Das waren der Kreis Siegen-Wittgenstein (KSW) und der Rhein-Erft-Kreis (REK). Siegen-Wittgenstein ist durch seine großen Waldflächen und hüglige Landschaft geprägt. Neben großen metallverarbeitenden Betrieben ist der Tourismus eine der wichtigen wirtschaftlichen Säulen. Siegen ist das Oberzentrum der Region. Der Kreis liegt an der Grenze von drei Bundesländern – Nordrhein-Westfalen, Rheinland-Pfalz und Hessen –, daher sind verschiedene Krisenmanagementstrukturen anzutreffen. Der Rhein-Erft-Kreis hingegen beinhaltet 10 Kommunen und ist westlich der Stadt Köln gelegen. Große Chemieunternehmen prägen die Wirtschaft. Außerdem sind dort einige von Deutschlands wichtigsten Transportinfrastrukturen wie Autobahnen, Flughäfen, Bahnstrecken und der Fluss Rhein mit spezifischen Risiken zu finden. In beiden Regionen fokussieren wir uns auf verschiedene Personen und Organisationen, die bei dem oben genannten Anwendungsszenario eine Rolle spielen. Das sind Infrastrukturanbieter (z.B. Stromversorger), öffentliche und strategische Behörden (z.B. Krisenstäbe, öffentliche Verwaltung), öffentliche und operative Organisationen (z.B. Polizei, Feuerwehr) und Bürger.

4.3 Untersuchungsmethoden

Das Ziel der empirischen Studie war es, das Anwendungsfeld im Ganzen sowie existierende Arbeitspraxen und Nutzungspraxen von bestehenden Anwendungssystemen zu erfassen und zu verstehen. Ein Augenmerk betraf insbesondere die

---

[4] http://www.uni-siegen.de

[5] http://fit.fraunhofer.de

[6] http://www.psitrans.de

[7] http://www.westnetz.de

[8] http://global.sap.com

[9] http://www.rhein-erft-kreis.de

[10] http://www.siegen-wittgenstein.de

interorganisationale Zusammenarbeit. Der Blick auf das Anwendungsfeld wurde durch die Designintention beeinflusst. Dabei wurde sich bei dieser Untersuchung an dem Grounded-Theory-Ansatz (Strauss, 1987) orientiert. So wurde das Feld nicht mit vordefinierten Kategorien untersucht, sondern Kategorien wurden aus den erhobenen empirischen Materialien identifiziert. Um die Praxis zu rekonstruieren, wurden verschiedene qualitative Methoden (Randall et al., 2007) eingesetzt: eine Dokumentenanalyse, vier teilnehmende Beobachtungen, fünf Gruppendiskussionen und 23 Einzelinterviews, bei denen die gemeinsame Entwicklung eines Rahmenszenarios vorausging. So konnte mit insgesamt 50 verschiedenen Akteuren gesprochen werden, von Polizei, Feuerwehr, Verwaltung, Rotes Kreuz und von einem Energieversorger. Jede der empirischen Arbeiten fand bei den Probanden vor Ort statt. Es wurde das Verfahren des *Open Coding* (Strauss, 1987) angewendet, um das erhobene Material zu analysieren und interessante Phänomene zu identifizieren.

Dokumentenanalyse
Das grundsätzliche Ziel der Dokumentenanalyse war es, einen Überblick über die Organisationen in Krisensituationen zu erhalten. Es wurden Dokumente analysiert, die Arbeiten im Krisenmanagement bestimmten und beschreiben. Das beinhaltete Gesetze, Richtlinien, Anordnungen und Ausbildungsmaterial.

Beobachtungen
Die Beobachtungen hatten das Ziel, Erkenntnisse über die praktische Arbeit im interorganisationalen Krisenmanagement zu erhalten. Die Beobachtungen wurden in der Leitstelle während eines normalen Arbeitstages (Beobachtungszeit: 9h) und beim Krisenstab und der Einsatzleitung während einer Krisenübung (4h) und einer Großveranstaltung mit 400.000 Besuchern (6h) durchgeführt.

Gruppendiskussionen
Die Gruppendiskussionen erlaubten, die Arbeitspraxis besser zu verstehen, in der bestehende Anwendungssysteme eingebettet sind. Es wurden 4 interorganisationale Gruppendiskussionen (s. Tabelle 3) durchgeführt, die ca. 4 Stunden dauerten. Die Führungsebene der einzelnen Organisationen nahm an den Diskussionen teil. Aufgrund der fehlenden Planbarkeit von Krisensituationen wurde für die Gruppendiskussionen und Interviews im Vorfeld, ein Krisenszenario mit Vertretern der teilnehmenden Organisationen entworfen. Das Szenario beinhaltete mehrere Schäden und Stromausfälle, die auf einen Windsturm zurückzuführen sind. Der Sinn eines solchen Rahmenszenarios war es, schnell ein gemeinsames Verständnis über eine Krisensituation und den Kontext zu schaffen. Es half dabei, die Validität und Konformität der Aussagen sicherzustellen.

Tabelle 3: Gruppendiskussionen

Nr.	Kreis	Thema	Teilnehmer
W1	-	Herausforderungen in der Praxis, Besichtigung der Leitstelle	Energieversorger
W2	REK	Herausforderungen in der Praxis, Besichtigung der Leitstelle	Kreisverwaltung Polizei Feuerwehr
W3	KSW	Herausforderungen in der Praxis, Besichtigung der Leitstelle	Leiter Ordnungsamt Leiter des Amtes für Bevölkerungsschutz Leiter der Kreispolizeibehörde Leiter der Kreisleitstelle Kreisbrandmeister
W4	KSW	Analyse der Nutzerinteraktionen und Kommunikationspraxen	Leiter der Kreispolizeibehörde Leiter der Kreisleitstelle Lokaler Leiter des Technischen Hilfswerkes (THW) Lokaler Leiter des Roten Kreuzes
W5	REK	Analyse der Nutzerinteraktionen und Kommunikationspraxen	Kreisverwaltung Kreisbrandmeister Rotes Kreuz: Krisenstab Rotes Kreuz: Kommunikationsbeauftragter Vertreter anderer Hilfsorganisationen

Interviews

Die Interviews (s. Tabelle 4) erlaubten einen detaillierten Einblick in den Arbeitskontext und in die Nutzung von Informations- und Kommunikationssystemen bei relevanten Akteuren. Die einzelnen Interviews dauerten ca. zwischen 1 bis 2 Stunden und folgten einem teilstrukturierten Interviewleitfaden (s. Anhang A1.1). Der erste Teil des Interviews fokussierte auf die Rolle des Probanden, dessen Position, Aufgaben und Arbeitsschritte im Alltagsbetrieb. Der zweite Teil bezog sich, basierend auf dem Rahmenszenario, auf die Aufgaben und Tätigkeiten vor, während und nach Krisensituationen. Der dritte und letzte Teil beschäftigte sich mit Informations- und Kommunikationssystemen und den in der Praxis mit diesen Systemen wahrgenommenen Schwierigkeiten.

Tabelle 4: Interviews

Nr.	Kreis	Organisation	Rolle
I1	KSW	Verwaltung	Ordnungsamt
I2	KSW	Polizei	Leiter Kreispolizeibehörde
I3	KSW	Polizei	Gruppenführer
I4	KSW	Polizei	Streifendienst
I5	KSW	Feuerwehr	Kreisbrandmeister
I6	KSW	Feuerwehr	Gruppenführer
I7	KSW	Feuerwehr	Operative Einsatzkraft
I24	KSW	Feuerwehr	Leiter Kreisleitstelle
I8	REK	Verwaltung	Amt für Bevölkerungsschutz
I9	REK	Feuerwehr	Leiter Feuerwehr
I10	REK	Feuerwehr	Einsatzleitung
I11	REK	Feuerwehr	Wachabteilung
I12	REK	Feuerwehr	Leistellenmitarbeiter
I13	REK	Feuerwehr	Leiter Leitstelle
I14	Köln	Polizei	Mitglied Ständiger Stab
I15	REK	Polizei	Leiter Leitstelle
I16	REK	Polizei	Gruppenführer
I18	-	EV	Vertreter Krisenmanagement
I19	-	EV	Schaltingenieur
I20	-	EV	Schaltmeister
I21	-	EV	Disponent, Niederspannung
I22	-	EV	Telefonische Störannahme

4.4 Ergebnisse

Nun folgend wird das Ökosystem Krisenmanagement näher vorgestellt. Vier Bereiche werden betrachtet, die den Anwendungskontext von Softwaresystemen und deren Besonderheiten gut beschreiben: die unterschiedlichen Arbeitsstrukturen und -praxen der beteiligten Akteure, die Ursachen von Improvisation bei der Bewältigungs- und Wiederherstellungsarbeit, weitere Besonderheiten im Krisenmanagement und der Hintergründe zu Softwarenutzung im Krisenmanagement. Darauf folgt eine kurze Zusammenfassung von Charakteristika des Krisenmanagements. Das Kapitel endet mit einer Gegenüberstellung vom Zustand der Softwareunterstützung und tatsächlicher Arbeitspraxis sowie der Gegenüberstellung von den Erkenntnissen aus der Praxis und existierenden Usability-Engineering-Prozessen und -Methoden.

4.4.1   Unterschiedliche Arbeitsstrukturen

Zwei Besonderheiten lassen sich erkennen, wenn man sich die Organisation und Führungsstruktur der beteiligten Organisationen anschaut, insb. die der Feuerwehr und die der Polizei. Die erste Besonderheit bezieht sich auf die Organisation der Feuerwehr. So besteht die Feuerwehr in Rhein-Erft-Kreis mehrheitlich aus Einheiten der Berufsfeuerwehr. Beim Kreis Siegen-Wittgenstein hingegen ist die Feuerwehr mehrheitlich ehrenamtlich aufgestellt. Lediglich Mitarbeiter der Leitstelle haben bezahlte Stellen. Zweite Besonderheit: Die Führungs- und Koordinationsstrukturen von Feuerwehr und Polizei unterscheiden sich grundsätzlich. Die Feuerwehr führt ihre Einheiten „von vorne", das bedeutet, dass die Koordination der Einsatzkräfte vor Ort mittels der Einsatzleitung geschieht. Bei der Polizei ist dies hingegen anders. Sie führt „von hinten", das heißt, dass die Anweisungen aus der Leitstelle kommen. Während größerer Schadenslagen ist das Krisenmanagement wie folgt organisiert: Deutschland ist in 16 Bundesländer aufgeteilt, jedes Bundesland wiederum in mehrere Landkreise. Der Landrat, die oberste politische Instanz eines Landkreises, hält die politische Verantwortung für jede Handlung im Krisenmanagement. Unterhalb des Landrates sind zwei Krisenmanagementgruppen eingerichtet. Der Krisenstab, zum einen, ist verantwortlich für die Administration und Organisation der Aufgaben. Vorwiegend agieren Personen aus der Verwaltung in diesen Stäben. Die Einsatzleitungen, zum anderen, ist verantwortlich für die Ausführung der Aufgaben und taktischen Arbeiten während der Krise. Die Einsatzleitungen sind bei den jeweiligen Organisationen der polizeilichen und nicht-polizeilichen Gefahrenabwehr angesiedelt. (W2, W3)

4.4.2   Improvisation im Krisenmanagement

Nach der Analyse der empirischen Daten zeigte sich deutlich, wie sehr Improvisation eine entscheidende Rolle in der erfolgreichen Krisenbewältigung spielt. Dabei ist mit Improvisation situatives Handeln gemeint, in dem Denken und Handeln scheinbar zur gleichen Zeit und impulsiv erfolgen (Ciborra, 1996). Da diese Rahmenbedingung entscheidenden Einfluss auf die Art und Weise haben, wie bei der Gestaltung von Anwendungssystemen vorgegangen werden muss sowie darauf was für Implikationen sich daraus auf das Design ergeben, werden wir nun damit fortfahren Improvisation näher zu betrachten und die Faktoren auszumachen, die dieses situative Handeln begründen.

Die Studie zeigt, dass Entscheidungsträger in beiden Kreisen und in jeder Organisation situativ handeln müssen, um unter Risiken und Zeitnot erfolgreich unvorhersehbare Schadensituationen bewältigen zu können. *"Improvisation ist neben intensiver Planung unerlässlich. Du kannst die besten vordefinierten Handlungspläne haben, aber es wird immer Situationen geben, wo du improvisieren musst"* (I1) oder *"Wir müssen immer improvisieren, um das Beste aus jeder Situation zu machen"* (I11). So ist zu beobachten, dass neben der Ausführung von vordefinierten Handlungsplänen improvisiertes Handeln eine etablierte Praxis in heutigen Krisenmanagementprozessen ist. Wie bei der Polizeiarbeit zu sehen ist, ist Flexibilität Teil der Arbeitsprozesse, um auf ungewisse Situationen geeignet vorbereitet zu sein: *"Nein, alle unsere Arbeitsabläufe sind flexibel. Das ist notwendig, weil jede Situation ist anders"* (I2). Ein Polizist erklärte, dass *"sobald ein Problem da ist, gibt uns die Leitstelle grundsätzlich viel Spielraum das Problem zu lösen"* (I4).

Wenn das Ausmaß von improvisiertem oder situativem Handeln näher betrachtet wird, dann können durch die Studie zwei Faktoren identifiziert werden: Die Akteure und das Ausmaß eines Ereignisses. Hier müssen wir zwischen zwei Fällen unterscheiden: *"Es gibt Ereignisse, die werden durch die Einsatzleitung geführt, und es gibt Ereignisse, in denen ist ein Krisenstab in der Verantwortung"* (I1). Die Einsatzleitung ist üblicherweise für die Koordination und für das Treffen von Entscheidungen am Schadensort voll verantwortlich, sofern Notfallpläne ohne Weiteres anwendbar sind. In diesen Fall ist die Arbeit wenig von improvisiertem Handeln geprägt, da es darum geht, vordefinierte Vorgehensweisen abzuarbeiten: *"Wir bekommen die Aufgabe und führen sie aus"* (I7). Wenn Rettungsorganisationen mit komplexen und unvorhersehbaren Ergebnissen konfrontiert werden und sich erst mal ein genaues Bild von Lage gemacht werden muss, übernimmt ein übergeordneter Krisenstab die Verantwortung. Der Grund liegt daran, dass solche Ereignisse *"nicht statisch sind und sich in alle Richtungen entwickeln können"* (I5). An diesem Punkt können Ablaufpläne nur schwer ausgeführt werden und somit ist das Vorgehen in diesen Stäben und auf Entscheidungsebene *"mehr flexibel"* (I1), um weitere Handlungen fast zeitgleich planen oder auszuführen zu können. Ein typisches Beispiel für einen Befehl ist: *"Finde Schulen oder Turnhallen, in die 500 Menschen untergebracht werden können. Wie du das machst, ist deine Sache"* (I1). Wenn die Arbeit innerhalb von Krisenstäben noch mal genauer betrachtet wird, lässt sich erkennen, dass Improvisation auch durch die Rahmenbedingungen neben den eigentlichen Schadensereignissen hervorgerufen wird: *"Unser Arbeit unterscheidet sich fundamental von anderen lokalen Behörden. Wir haben keine vordefinierten Ablaufpläne, die wir abarbeiten. Damit wären wir hilflos und verloren. Das ist der Grund, weshalb unsere taktisch mit Aufträgen arbeiten"* (I2). Das tritt insbesondere bei Koordinationsprozessen zwischen Akteuren anderer Behörden auf. Um die

Auswirkung von aktuellen oder zukünftigen Krisensituationen besser abschätzen zu können, teilen Mitglieder von Krisenstäben ihr Wissen innerhalb der Gruppe oder es müssen, sofern die Lage es notwendig macht, externe Experten konsultiert werden (z.b. das Einwohnermeldeamt, um die Anzahl in einem Haus lebender Personen zu ermitteln).

4.4.3   Herausforderungen im interorganisationalen Krisenmanagement

Es konnte gezeigt werden, dass aufgrund der Einzigartigkeit von Schadensereignissen die Bewältigungs- und Wiederherstellungsarbeit von Rettungsorganisationen durch Ad-Hoc-Entscheidungen oder situativem Handeln geprägt und nicht nur durch die Abarbeitung von Handlungsplänen und sonstigen Richtlinien. Es gibt jedoch noch weitere Herausforderungen, denen sich das Krisenmanagement heutzutage stellen muss, was wiederum direkten Einfluss auf computerbasierte Unterstützungswerkzeuge hat.

Eine große Herausforderung besteht in *organisationalen Faktoren* und *Strukturen*. So muss jeder Akteur von etablierten Routinen abweichen, um angemessen handeln zu können, wenn sich die gewohnten Rahmenbedingungen ändern: *„Wenn ein System komplett starr und stark strukturiert ist und wenn dann nur ein Glied fehlt, wird das ganze System zusammenbrechen. Deshalb sind informelle Wege sehr hilfreich"* (I1). Ein Grund, warum es so solchen Zusammenbrüchen kommen kann, ist, dass eingesetzte Technologien, insbesondere Kommunikationswerkzeuge, nicht funktionieren (I3) oder interne Informationsressourcen (z.B. Telefonlisten) während eines Einsatzes nicht zur Verfügung stehen (I2). Aber auch *menschliche Faktoren* spielen eine entscheidende Rolle. Gerade bei größeren Schadenssituationen können die eigenen Kollegen ebenfalls selbst betroffen sein: *„Wenn ein Kollege einen Anruf darüber bekommt, dass sein Zuhause unter Wasser steht, dann versucht man diesen Kollegen von seinen Aufgaben zu befreien. Es macht keinen Sinn, ihn hier zu halten. Wir versuchen dann Ersatz zu finden und sagen: ‚Hier, kümmere dich um dein zuhause und um deine Familie"* (I2). Zusätzlich zu den organisationalen Gründen ist grundsätzlich ein flexibleres Vorgehen bei der Zusammenarbeit mit anderen Organisationen aufgrund der unterschiedlichen organisationalen Strukturen und Arbeitspraxen unabdingbar (I1).

In diesem Kontext spielen auch *terminologische Unterschiede* eine entscheidende Rolle. Abhängig von den individuellen Strukturen und Praktiken einer Organisation können unterschiedliche Terminologien zu verschiedenen Kommunikationsproblemen führen: *„Es gibt jemand, der hat sich am Finger verletzt, und ein Mitarbeiter des THW meldet die Verletzung. Das ist fast als Todesfall angekommen"*. Aufgrund der unterschiedlichen Schwerpunkte der Organisationen ist es schwer, eine gemeinsame Sprache auszuarbeiten. *„Selbst wenn die Polizei mit der Feuerwehr spricht, gibt es große Unterschiede in den*

Bezeichnungen und so werden diese auch anders wahrgenommen" (W2). In der Kommunikation mit anderen Organisationen wie etwa Unternehmen können unterschiedliche Begriffsverwendungen noch verstärkt auftreten. Dies wird am Beispiel eines Brandes einer Industrieanlage deutlich. Dort wurden vom Werk 19 Verletzte gemeldet, gemeint wurden jedoch *„Verletzte im Sinne des Werkes, das sind 19 Leute, die von dem Arzt auch nur gesichtet wurden. Die müssen gar nicht verletzt sein"* (W2). Dies unterscheidet sich deutlich von der Verwendung des Begriffs im öffentlichen Rettungsdienst: *„Wenn der [...] Rettungsdienst von Verletzten spricht, müssen sie versorgt werden und ins Krankenhaus gebracht werden.* Auch dort führen „verschiedene Sprachweisen zu verschiedenen Ergebnissen" (W2). Tatsächlich waren es im Verständnis des Rettungsdienstes *„zwei Leute, die gesundheitlich beeinträchtigt waren, die anderen wurden nur vom Werksarzt besichtigt"* (W2). Viele Begriffe unterscheiden sich und die Bandbreite der verbalen Beschreibung von Schäden variiert zwischen den Organisationen (I2).

I5 und I4 berichten, dass *persönliche Verhaltensweisen und Sichtweisen* einen signifikanten Einfluss auf die Interpretation von gegebenen Informationen haben. Meistens sind es Personen aus dem öffentlichen Bereich ohne fachlichen Hintergrund zu der aktuellen Situation, die dazu tendieren, die aktuelle Situation entweder über- oder unterzubewerten. Ein Beispiel: Ein Bürger meldet einen *„heftigen Autounfall"*, was zu Vorbereitungen des Rettungsdienstes für Schwerverletzte oder gar toten Passagieren führte. Dabei war es nur ein kleinerer Unfall mit geringem Sachschaden (I5). I4 und I5 berichteten auch über Fälle, in denen das genaue Gegenteil passierte.

Während eines Workshops (W2) berichtete ein Feuerwehrmann über das Problem, dass Informationen im Laufe eines Einsatzes entweder sich ändern oder gar verloren gehen können. *„Wir bekamen Informationen zu mehreren schwerverletzten Kindern während des Weltjugendtages in Köln. Nachdem wir entsprechende Maßnahmen getroffen hatten, fanden wir heraus, dass die Kinder kaum verletzt waren".* Die Information veränderte sich, während diese von den Ersthelfern über erfahrene und nicht-erfahrende Organisationsmitarbeiter zu den verantwortlichen Rettungsdiensten übermittelt wurde. Neben dem Verlust oder der Veränderung von Informationen im Laufe der Überbringung werden auch wichtige Informationen teils einfach nicht übermittelt. Das ist gerade bei Infrastrukturanbietern (z.B. Energieversorgern) der Fall. Diese Organisationen informieren nicht notwendiger Weise pro-aktiv über aktuelle Entwicklungen oder Maßnahmen. Diese müssen direkt gefragt werden. *„Andere Akteure haben eine andere Wahrnehmung, da sie sich auf ihre Problemlösung konzentrieren und nicht auf die Bereitstellung von Informationen"* (I10). Wenn dann doch Information bereit gestellt werden, dann kommt es häufig vor, dass wichtige Details nicht mitgeliefert werden, z.B. die Anzahl von betroffenen Haushalten: *„Was ist betroffen,* *welche Bereiche der Energieversorgung sind nicht versorgt und wie viele Menschen sind betroffen?"* (I10). Viele Organisationen stellen ihre Informationen mittels E-Mail oder Telefon zur Verfügung, was zu einem weiteren Informationskanal führt, der bearbeitet werden muss.

Außerdem treten *Medienbrüche* bei der Ermittlung von externen Informationen auf, da z.b. Verbindungsbeamte von der Polizei nützliche Informationen selten im eigenen polizeilichen Intranet finden können. Sie müssen meist das Telefon benutzen, um an sprechende Informationen heranzukommen. Üblicherweise erhalten Beamte vor Ort zusätzliche Informationen über die Leistelle (I3). Zum Beispiel im Falle eines Feuers fragen sie die Leitstelle nach der Anzahl der in dem bestimmten Gebäude lebenden Personen, die wiederum das Einwohnermeldeamt konsultiert (I4): *„Wie viele Personen sind unter dieser Adresse registriert? Wir haben jetzt zum Beispiel fünf Personen hier vor dem Haus stehen, die sagen, dass sie da aus dem Haus gerade rausgekommen sind, um abgleichen zu können: Okay, müssen wir jetzt damit rechnen, dass weitere Personen in dem Haus drin sind. Das Einwohnermeldeamt ist da wahrscheinlich bei solchen Schadenslagen das wichtigste".*

Darüberhinaus konnten weitere Charakteristiken und Rahmenbedingungen identifiziert werden, die auch die interorganisationale Krisenmanagementarbeit prägen. So ist die Arbeit im Krisenmanagement *„immer eine Mischung aus formellem und informellem Vorgehen"* (I1). Vordefinierte Strukturen sind wichtig, um die Standardaufgaben abzuarbeiten. Flexibilität hingegen ist notwendig, um auf sehr dynamische Situationen reagieren zu können: *„Wir haben Standardvorgehen und Dinge, die wir just in dem Moment entscheiden"* (I13). *„Also das ist, glaube ich, unser großes Plus im Vergleich zu anderen Verwaltungen. Polizei ist nun mal auch Bestandteil einer Verwaltung, aber wir fühlen uns ja alle nicht als Beamte, weil das einfach so ist. Weil wir und die Feuerwehr arbeiten grundlegend anders als in anderen Kommunen. Wir haben nicht irgendwo so unsere Litanei, die wir runterbeten. Dann wären wir hilflos und verloren. Deswegen arbeiten wir ja auch taktisch nur so mit Rahmenaufträgen. Also es bekommt ja keiner von uns gesagt, du gehst jetzt über den linken Bürgersteig in das Haus rein, sondern es gibt ja nur Rahmenaufträge"* (I2). Das zeigt, dass im Krisenmanagement schon ein gewisses Maß an situativem Handeln eingeplant ist im Gegensatz zu detailliert geplanten Prozessen, die einfach abgearbeitet werden müssen. Entscheidungen vor Ort basieren nicht auf Richtlinien, sondern auf der Einschätzung der Situation vor Ort und *„mit einem gewissen Maß an Spielraum"*(I9).

Die meisten Informationen im Krisenmanagement haben in der Regel einen Ortsbezug. Somit sammeln die Einsatzleitung und die Krisenstäbe relevante Informationen auf Karten. Neben der verfügbaren Unterstützung von computerbasierten Karten nutzen Akteure ebenfalls verschiedene physische Karten: *„Wir* *müssen redundant arbeiten, um Chaos bei technischen Ausfällen vorzubeugen. Wir müssen zu jeder Zeit weiterarbeiten können"* (I9). Des Weiteren werden Ressourcen und deren Verfügbarkeit nur auf physischen Karten gepflegt (I15). Aber das hängt immer davon ab, mit welcher Schadenssituation man es zu tun hat und wie wahrscheinlich ein Ausfall der Technik ist. *Datenschutz* und *Geheimhaltung* haben ebenfalls einen großen Stellenwert. So ist der Inhalt der Karten nur für die eigene Organisation bestimmt: *„Karten sind nur für uns, denn wir reproduzieren nicht den aktuellen Stand, sondern planen die nächsten Schritte"*(I9). Aufgrund von strategischen und taktischen Maßnahmen werden die Karten unter Verschluss gehalten und sollen nicht an andere Organisationen weitergegeben werden. Des Weiteren spielt *Vertrauen* bei den Ermittlungen und beim Austausch von Informationen eine wichtige Rolle, gerade bei Informationen, die einen hohen Einfluss auf komplexe und lebenssichernde Entscheidungen haben. *„Die sicherste Information ist die, die ich selbst gesehen habe"* (I3). I2, I3 und I10 zählen auf *„gute menschliche Beziehungen"* zwischen Akteuren anderer Organisationen, um die Verlässlichkeit sicherzustellen. Zum Beispiel äußerte I9, dass *„gute Verbindungen zu Beamten der Polizei"* helfen, den Informationen zu vertrauen und sich schneller und besser zu verstehen.

Grundsätzlich zeigte sich, dass die Arbeit im Krisenmanagement von der *Zusammenarbeit* mit eigenen Kollegen und/oder anderen Organisationen/Behörden geprägt ist. Um mit unvorhersehbaren und sich stetig ändernden Rahmenbedingungen in Schadenssituationen umgeben zu können, sind in der Regel eine große Anzahl an Personen involviert, die für die Beschaffung und Analyse von Daten, für das Treffen von Entscheidungen und die Kontrolle von Maßnahmen und deren Konsequenzen zuständig sind. Zwei Zitate beschreiben diese Arbeitspraxen. Das erste Zitat ist von einem Polizeibeamten auf der operativen Ebene: *„Wir brauchen zuerst einen Überblick über das Ganze. Dann müssen wir uns selbst organisieren und koordinieren: Zuerst müssen wir rausfinden, wie wir das Problem lösen können, und dann führen wir das aus"* (I4). Ein Schaltmeister eines Energieversorgers beschreibt es so: *„[...] aber wenn's dann mal irgendwo kritisch ist oder so, fragt man natürlich gerne mal einen Kollegen ,wie siehst du das? Schau doch mal drüber'. Und den großen Vorteil, den haben wir auch hier, dass wir halt mit zwei Leuten hier sitzen und das auch rund um die Uhr"* (I20). Betrachten wir die Arbeit im Krisenstab, so zeigt die Studie, dass eng mit anderen Organisationen zusammengearbeitet wird. Wenn dies auch mit einigen Schwierigkeiten verbunden ist, wie wir in den Abschnitten zuvor gesehen haben. Um die weitere Entwicklung einer Schadenssituation besser einschätzen zu können, teilen die Mitglieder eines Stabes (in der Regel von der Polizei, der Feuerwehr und von der Kreisverwaltung) ihr Wissen untereinander oder – abhängig von der Situation – konsultieren externe Experten (z.B. Mitarbeiter des Einwohnermeldeamtes, um die Anzahl der in einem Haus lebenden Personen zu ermitteln). So ist in der Studie zu sehen, dass die Erfassung und Analyse von Lageinformationen und das Treffen von Entscheidungen meist kooperativ durchgeführt wird.

4.4.4 Technologienutzung

Durch den Fokus auf die Nutzung von technologischen Artefakten zum Teilen von Informationen und Expertisen lässt sich erkennen, dass jede Organisation ihre eigenen Krisenmanagement- und Kommunikationssysteme vorhält. Dabei sind diese Systeme auf die speziellen Bedürfnisse der jeweiligen Organisation hin entwickelt und angepasst. Der Zugriff durch andere Organisationen/Behörden oder gar der Öffentlichkeit ist nicht möglich (W2). So ist es beispielsweise nicht möglich, Informationen zwischen den Leistellensystemen z.b. der Feuerwehr oder der Polizei auszutauschen (W2). Bei der Analyse von Krisenmanagementsystemen innerhalb einer Organisation ist zu sehen, dass mehrere solcher Systeme gleichzeitig existieren. Die Polizei nutzt in der Leitstelle ein anderes System zur Krisenbewältigung als die Entscheidungsebene. So ist es auch hier sehr schwer, Informationen untereinander auszutauschen: *„Da gibt es keine Schnittstelle zwischen unseren Softwaresystemen und dem Leitstellensystem. Wir müssen PDFs exportieren und per E-Mail an die Leitstelle senden"* (I15). Bei der Betrachtung der Nutzer von diesen Systemen selbst konnten zwei Gruppen identifiziert werden. Zum einen technikaffine Nutzer und Nutzer mit weniger ausgeprägten Computerkenntnissen. Ein Beispiel ist die Verwendung des Internets. Nutzer speicherten Webseiten mit zusätzlichen Informationen, wie z.B. Webcams, um Wetterbedingungen zu überprüfen oder Webseiten mit Pegelinformationen von nahen Flüssen, da das eigene System diese Informationen nicht zur Verfügung stellte. Diese Strategien wurden mehrheitlich bei technikaffinen Nutzern beobachtet, die mit Computer und Internet vertraut waren.

4.5 Gegenüberstellung von Werkzeugunterstützung und tatsächlicher Praxis

Anhand der Beschreibung der Arbeitspraxis im Krisenmanagement, deren Besonderheiten und Rahmenbedingungen, denen Anwendungssysteme gegenüberstehen, konnten zwei wesentliche Phänomene identifiziert werden: Die Praxis des Krisenmanagements ist ein gutes Beispiel für ein hochdynamisches und sich stetig änderndes Umfeld, es ist zudem ein gutes Beispiel für die Unangemessenheit von Anwendungssystemen aufgrund von nicht dem Anwendungsfeld entsprechenden Entwicklungsprozessen.

4.5.1   Hochdynamischer und heterogener Anwendungskontext

Wie gezeigt werden konnte, zeichnet sich das exemplarische Anwendungsfeld des Krisenmanagements dadurch aus, dass entgegen aller Anstrengung, Bewälti-gungs- und Wiederherstellungsarbeit vorhersehbar und berechenbar zu machen, das Ausmaß von Schadensituationen nur schwer vorhersehbar ist. Das zeigen große Schadenslagen wie z.B. Sturm Kyrill (2007, Westeuropa) oder Wirbel-sturm Kathrina (2005, New Orleans). Insbesondere die Anzahl der Einflussfakto-ren (z.B. Wetterlagen, Anzahl von betroffenen Menschen oder die Art der Notsi-tuation) wie auch strukturelle Abhängigkeiten (z.b. Elektrizitätsversorgung, Straßen und Bahnstrecken oder Treibstoffversorgung) machen es nahezu unmög-lich, Krisenmanagementaktivitäten vorauszuplanen. Bei der Betrachtung der Arbeitspraxen im Detail konnte gezeigt werden, wie sich dies auch auf die Ar-beit der einzelnen Akteure niederschlägt. Situatives Handeln prägt die Arbeit; neue Informationsbedarfe ergeben sich erst in der konkreten Situation; vorher nicht bedachte Konsultationen von externen Organisationen müssen vorgenom-men werden; Entscheidungen müssen ad-hoc getroffen werden; etc. Dies zeigt, wie wenig planbar und vorausschaubar der Kontext ist und dies bereits in All-tagssituationen. Dementsprechend ist die Arbeit des Krisenmanagements durch sich stetig ändernde und neue Anforderungen geprägt, die gleichzeitig einen besonderen Status haben, da sie doch einen erheblichen Einfluss auf Menschen-leben haben können.

Daneben ist eine Vielzahl unterschiedlicher Akteure im Krisenmanagement beteiligt. Rettungs- und Hilfsorganisationen, Behörden, einzelne Bürger, Nach-barschaftsgruppen, etc. Jede dieser Akteursgruppen zeichnet sich durch ihren etablierten Verantwortungsbereich, ihre etablierte Praxis, ihre eigenen Motive, ihre eigene Sprache etc. aus. Der Umgang mit dieser Heterogenität stellt eine große Herausforderung im Krisenmanagement dar. Insbesondere dann wenn ein bevorstehendes Ereignis von einer solchen Größe ist, dass es die Zusammenar-beit zwischen den Einsatzkräften der betroffenen Organisationen und Behörden erfordert. Sowohl die Heterogenität der Akteure als auch die Notwendigkeit der Zusammenarbeit stellen die Ausführung von improvisiertem Handeln auf eine neue Schwierigkeitsstufe. Für Informelle Kommunikation z.B., als wichtiger Faktor für eine erfolgreiche Krisenbewältigung, müssen zwei Bedingungen er-füllt sein. Das sind zum einen gute Kenntnisse über den Arbeitskontext, dessen Akteure, Aufgaben, Ressourcen, etc. Zum anderen gute Fähigkeiten, etablierte Strukturen und Routinen verlassen zu können und unter den gegeben Ressourcen und Fähigkeiten neue Wege zur Zielerreichung zu ermitteln und auszuführen. Doch das ist schwierig, wenn mögliche Partner in der Krisenbewältigung sich so unterschiedlich zeigen und der Aufwand, andere Organisationen und Akteure kennenzulernen, hoch ist.

4.5.2 Vorausplanende Softwareentwicklung und die nicht planbare Welt

Wie gezeigt werden konnte, stellt sich der Anwendungskontext als schwer kalkulierbar, sich stetig ändernd und durch viele unterschiedliche Akteure geprägt dar. Das spiegelt sich ebenfalls deutlich bei der Nutzung von computerbasierten Unterstützungswerkzeugen wider. Sie funktionieren nur solange, Ereignisse mit vordefinierten Ablaufplänen oder Einsatzschema bewältigt werden können und sich mit den bei der Entwicklung der Systeme verwendeten Szenarien decken. Indessen kommt es bereits bei alltäglichen und somit nicht nur bei großen Schadensereignissen zu spontaner Entscheidungsfindung und kurzfristiger Planung mit unerwarteten Informationsbedarfen. Das hat zur Folge, dass unterstützende und notwendige Krisenmanagementsysteme (z.b. Leitstellensysteme) nicht die volle Unterstützung liefern können. Die notwendige Fähigkeit der Systeme und ihrer Entwicklungsprozesse sich an neue Rahmenbedingungen schnell und bedarfsgerecht anpassen und Improvisation und Kreativität unterstützten zu können, fehlt. Das zeigt auch folgendes Zitat:

> „Unfortunately, a focus on structure and doctrine obscures the need for technology that enhances improvisation and creativity. The specification and formalization of the planned-for structure has resulted in doctrine and technology to support it, ignoring the demonstrated, even inevitable, needs of the adhocracies that help manage the unanticipated contingencies presented by extreme events. [...] The technological systems we design and build must enhance – not impede – organizational agility. Improvisation and adhocracy have received considerable examination from social scientists, but have been far less frequently addressed by ICT designers." (Mendonça et al., 2007, S. 49)

Technologie muss so gestaltet sein, dass sie die notwendige Agilität unterstützt und nicht von einer „geplant für den Fall, dass"-Metapher ausgeht. Aber so sieht es derzeit aus, da Gesetze und Regularien deren Design, Einsatzszenarien und Informationsportfolio vorschreiben und dadurch gleichwohl begrenzen. Dies manifestiert sich ebenfalls in den daraus resultierenden und gewählten Vorgehensmodellen, die für die Entwicklung der Systeme verwendet wurden. Sie berücksichtigen nicht die Unvorhersehbarkeit und Heterogenität des Anwendungskontextes und sind zu starr und zu langwierig, als dass Anwendungssysteme neue Nutzeranforderungen schnell und angemessen unterstützten.

4.6 Diskussion

Stellt man die vorgestellten Empirieergebnisse etablierten Usability-Prozessen, -Methoden und -Werkzeugen gegenüber, wie sie in Abschnitt 2.1 vorgestellt und diskutiert wurden, können verschiedene Defizite identifiziert werden.

Der nur schwer antizipierbare und wenig planbare Anwendungskontext hat zur Folge, dass Anforderungen an Krisenmanagementsysteme nicht vollständig im Vorfeld der Entwicklung bestimmbar sind. Diese Voraussetzung steht allerdings im Widerspruch zu den gegenwärtigen Anstrengungen im Usability-Engineering, die Entwicklung von Anwendungssystemen schon vor der Auslieferung zu finalisieren, wie in Abschnitt 2.1.2 dargestellt werden konnte. Die unzureichende Berücksichtigung der Nutzungsphase auf Prozess- und Werkzeugebene im Usability-Engineering hindert eben Entwickler daran, auf zuvor nicht bekannte Anforderungen, wie bspw. das Aufkommen neuer Informationsbedarfe in zuvor unbekannten Einsatzszenarien, entsprechend zu reagieren.

Gleichzeitig zeigt sich auch, dass etablierte Usability-Methoden, wie z.B. szenarien-basierte Walkthroughs bei Usability-Tests oder insbesondere bei Laboruntersuchungen, eine tiefgründige Auseinandersetzung mit der Praxis nicht zulassen. Das liegt daran, dass diese oft auf künstlich erzeugten und konstruierten Nutzungsszenarien und Aufgaben basieren und dadurch jedoch die Komplexität der Nutzungspraxis nur unzureichend berücksichtigen. Die Durchführung von szenarien-basierten Nutzungstests bspw. ermöglicht, wenn auch nur mit sehr hohem Aufwand, die Auseinandersetzung mit unterschiedlichen und verteilten Nutzern und deren komplexen Anwendungspraxen. Dies liegt auch daran, dass Methoden und Vorgehensweisen nur für einen begrenzten Zeitraum vorgesehen sind. Schon die Analyse in Abschnitt 2.2 hat gezeigt, wie wichtig Langzeitstudien sind, um bestehende Praxen und deren Entwicklungen nachvollziehen zu können.

Insbesondere der Umgang mit unterschiedlichen Nutzern und Nutzergruppen, wie sie auch im interorganisationalen Krisenmanagement zu finden sind, wird in etablierten Usability-Engineering-Prozessen und im UE-Methodenportfolio nur unzureichend berücksichtigt. So wird zwar z.B. in der DIN ISO 9241 Teil 210 (s. Abschnitt 2.1.1.6) die Einbeziehung multidisziplinärer Gruppen empfohlen, Hilfestellungen und Werkzeuge werden indes nicht zur Verfügung gestellt. Demzufolge ist die Einbeziehung von Nutzern mit unterschiedlichen arbeitskulturellen Hintergründen, etablierten Praxen, individuellen Arbeitssituationen (z.B. handlungsaktive Zeiten, Schichtdienste, ehrenamtliche Tätigkeit, etc.) oder Sprachen im UE nicht ausreichend unterstützt.

Aus den genannten Defiziten ergeben sich abschließend folgende Anforderungen an ein zukünftiges Vorgehensmodell und Entwicklungswerkzeuge:

1. *Berücksichtigung der Nutzungsphase*
Zukünftige UE-Vorgehensmodelle und -Werkzeuge müssen die konkrete Nutzung mit berücksichtigen, um auf veränderte und zuvor nicht antizipierbare Rahmenbedingungen und Nutzungsszenarien entsprechend reagieren zu können.

2. *Tiefere Auseinandersetzung mit der Praxis*
    Zukünftige UE-Vorgehensmodelle und UE-Werkzeuge müssen die tiefere
    Auseinandersetzung mit der Praxis ermöglichen. Hier müssen zwei Ebenen
    berücksichtigt werden: Zum einen die inhaltliche Ebene, um komplexe Ar-
    beitspraxen, Arbeitsstrukturen etc. angemessen berücksichtigen zu können.
    Zum anderen die zeitliche Ebene, um Nutzungsentwicklungen auf lange
    Sicht beobachten und dadurch fehlerhafte Rückschlüsse minimieren zu kön-
    nen.

3. *Berücksichtigung von heterogenen Nutzern und Nutzergruppen*
    Zukünftige UE-Vorgehensmodelle und -Werkzeuge müssen heterogene
    Nutzer und Nutzergruppen sowohl auf der Prozessebene als auch auf der
    Werkzeugebene berücksichtigen und in den Entwicklungsprozess integrie-
    ren.

4. *Berücksichtigung von unterschiedlichen Arbeitssituationen*
    Zukünftige UE-Vorgehensmodelle und -Werkzeuge müssen die unterschied-
    lichen Arbeitssituationen, wie z.B. handlungsaktive Zeiten, Schichtdienste
    etc., bei der Durchführung von UE-Maßnahmen berücksichtigen.

5. *Berücksichtigung von räumlich und zeitlich getrennten Akteuren*
    Zukünftige UE-Vorgehensmodelle und -Werkzeuge müssen berücksichti-
    gen, dass relevante Akteure (Nutzer, Entscheider) räumlich und zeitlich von
    Entwicklern oder Usability-Experten getrennt sein können und dadurch die
    Auseinandersetzung mit Akteuren vor Ort erschwert wird.

5 Erste Iteration: Evaluation von Feedbackpraxen im Krisenmanagement

In der 1. Iteration galt es, Feedbackpraxen in der zuvor beschriebenen Beispieldomäne (vgl. Kapitel 4) zu explorieren und erste Anforderungen und Designempfehlungen für ein insitu Feedbackwerkzeug zu diskutieren und zu evaluieren. Dazu wurde eine Studie mit 12 Vertretern aus Krisenmanagement und Softwareentwicklung durchgeführt. Die Studie teilte sich in zwei Teile auf. Der erste Teil hatte als Ziel zu beobachten, wie Nutzer Probleme mit der Gebrauchstauglichkeit eines Anwendungssystems wahrnehmen und diese beschreiben und welche Herausforderungen dabei bestanden. Dazu wurde mit sechs Vertretern aus dem Krisenmanagement eine Evaluation von Anwendungssystemen (die in Abschnitt 5.1 beschrieben werden) durchgeführt. Die auftretenden Usability-Probleme sollten die Probanden mit Hilfe eines Fragenbogens beschreiben. Im Anschluss wurde ein Interview durchgeführt, damit Probleme bei der Beschreibung, alternative Artikulierungsformen und die Integration in den Arbeitsalltag näher erläutert werden konnten. Im zweiten Teil der Studie wurden die Ergebnisse aus dem ersten Teil sechs Entwicklern vorgelegt, um den Prozess und die Herausforderungen bei der Problemreproduktion und die sich daraus ergebenden Arbeitsabläufe der Entwickler näher zu untersuchen. Daneben wurden andere alternative Darstellungsformen der Problembeschreibungen und automatisch generierte quantitative Daten auf ihren Wert für die Nachvollziehbarkeit von Nutzerberichten, diskutiert. Aus den Ergebnissen der beiden Studienteile wurden daraufhin erste Anforderungen an Design und Prozess von in-situ Feedbackmechanismen ermittelt.

Bevor die Ergebnisse der Studie vorgestellt werden, werden die eingesetzten Anwendungssysteme (SiRena und Interorganisationale Lagekarte) vorgestellt, die für die Studie eingesetzt wurden. Daraufhin werden die verwendete Methodik, die Probanden und der Ablauf vorgestellt.

5.1 Verwendete Anwendungssysteme und deren -praxis

In Kapitel 4 wurde bereits das Forschungsfeld beschrieben, in das diese Arbeit eingebettet ist. In diesem Abschnitt werden nun die zwei Anwendungssysteme und deren Praxis vorgestellt, die als Grundlage für die Erforschung des community-basierten Feedbacksystems zur Verfügung standen. Sie dienten in der ersten Iteration als Forschungsinstrumente, um damit erste Erkenntnisse zu Feedbackpraxen sammeln zu können, in die in der zweiten Iteration das entwickelte Feed-backwerkzeug mit Community-Unterstützung eingebunden wurde. Diese Syste-me wurden innerhalb des InfoStrom-Projektes entwickelt. Es ist anzumerken, dass beide Systeme allen Akteuren im Kreis Siegen-Wittgenstein und Rhein-Erft-Kreis zur Verfügung standen und auch genutzt wurden. Allerdings wurden die Systeme nur parallel zu den bestehenden operativen und strategischen Kri-senmanagementsystemen verwendet. Dadurch konnten zwar sehr gute Ergebnis-se aufgrund der entsprechenden Akteure und Praxisnähe gewonnen werden, jedoch kann nicht von einer direkten Integration in den Arbeitsalltag gesprochen werden.

Beide Anwendungssysteme basieren auf einer flexiblen, schnittstellen-unabhängigen Webinfrastruktur, die parallel zu den bestehenden Hard- und Softwaresystemen (wie z.B. Leistellensystemen) existiert und durch geeignete Schnittstellen die Anbindung der jeweiligen IT-Systeme miteinander verbindet. Abbildung 29 zeigt den Aufbau und das Zusammenspiel der Werkzeuge. Im Herzen dieser Infrastruktur befindet sich die *SiRena*, ein interorganisationales soziales Intranet. Innerhalb der *SiRena* befindet sich eine *interaktive Lagekarte* zur interorganisationalen Lageeinschätzung. Auf Informationen zur Lageein-schätzung kann über einen *Informationspool* zugegriffen werden, der Informati-onen aus unterschiedlichen Quellen (z.B. Leistellensystemen) sammelt und be-reitstellt. Es werden jetzt jeweils die beiden Systeme beschrieben und nähere Angaben zu deren Einbettung in der tatsächlichen Praxis erläutert.

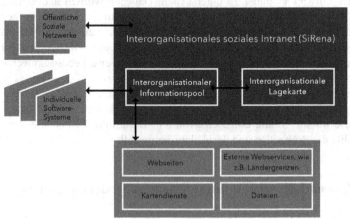

Abbildung 29: Schematischer Aufbau der Sicherheitsarena

5.1.1 Interorganisationales soziales Intranet (SiRena)

Die Basis der Sicherheitsarena bildet ein webbasiertes, nur für Behörden und Organisationen mit Sicherheitsaufgaben (z.b. Polizei oder Feuerwehr) bestimmtes soziales Intranet. Ziel der *SiRena* (s. Abbildung 30) ist es, Einblicke in die Arbeitsweisen anderer Organisationen zu ermöglichen und dadurch interorganisationales Lernen zu fördern.

Über zentrale Profilseiten soll die Kontaktanbahnung erleichtert und der Aufwand für die Adressbuchpflege reduziert werden. Es können intra- und interorganisationale Arbeitsgruppen angelegt werden, in denen gemeinsame Diskussionen, Abstimmungen oder Planungen durchgeführt werden können. Dafür stehen Werkzeuge der direkten Kommunikation zur gemeinsamen Terminfindung und Dokumentenbearbeitung und -austausch zur Verfügung. Mittels des personengebundenen Zugriffsmechanismus und eines entsprechenden Rechtemanagements werden die Aspekte des Datenschutzes und der Sicherheit gewährleistet.

Abbildung 30: Interorganisationales soziales Intranet (SiRena)

Die SiRena-Plattform wurde Anfang 2012 online geschaltet. Zum Zeitpunkt dieser Arbeit waren über 400 Akteure von Polizei, Feuerwehr, Verwaltung, Energieversorger und weiteren Hilfsorganisationen wie Deutsches Rotes Kreuz oder Malteserhilfsdienst vorwiegend aus dem Kreis Siegen-Wittgenstein, aber auch aus dem Rhein-Erft-Kreis registriert. Während dieser Zeit wurden über 30 Arbeitsgruppen zu organisationsinternen (bspw. zur eigenen Koordination) und organisationsübergreifenden (bspw. Digitalfunkeinführung) Themen gebildet. Es wurden über 12.000 Nachrichten versendet, 54 Statusmeldungen gepostet,

knapp 4.000 Kontaktanfragen gestellt, 371 Dateien bereitgestellt und 40 gemeinsam bearbeitbare Dokumente erstellt.

5.1.2   Interorganisationale Lagekarte

Ein weiteres Anwendungssystem stellt die interorganisationale Lagekarte dar.
Sie ist in die zuvor beschriebene SiRena integriert und nutzt deren Nutzerma-
nagement. Die Lagekarte hat die Aggregation und Teilung lagespezifischer Informationen zur Schaffung eines gemeinsamen Lageverständnisses als Ziel. Um
dies zu erreichen, liegt der Fokus der Karte auf vier Bereichen. Erstens, die Lagekarte ermöglicht die Einbindung und die aggregierte Darstellung gängiger
geographischer Datenformate aus unterschiedlichen Quellen. Eigene Ortsinfor-
mationen können angelegt und mit Dokumenten, wie Bilder oder PDFs, versehen
werden. Aber auch externe Informationen, z.B. Webseiten oder georeferenzierte
Karten, können mittels WMS (Web Map Service) oder WFS (Web Feature Service) eingebunden werden.

Abbildung 31: Interorganisationale Lagekarte

Abbildung 31 zeigt ein Beispiel. In diesem Fall werden auf der Karte eigens
angelegte Kontaktinformationen zu einem Krankenhaus und Wasserschutz-
gebieten, die vom GeoServer NRW[11] als WMS bereitgestellt werden, angezeigt.
Zweitens, die Ergebnisse im InfoStrom-Projekt haben gezeigt, dass jeder Akteur
seine individuellen Informationsbedarfe hat, um seine Aufgabe durchführen zu
können. Dementsprechend unterstützt die Lagekarte den Akteur dabei, sich die
Informationen bedarfsgerecht zusammenzustellen. Auf einfache Weise können

---

[11] http://www.geoserver.nrw.de

Informationen, die benötigt werden, hinzugefügt oder entfernt und ein- und ausgeblendet werden. Drittens, Karten können ebenfalls organisationsübergreifend geteilt werden. Dadurch können zur Lageeinschätzung mehrere Akteure synchron Informationen auf der Karte anzeigen lassen und Annotationen vornehmen. Durch zusätzliche mobile Apps lässt sich die Lagekarte ebenfalls ad hoc mit Einsatzkräften vor Ort teilen, wodurch schnell ein gemeinsames Lageverständnis geschaffen werden kann. Viertens, zum schnellen Auffinden von verfügbaren Informationen steht der Lagekarte ein interorganisationaler Informationspool zur Verfügung. Dort sind alle Informationen zentral referenziert und können von den Akteuren selbst ergänzt werden und stehen dann auch anderen Kollegen zur Verfügung. Grundsätzlich stand die Entwicklung der Lagekarte unter der Prämisse, dass zukünftige Nutzungen nicht vollständig vorausgesagt und somit Entscheidungen und Informationsbedarfe nicht immer im Vorfeld antizipiert werden können. So war das Ziel, ein Anwendungssystem mit Werkzeugen zu entwickeln, das den Nutzern ermöglicht, auf veränderte Rahmenbedingungen entsprechend reagieren und das System in-situ so anpassen zu können, dass es den Bedürfnissen des einzelnen Nutzers entspricht. Weitere Informationen zur interorganisationalen Lagekarte ist in folgender Arbeit zu finden: (Ley et al., 2012b)

Die Lagekartenanwendung wurde Ende 2012 in der SiRena freigeschaltet. Eine begrenzte Nutzergruppe hatte Zugriff auf die Lagekarte. Zum Zeitpunkt dieser Arbeit konnten 51 Akteure das Kartensystem nutzen.

5.2 Methodik und Ablauf

Die Studie wurde mit insgesamt zwölf Probanden durchgeführt. Tabelle 5 zeigt die sechs Vertreter der teilnehmenden Organisationen (Feuerwehr, Polizei, Energieversorger und vom Technischen Hilfswerk, (THW)) und sechs Entwickler, von denen jeweils zwei für die Entwicklung der SiRena und vier für die Entwicklung der Lagekarte verantwortlich waren.

Tabelle 5: Probanden (Nutzer/Entwickler) Feedbackstudie

Nr.	Organisation	Rolle
A	Feuerwehr	Leistellenleiter
B	Energieversorger	Leitstellendisponent
C	THW	Gruppenführer
D	Polizei	Führung- und Lagedienst
E	Polizei	Leiter Kreispolizeibehörde
F	Feuerwehr	Löschzugführer
1	Universität Siegen	Entwickler Lagekarte
2	Universität Siegen	Entwickler Lagekarte
3	Universität Siegen	Entwickler SiRena
4	Universität Siegen	Entwickler Lagekarte
5	Universität Siegen	Entwickler Lagekarte
6	Universität Siegen	Entwickler Lagekarte/SiRena

Nutzerstudien

Die Nutzerstudien teilten sich jeweils in ein einführendes Gespräch, in einen szenarien-basierten Walkthrough mit der Anwendung der Thinking-Aloud-Methode und ein anschließendes semi-strukturiertes Interview auf. Die Studien mit den Probanden A-C wurden an der Universität Siegen durchgeführt, die Studien mit Probanden D-F bei den Probanden vor Ort.

Abbildung 32: Proband bei der Durchführung des szenarien-basierten Walkthroughs

Einführendes Gespräch: Das einführende Gespräch wurde in Form eines teilstrukturierten Interviews durchgeführt (s. Anhang A 2.2). Es diente dazu, den Hintergrund des Probanden (Rolle, Tätigkeiten, Computererfahrung) zu ermitteln und erste Vorkenntnisse zu Feedbackverfahren abzufragen.

Szenarien-basierter Walkthrough: Darauf aufbauend befassen sich die Probanden mit der SiRena und der interorganisationalen Lagekarte. Hier sollen vier verschiedene Aufgaben gelöst und dabei laut gedacht werden. Abbildung 32 zeigt einen Probanden bei der Beschreibung eines Usability-Problems. Die Aufgaben umfassen dabei die Bereiche: Registrierung, Anmeldung, Gruppenaktivitäten, Lagekarte. Neben dem lauten Denken wird der Proband darauf hingewiesen, dass sobald ihm ein Problem auffällt – egal welcher Art –, dieses berichtet werden soll. Für den Bericht steht ein Fragebogen mit zehn Fragen (s. Anhang A 2.1) zur Verfügung, der auf dem Fragebogen zur Problembeschreibung von Castillo aufbaut (Castillo, 1997). Der Fragebogen dient zur Beschreibung von Problemen, Erwartungen, Wichtigkeit, ausgeführten Tätigkeiten zuvor und von Lösungsvorschlägen. Der Fragebogen wurde als verlinkte Webseite in die SiRena eingebunden und die Feedbacks wurden in eine MySQL-Datenbank abgespeichert (s. Abbildung 33). Während des szenarien-basierten Walkthroughs wurden alle Nutzerinteraktionen mittels eines Screencapturing-Werkzeuges aufgezeichnet.

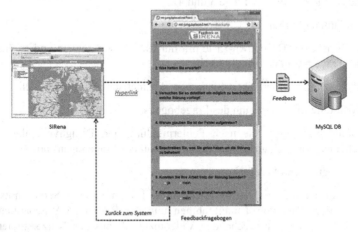

Abbildung 33: Einbindung des Fragebogens in die Testumgebung

Teilstrukturiertes Interview: Für die abschließenden Interviews wurden den Probanden die ausgefüllten Problemberichte noch mal vorgelegt, um Inhalte, Aufbau, Herausforderungen beim Ausfüllen noch einmal näher zu analysieren. Ebenso wurden Ideen für zukünftige Feedbacksysteme erfragt und unter Vorlage von existierenden Feedbacksystemen von Google+[12] und getSatisfaction.com[13] diskutiert und bewertet. (s. Anhang A 2.2)

Die einzelnen Nutzerstudien wurden mit Videokamera und Audiorecorder aufgezeichnet und dauerten jeweils zwischen 1 - 1 ½ Stunden.

Entwicklerstudien
Die Entwicklerstudien teilten sich in die Auseinandersetzung mit den Problemberichten, die Bewertung des Feedbackfragebogens und die Diskussion von Designideen auf.

Auseinandersetzung mit den Problemberichten: Ausgewählte Problemberichte aus den Nutzerstudien wurden den entsprechenden Entwicklern vorgelegt. Die Entwickler sollten versuchen, die gemeldeten CIs nachzuvollziehen. Dazu wurden sie gebeten, laut zu denken.

Bewertung des Feedbackfragebogens: In diesem Abschnitt wurden der Aufbau sowie die beinhalteten Fragen durch die Probanden untersucht. Dabei ging es um Struktur, Formulierung und sinnvolle Ergänzungen.

Diskussion von Designideen: Nachdem die Entwickler eigene ergänzende Ideen zuvor hervorbringen konnten, wurden im letzten Schritt entwickelte Designideen in Form von Mock-ups vorgelegt. Dazu zählt:

- Zusammenlegung der Frage 3 und 4.

- Varianten der Frage 8.

- In Form einer Dropdown-Liste mit nur fünf Ausprägungen und ergänzt um die Frage nach der Dringlichkeit.

- Umsetzung in einer Likert-Skala von „kosmetisch" bis „funktionell".

- Positionierung zu Beginn des Fragebogens.

- Einleitende Frage, die nach Fehlermeldung und Designvorschlag unterscheidet, was sich auf den weiteren Aufbau des Fragebogens auswirkt.

- Einbindung von Screenshots.

Neben den Mock-ups und der Möglichkeit der Einbindung von Screenshots wird auch der Vorschlag von Tonaufnahmen und der Bedarf an Videoaufnahmen (unter Sichtung des entsprechenden Videomaterials aus den Nutzerstudien) im Feedback diskutiert.

Die einzelnen Entwicklerstudien wurden mit Audiorecorder aufgezeichnet und dauerten jeweils ca. 1 Stunde.

---

[12] https://plus.google.com/

[13] https://getsatisfaction.com/

5.3 Ergebnisse der Nutzerstudien

Die User-Interviews zeigen, dass die Probanden grundsätzlich bereit und in der Lage waren, einen solchen Feedbackbogen auszufüllen. Dennoch wird deutlich, dass sie das nicht bei jedem Problem machen und auch unterschiedlich detailliert. Für die Analyse der erhobenen Daten eignet sich gut der Vergleich mit den Ergebnissen von Castillo et al. (Castillo et al., 1998), da deren Evaluationsaufbau dem der hier durchgeführten Studie ähnelt.

5.3.1 Analyse der Fragebögen

Die Evaluation mit den sechs Teilnehmern hat im Durchschnitt 64,5 Minuten gedauert und es konnten insgesamt 21 Critical Incidents (CI) ermittelt werden. Jeder Teilnehmer hat somit im Schnitt 3,5 CIs gemeldet. Tabelle 6 zeigt die Verteilung der beantworteten Fragen. Dabei ist auffällig, dass die Fragen 1 bis 3 sowie 6 bis 8 mindestens 20 von 21mal in den Fragebögen ausgefüllt wurden. Dabei handelt es sich bei den Fragen 1 bis 3 um Fragen, die per Freitextfeld beantwortet werden sollten, während die Fragen 6 bis 8 durch Radio-Buttons und feste Antwortvorgaben (geschlossene Ja/Nein-Frage bzw. Ratingskala) gebildet wurden. Dieses impliziert zunächst, dass es dem Nutzer keine Mühe gemacht haben hat, diese Fragen zu beantworten, oder er diese als besonders wichtig ansieht. Andererseits impliziert es, dass offene Fragen durch den Nutzer ebenso oft beantwortet werden wie schneller zu beantwortende geschlossene Fragen. Dieser Effekt muss dementsprechend auf die Fragestellung zurückzuführen sein bzw. darauf, ob der Nutzer diese beantworten kann.

Dieses zeigt sich ebenfalls an den weiteren Ergebnissen, da die ebenfalls offenen Fragen 4, 5 und 9 in nur 15 bis 17 von 21 Fällen ausgefüllt wurden. Frage 10 wurde in nur zwei Fragebögen beantwortet. Das lässt vermuten, dass Frage 10 in der zukünftigen Entwicklung nicht mehr berücksichtigt werden muss. Berücksichtig man außer den Einzelergebnissen den Median der ausgefüllten Feedbacks, welcher bei 9 beantworteten Fragen pro Fragebogen liegt, dann könnte an dieser Stelle auch vermutet werden, dass die Länge des Fragebogens nicht zu groß ist. Der Median wird an dieser Stelle gewählt, weil ein Fragebogen lediglich 4 beantwortete Fragen aufweist und damit bei 21 Fragebögen zu sehr ins Gewicht fallen würde. Der Durchschnitt würde ohne die Berücksichtigung bei 8,2 beantworteten Fragen pro Fragebogen liegen.

Tabelle 6: Übersicht über die beantworteten Fragen des Feedbackbogens

Frage Nr.	Antwortart	Anzahl der Antworten - absolut -	Anzahl der Antworten - relativ -
1	Freitext	21	100
2	Freitext	20	95,23
3	Freitext	21	100
4	Freitext	16	76,19
5	Freitext	17	80,95
6	Ja/Nein	20	95,23
7	Ja/Nein	20	95,23
8	Ratingskala	20	95,23
9	Freitext	15	71,43
10	Freitext	2	9,52
	Summe	172	81,90

Als letztes Einzelergebnis muss an dieser Stelle Frage 8 untersucht werden. Mit dieser Frage mussten die Teilnehmer die Schwere des CIs anhand einer Ratingskala über fünf Stufen bewerten. Die einzelnen Stufen werden hier durch einen begleitenden Text detailliert erklärt. Dabei hat sich gezeigt, dass das fünf Stufen entweder zu viele sind oder die begleitenden Texte den Fehler nicht eindeutig einstufen lassen oder sogar den Nutzer in seiner Wahl beeinflussen.

Stufe 4 „großes Problem" wurde zum Beispiel nie ausgewählt, während die höchste, Stufe 5 „kritisches Problem", siebenmal ausgewählt wurde. In einem Feedback wurde diese Einschätzung gar nicht getätigt. Tabelle 7 zeigt die einzelnen Bewertungen noch einmal übersichtlich.

5.3.2 *Analyse des gesammelten Datenmaterials*

Die Äußerungen der Probanden konnten als primäre Datenquelle zur Analyse der Evaluation auf das Nutzerverhalten genutzt werden. Unterstützt wurde diese durch das aufgenommene Video der Bildschirmaktionen und durch die Aufnahmen der Videokamera. Es zeigte sich, dass die Ergebnisse von Castillo et al. (Castillo et al., 1998) zum Teil bestätigt werden konnten. So sind Nutzer in der Lage, wie oben gezeigt, ihre Fehler selbständig zu melden.

Tabelle 7: Verteilung der Antworten auf „Beschreiben Sie die Schwere der Störung"

Frage	Beschreibung	Anzahl der Antworten - absolut -
8.a	Kleines oder kosmetisches Problem; taucht selten auf; beeinträchtigt Ihre Arbeitsleistung nicht.	4
8.b	Kleines Problem; taucht öfter auf; beeinträchtig etwas Ihre Arbeitsleistung.	4
8.c	Mittleres Problem; die Aufgabe konnte gelöst werden, jedoch nicht ohne zusätzlichen Aufwand; Sie sind etwas unzufrieden; der Fehler hat Ihre Arbeitsleistung beeinträchtigt.	5
8.d	Großes Problem; tritt aber nicht häufig auf; hat geringe Auswirkung auf Ihre Arbeitsleistung oder Zufriedenheit.	0
8.e	Kritisches Problem; tritt häufig auf; der Fehler ist kostspielig und Sie sind unzufrieden; die Aufgabe konnte nicht erfüllt werden.	7
		20

5.3.2.1 Gemeldete CIs und aufgetretene CIs

Das Ausmaß, in dem sie das tun, liegt jedoch deutlich darunter, wie viele Fehler sie hätten melden können. Tabelle 8 zeigt eine Übersicht aller gefundenen und durch den Nutzer gemeldeten CIs nach der Datenanalyse. Insgesamt konnten in der Datenanalyse, neben den 21 gemeldeten CIs, weitere 33 CIs unterschiedlicher Ausprägungen festgestellt werden, die nicht gemeldet wurden. D.h., die Nutzer meldeten nur 21 von insgesamt 54 der CIs. Dieser Wert erscheint im ersten Moment gering. Sortiert man jedoch die gefundenen CIs in drei Kategorien von gering bzw. kosmetisch über mittel bis kritisch ein, so wurden 10 von 13 kritischen Fehlern sowie 11 von 16 mittleren Fehlern gemeldet. Die Motivation der Nutzer, einen CI zu melden, ist also abhängig von der Schwere des CIs: Je schwerer der CI, desto eher wird dieser gemeldet. Darüber hinaus wurde keiner der 25 aufgedeckten leichten bzw. kosmetischen CIs gemeldet. Die Analyse hat jedoch ergeben, dass die Teilnehmer meistens zum Melden der CIs aufgefordert werden mussten. Die Nutzer sind also in der Lage, CIs eigenständig zu melden, tun dieses jedoch nicht zwingenderweise. Insgesamt wurde 17-mal auf die Meldung eines CI hingewiesen, von denen dann auch 14 gemeldet wurden. Einerseits bedeutet dieses, dass der Nutzer 3 von 17 der hingewiesenen CIs nicht gemeldet hat. Andererseits bedeuten 14 gemeldete CIs nach Aufforderung, bei 17 Feedbacks insgesamt, dass der Nutzer bei fast jedem gemeldeten CI zur Erstellung eines Feedbacks aufgefordert werden musste.

Tabelle 8: Übersicht aller gefundenen und durch die Nutzer gemeldeten CIs nach der Datenanalyse

Teilnehmer	kleiner CI		mittlerer CI		kritischer CI		CI	
	gefunden	gemeldet	gefunden	gemeldet	gefunden	gemeldet	hingewiesen	gemeldet
A	4	0	3	2	3	1	4	2
B	5	0	4	4	2	2	2	2
C	8	0	4	2	3	3	5	4
D	1	0	1	0	1	1	1	1
E	3	0	3	2	2	1	3	3
F	4	0	1	1	2	2	2	2
Summe (absolut)	25	0	16	11	13	10	17	14
Summe (relativ)	46,30	-	29,63	-	24,07	-	31,48	-
Anteil (relativ)	-	0	-	68,75	-	76,92	-	82,35

5.3.2.2 Zeitspanne bis zur Meldung

Ein weiteres Ergebnis in (Castillo et al., 1998), war, dass die zeitliche Spanne zwischen dem Auftreten eines CI und der Meldung von der Schwere des CI abhängig ist. Das konnte in der vorliegenden Studie ebenfalls festgestellt werden. So liegt die zeitliche Differenz zwischen dem Auftreten des CI und der Meldung durch ein Feedback bei einem CI mittlerer Schwere im Schnitt bei 01:18 Minuten, während sie bei einem Fehler kritischer Ausprägung mit 02:11 Minuten bei dem 1,6-fachen liegt. Das bedeutet, wie auch schon Castillo et al. beschrieben haben, dass sich der Nutzer erst bewusst werden muss, welches Problem vorliegt und welches Ausmaß dieses besitzt, ehe er darauf reagiert. Dieses wird deutlich bei einem kritischen Fehler von Proband D (Zeitmarke des CIs 01:13:47), bei dem die zeitliche Differenz sogar 13:37 Minuten betrug. In dieser Spanne konnten mehrere CIs festgestellt werden, die dann zu dem gemeldeten Gesamt-CI geführt haben.

Die Betrachtung der zeitlichen Differenz führt weiter zu dem Schluss, dass eine Festlegung des zeitlichen Rahmens für z.B. eine automatische Videoaufzeichnung des Nutzers vor Meldung eines CIs nur sehr schwer möglich ist. Castillo et al. konnten dieses ebenfalls feststellen. Um einen Rahmen dafür auszumachen, könnte hier der Median aller gemeldeten CIs betrachtet werden. Dieser liegt bei 01:25 Minuten. Zwar können dadurch nicht alle CI mit aufgezeichnet werden. Es bietet aber die Möglichkeit, einen Großteil aufzunehmen, und somit ein gutes Verhältnis aus Brauchbarkeit und Datenvolumen.

5.3.2.3 Länge des Fragebogens

Die Betrachtung des Umfangs des Fragebogens ergab, dass dieser insgesamt zu aufwendig aus Sicht der Nutzer ist. Proband B beschreibt diesen als *„schon fast zu lang [...] dass er mir persönlich etwas kürzer lieber gewesen wäre"* (B, 00:45:27). Proband C findet den Fragebogen ebenfalls als *„ziemlich lang"* (C, 00:16:09). Sogar so lang, dass er aus diesem Grund einen CI nicht meldet: *„Da der Fragebogen so unglaublich lange ist, mache ich jetzt keinen Beitrag"* (C, 00:33:50). Auch die Motivation für das zukünftige Ausfüllen des Fragebogens geht einher mit dieser Problematik: *„Wahrscheinlich würde ich das irgendwann später kürzer machen"* (C, 01:45:20). Zurückgeführt werden könnte dieses Problem auf die Gestaltung der Fragen, denn *„er fühlt sich schon verdammt zäh an, dadurch dass der so lang ist und sich die Fragen zum Teil überschneiden"*(C, 01:48:10). Proband A bestätigt dieses: *„Ich musste viel zu viel schreiben [...] wenn derjenige fünf Texte schreiben muss, hat der keiner Bock mehr, wird die Feedback-Funktion nicht nutzen [...] ich habe den Eindruck, dass die Fragen ein bisschen doppelt sind"* (A, 00:41:32).

Dagegen halten Probanden D und E den Umfang für angemessen: „Über-flüssig finde ich eigentlich nichts. Man muss ja nicht alles ausfüllen, wenn die nicht in Fragekommen oder weil man Sie nicht beantworten kann." (D, 00:41:24) Proband E: „[...] ist ja keine Prosa, sondern in einer Minute ist man ja mit dem Fragebogen einigermaßen durch."(E, 00:26:18). Proband F würde die letzten drei Fragen weglassen. „Ich würde sagen, mich als Nutzer interessieren die gar nicht. Höchstens Punkt 10 noch aber auch nur um nicht Sachen zusammen zufassen." (F, 00:38:35).

Dementsprechend sollten als nächstes Gestaltung und Auswahl der Fragen betrachtet werden. Die Bereitschaft zum Ausfüllen eines Antworttextes ist eben nicht nur von der Fähigkeit, diese zu beantworten, abhängig, sondern von zwei weiteren Faktoren: Erstens davon, ob der Nutzer das Gefühl hat, dass sich die Fragen bzw. deren Antworten mit anderen überschneiden. Zweitens wie viele Freitextantworten er bereits geben musste: *„Von daher fände ich die Länge noch nicht einmal das Kritische, sondern dass die gleichen Informationen in verschiedenen Varianten dargestellt werden müssen"* (B, 01:05:22). *„Überflüssig finde ich eigentlich nichts. Man muss ja nicht alles ausfüllen, wenn die nicht in Frage kommen oder weil man Sie nicht beantworten kann."* (D, 00:41:24).

5.3.2.4 Analyse der einzelnen Fragen

Frage 1: „Was wollten Sie tun, bevor die Störung aufgetreten ist?" war aus Sicht der Nutzer in Ordnung und wird auch als notwendig angesehen: *„Ok, das muss man kurz beschreiben"* (A, 00:42:35); *„Ich finde das als Nutzer ok zu schreiben, was ich tun wollte, damit das jemand nachvollziehen kann – das finde ich gut"*

(C, 01:37:40). Jedoch könnte diese Frage umformuliert werden, da das Wort Störung schon zu viele Implikationen mit sich ziehen könnte (C, 01:38:01). Es muss ja nicht zwingend eine Störung vorliegen, wenn es sich zum Beispiel um ein kosmetisches Problem handelt.

Frage 2: „Was hatten Sie erwartet?" dazu haben sich die Teilnehmer unterschiedlich geäußert. Für Teilnehmer A ist sie überflüssig bzw. kann mit Frage 3 zusammengelegt werden: *„Das, was ich erwartet hätte, und die Störung genau zu beschreiben, ist fast deckungsgleich"* (A, 00:42:43), während die Frage für Teilnehmer C *„Ok"* ist, aber *„andererseits von der Fährte wieder wegleiten"* kann (C, 01:38:55). Diese Frage sollte also noch näher durch die Entwickler betrachtet werden. Teilnehmer E findet: *„Hier ist eine gewisse Dopplung: ,Was hatten Sie erwartet?' und ,Versuchen Sie die Störung zu beschreiben.'"* (E, 00:27:36).

Frage 3: „Versuchen Sie so detailliert wie möglich zu beschreiben, welche Störung vorliegt!". Proband A war der Ansicht, dass man diese mit Frage 2 zusammenfassen könnte. Andere Teilnehmer äußerten sich weder positiv noch negativ.

Frage 4: „Warum, glauben Sie, ist der Fehler aufgetreten?" Diese Frage wurde von den Probanden als überflüssig, weil schon beantwortet, oder als generell schwer zu beantworten angesehen (A, 00:43:10)(C, 01:39:12). Proband F: *„Bei Punkt 4 kann man sich ein paar Sachen erklären, wenn man sich mit Computern auskennt und kann da Hilfe geben."* (F, 00:35:59)

Frage 5: „Beschreiben Sie, was Sie getan haben, um die Störung zu beheben!" *„macht [...] manchmal Sinn, ist aber oft eine Dopplung"* (C, 01:40:11). Proband A sieht hier eine Dopplung mit Frage 3 und der Beschreibung der Störung (A, 00:43:27).

Frage 6: „Konnten Sie Ihre Arbeit trotz der Störung beenden? ja/nein" hat das Problem, dass die Frage erst beantwortet werden kann, wenn der gesamte Arbeitsablauf abgeschlossen ist: *„Keine Ahnung [...] das weiß ich jetzt natürlich nicht, ob ich meine Arbeit trotzdem beenden konnte"* (B, 00:07:21).

Frage 7: „Könnten Sie die Störung erneut hervorrufen? ja/nein" wird von Proband C als wichtig empfunden, um einen Fehler reproduzieren zu können (C, 01:40:35).

Frage 8: „Beschreiben Sie die Schwere der Störung". Den zu meldenden Fehler nach der Schwere einzuordnen fällt hingegen nicht so leicht: *„finde ich unglaublich schwer trotz diesen Beschreibungen durch kritisch und mittel [...] das hilft mir nicht [...] Ich habe immer das Gefühl, dass, egal welchen Fehler ich habe, dieser nie richtig schön irgendwo hineinpasst"* (C, 01:40:49). Hier kann keine Aussage darüber gemacht werden, ob der Rahmen der Skala zu groß gewählt ist. Es kann jedoch festgehalten werden, dass die Art der Skala überdacht werden muss. Proband F hält die Frage für überflüssig: *„Das ist für mich* *in erster Linie gar nicht relevant, ob das ein kleines oder großes Problem ist. Es ist ein Problem und damit ist das für mich erledigt. Da habe ich auch keine Lust das auszufüllen.*" (F, 00:35:59); Proband E: "*Also dass man eine Priorisierung vornimmt, ist ja auch auf Seiten der Entwickler wichtig. Ich würde das auf 3 Kategorien beschränken. Also von "Gefährdet meine Arbeit" bis "Ist ein kosmetisches Problem" und noch etwas dazwischen.*" (E, 00:32:52).

Frage 9: „Welche Vorschläge haben Sie, um die Störung zu beheben?" wurde wiederum gegensätzlich bewertet. Proband C empfindet sie als *„ziemlich gut"* für Designvorschläge (C, 01:41:48), während Proband B sie als überflüssig einschätzt: *„Wenn ich oben schreibe, dass keine RWE-Daten vorhanden sind, dann ist ja logisch, dass ich mir vorstellen kann, dass man die nachpflegt. Gerade die Frage war mir schon fast zu viel."* (B, 00:45:38). Proband F hält die Frage für überflüssig: *„Vorschläge zur Behebung und Anregungen sind für mich, wenn ich ein Problem habe, eigentlich auch keine wichtigen Punkte. Für Vorschläge weiß ich zu wenig über das System, das dahinter hängt."* (F, 00:35:59).

Frage 10: „Haben Sie weitere Anregungen oder Kritiken?" wurde wie zuvor berichtet nur 2-mal ausgefüllt. Proband A empfand die Frage als Dopplung im Vergleich mit dem Vorschlag zu Fehlerbehebung (A, 00:48:30) und wurde bewusst ausgelassen. Proband B kommentiert diese Frage mit: *„Da habe ich jetzt auch nie etwas geschrieben"* (B, 00:46:02), während Proband C diese Frage nicht auf den CI an sich oder wie dieser ausgebessert werden kann bezieht, sondern als Rückfrage auf den Fragebogen (C, 01:42:53). So kann Frage 10 aus dem Fragebogen weggelassen werden. Als Kontrolle sollten ebenfalls die Entwickler dazu befragt werden. Laut Proband F übt man bereits mit dem Fragebogen Kritik: *„Und Kritik gibt man ja schon mit dem Absenden der Fehlermeldung."* (F, 00:35:59).

5.3.2.5 Geschlossene und offene Fragen

Die weiteren Aussagen haben gezeigt, dass Nutzer geschlossene Fragen bevorzugen, um den Aufwand so gering wie möglich zu halten. Trotzdem sehen Nutzer auch die Notwendigkeit von offenen Fragen ein, um bestimmte Sachverhalte zu erläutern, die nicht mit geschlossenen Fragen abgedeckt werden können (B, 00:46:21).

5.3.2.6 Motivation für Feedbacks

Die Motivation zur Abgabe eines Feedbacks ist davon beeinflusst, ob die Meldung eines Fehlers eine Reaktion nach sich zieht und ob diese auch für den Meldenden beobachtbar bzw. der derzeitige Status (B, 00:51:31) nachvollziehbar bleibt: *„Überhaupt die Vorstellung, dass da jemand sitzt, der Interesse daran haben könnte, ist für viele Leute noch eine sehr ungewohnte Vorstellung."* (C,

00:12:23); *„Man geht davon aus, dass nichts damit passiert."* (B, 00:58:29); *„Bei uns ist das genauso, dass gesagt wird, dass da was kommt und nach zwei Jahren nachfragt wird und man feststellt, dass man sich doch nochmal drum kümmern muss."* (A, 01:01:56). Proband D wünscht sich eine Rückmeldung von den Entwicklern: *„Wenn ich die Rückmeldung bekomme, dass der Fehler behoben wurde, den ich gemeldet habe."* (D, 00:43:25). Proband F: *„[...] hinterher noch Feedback zu bekommen. [...] Das wäre noch interessant, damit ich auch weiß, das wurde geändert. Wenn ich einen Fehler melde, würde ich das nach einiger Zeit noch einmal versuchen und wenn das dann immer noch nicht geht, kann es sein, dass ich die Anwendung nicht mehr nutze. Wenn ich aber ein Rückmeldung bekomme oder Fragen sind, wäre das besser."* (F, 00:39:51). Proband E erwartet eine persönliche Rückmeldung: *„Ich möchte wissen, dass nicht nur die Maschine das aufgenommen hat, sondern auch ein Mensch dahinter ist. Also eine E-Mail von jemandem der sagt: ‚Ich kümmere mich darum und melde mich nochmal.' Und wenn das dann eingearbeitet ist, sollte man gefragt werden: ‚War das so, wie du dir das vorgestellt hast?'"* (E, 00:30:08).

5.3.2.7   Anwendung von anderen Beschreibungsmethoden

Dem Einsatz von Screenshots als ergänzendes Mittel steht man offen gegenüber: *„eine Möglichkeit [...] ein Bild einzubinden, die optional ist [...] würde nicht schaden"* (B, 00:48:11). Proband C stimmt dem zu: *„Ich glaube schon, dass so etwas hilft"* (C, 00:08:38) ebenso wie die Probanden E: *„Screenshots könnte man noch dazu tun, um das zu markieren."* (E, 00:28:58), Proband D: *„Also am einfachsten ist es ja, wenn man den Fehler als Bild vor sich sieht. [...] Bei einem Bild kann man schon mehr erkennen als bei etwas Beschriebenen. Vor allem wenn jemand nicht so gut beschreiben kann."* (D, 00:39:44) und Proband F: *„[...] wäre so was wie eine Bildschirmaufnahme schon gut, um das dann anzuhängen. [...] Das wäre auch, was man auf jeden Fall auch machen würde."* (F, 00:45:07). Während Proband A aus seiner organisationalen Erfahrung darauf hinweist, dass eine Screenshot-Funktion so einfach wie möglich sein muss und „copy/paste"-Vorgänge umgangen werden müssen, da dieses nicht feuerwehr-freundlich sind (A, 00:45:45). Auch der Vorschlag, Tonaufnahmen als Ersatz oder ergänzendes Mittel für das schriftliche Feedbacksystem hinzuzuziehen, wurde positiv aufgenommen: *„Ich erzähle lieber, weil ich schreibfaul bin."* (A, 00:49:58). Des Weiteren stellt die Durchführung eines mündlichen Feedbacks auch keine Störung des betrieblichen Ablaufs dar: *„Nein, das wäre eigentlich unproblematisch. Lautstärketechnisch wäre das ja nichts anderes, als wenn ich telefonieren würde"* (B, 00:50:52).

5.4 Ergebnisse der Entwicklerstudien

Im nächsten Schritt wurden den Entwicklern Problembeschreibungen aus den Nutzerstudien vorgelegt. Aus zeitlichen Gründen wurden nicht alle Beschreibungen behandelt. So wurden für jeden Schweregrad repräsentative Problembeschreibungen ausgewählt. Es zeigt sich, dass die Reproduktion eines gemeldeten Problems der erste und wichtigste Schritt zur Lösung ist. In dem meisten Fällen genügt das geschriebene Feedback der Nutzer, um den Kern eines Problems zu verstehen. Dennoch werden von den Entwicklern weitere Informationen verlangt, um ein Problem oder einen Vorschlag besser zu verstehen und diesen nachgehen zu können.

5.4.1   Analyse der Fragebögen

Entwickler der Lagekarte
Den Entwicklern der Lagekarte war es möglich, die in den Feedbackbögen geschilderten Probleme nachzuvollziehen. Eine Problemlösung konnte dabei nicht immer getroffen werden, weil entweder die erforderlichen Daten fehlten (Fragebogen 10, 11) oder weil die Anforderungen anders vorgegeben waren (Fragebogen 16). Bereits während der Betrachtung der Feedbacks wurden erste Anforderungen und Ideen an das Feedbacksystem geäußert, die im Nachgang genauer diskutiert wurden.

Die Problemstellung in Fragebogen 9 wurde schnell erkannt, warf dann aber Verständnisprobleme auf. So konnte zunächst das Problem eingeordnet werden, ehe dann über den Grund des Problems diskutiert werden musste:

- Entwickler 1: „Sehe ich das richtig, dass der Kerl nicht den Kreis zum Verschieben erwischt hat, sondern die ganze Karte verschoben hat?" (1, 00:04:17).

- Entwickler 1:„So wie ich das jetzt hier lese, hat der Christian [Entwickler] das noch nicht fertig gehabt oder der, der den Fragebogen ausgefüllt hat, hat den Kasten in der Mitte nicht verstanden." (1, 00:05:41).

- Entwickler 2: „Ich glaube, die Funktion war noch nicht eingebaut zu dem Zeitpunkt." (2, 00:06:07).

- Entwickler 1: „Entweder war die noch gar nicht drin oder er hat tatsächlich den Kreis nicht getroffen, das könnte ja auch sein." (1, 00:06:21).

Das Problem wurde in der Folge mittels des Datums gelöst. Anzumerken ist, dass das Datum in den Fragebögen an sich nicht vorkommt. Hier war es lediglich auf dem Fragebogen vorhanden, damit dieser besser für den Durchführenden der

Evaluation einzuordnen ist. Das Datum ist, wie sich bereits an dieser Stelle gezeigt hat, ein wichtiges Element des Kontextes. Es hilft dabei herauszufinden, in welchem Zustand sich das System in der jeweiligen Situation befunden hat. *„Das Datum sollte auch schon immer dabei sein, damit man nachvollziehen kann, welche Funktionen zu dem Zeitpunkt da waren und welche nicht."* (1, 00:07:58).

Die Problemstellung in Fragebogen 10 ist für die Entwickler eindeutiger nachzuvollziehen (1, 00:12:21), jedoch nicht lösbar, da die entsprechenden Informationen nicht vorliegen: *„Das Problem ist schon zu verstehen, aber auf die Lösung haben wir direkt keinen Einfluss [...] wir bekommen die Informationen nur von den Webservices."* (2, 00:11:38). Die gleiche Problematik stellt sich in Fragebogen 11. Auch hier ist die Problemstellung nachzuvollziehen, eine Lösungsmöglichkeit kann auf Grund des fehlenden Inputs jedoch nicht bereitgestellt werden (2, 00:13:15). Es zeigt sich jedoch in diesen beiden Fällen auch, dass Rückfragemöglichkeiten auf Grund mangelnder Informationen über den Feedbackgeber fehlen (2, 00:09:00). Diese sollten dabei in der für den Nutzer besten Form hinterlegt werden können. Damit ist gemeint, dass er seinen Rückfragekanal frei wählen kann, ob Telefon oder E-Mail: *„Richtig, zum Beispiel: Ich bin am besten per Telefon zu erreichen!"* (1, 00:10:32). Der Kontakt per E-Mail wird dabei von den Entwicklern präferiert: *„Ich schreibe lieber E-Mails als zu telefonieren"* (1, 00:10:10).

Fragebogen 16 ist im Vergleich zu den vorherigen deutlich detaillierter ausgefüllt worden. Auch hier ist es für die Entwickler kein Problem, den Sachverhalt nachzuvollziehen: *„Er möchte, dass das Hinzufügen von Markern generell vereinfacht wird [...] die Fragen an sich sind klar gestellt."* (2, 00:15:35). Eine Problemlösung kann jedoch auch hier nicht getroffen werden, weil die Anforderungen an das System mit dem Feedback des Nutzers kollidieren (1, 00:17:25). Das Datum spielt wie im bereits zuvor betrachteten Feedback eine wichtige Rolle, da es an dieser Stelle genutzt wurde, um den Status und damit einhergehend die Funktionalität des Systems zu überprüfen (1, 00:17:40). Die weiteren Beschreibungen des Fragebogens reichen in diesem Problemfall nicht nur aus, sondern es wurde sich an dieser Stelle außerdem positiv über die Frage 9 des Fragebogens geäußert: *„An dem Punkt finde ich die Lösungsvorschläge sehr gut, weil sie gute Anreize für Lösungsmöglichkeiten bieten."* (2, 00:18:06).

Neben dem Datum und den Kontaktdaten fehlten den Entwicklern auch Informationen über die verwendeten Browser sowie über die Internetverbindung, damit Kompatibilitätsprobleme und Probleme auf Grund der Performance ausgeschlossen werden können: Es *„steht nie bei, welcher Browser benutzt wurde und wie schnell die Internetanbindung ist. Das könnte ja in einigen Fällen auch interessant sein, weil sie sich unterschiedlich verhalten."* (1, 00:20:03).

Fragebogen 18: Das Problem konnte von den Entwicklern 1 und 2 gut nachvollzogen werden, allerdings war die Formulierung für Entwickler 4 nicht eindeutig und es wurde nicht klar, wo das Problem aufgetreten ist: *„Die Formulierung ‚Fahne zum Objekt' werde ich nicht ganz schlau, was damit gemeint ist. Ich könnte mir vorstellen, dass damit zu einem Objekt auf der Karte ein Info-Window gemeint ist."* (4, 00:04:03). Der Entwickler würden zunächst versuchen das Problem zu reproduzieren um sich selbst ein Bild davon zu machen: *„So eine Beschreibung ist gut und schön, aber ich muss sehen, wie das passiert, ob z.B. irgendwelche Seiteneffekte oder Besonderheiten auftreten, um das Problem einzugrenzen."* (4, 00:05:24). Und Entwickler 5: *„Das mit der Beschreibung ist schon ok. Ich würde versuchen mich, durch das System zu klicken, um den Fehler zu reproduzieren, um mir einen Überblick über den aktuellen Stand zu verschaffen."* (5, 00:07:25).

Ebenfalls wurden für Entwickler widersprüchliche Angaben durch Nutzer gemacht: „Er hat ausgewählt, dass er die Störung nicht wieder hervorrufen konnte, aber bei der Schwere hat er angegeben, dass es ein kritisches Problem ist, das häufig auftritt." (5, 00:08:12) und Entwickler 4 meint: „ [...] laut Fehlerbeschreibung würde ich vermuten, dass sich das ganze dann wieder von vorne abspielt. Es wurde aber geantwortet, dass die Störung nicht wieder hervorgerufen werden konnte. Das ist für mich ein Widerspruch und könnte zu einem Problem führen." (4, 00:08:12). Dabei wird angemerkt, dass ein Screenshot helfen würde, das Problem besser zu verstehen: „Was mir fehlt ist so was wie ein Screenshot, weil ein Bild eben viel aussagekräftiger ist." (5, 00:08:12).

Entwickler 4 fehlt eine Zuordnung des Problems: *„Mir fehlt dafür eine Kategorie wie ‚Lagekarte' oder ‚Gruppenmodul' oder so. Das ist hier nicht erkennbar."* (4, 00:08:55). Zudem wäre es hilfreich, mit dem Nutzer in Kontakt treten zu können: *„Oder wenn ich mit ihm in Kontakt treten könnte. Wenn ich den Fehler nicht reproduzieren kann, könnte ich fragen welche Schritte er unternommen hat und wo das dann aufgetreten ist."* (4 ‚00:08:55).

Fragebogen 19: Entwickler 4 und 5 verstehen den Vorschlag und sind der Meinung, dass die Änderungen keinen großen technischen Aufwand darstellen. Bevor Sie die vorgeschlagene Änderung umsetzen, halten sie es jedoch für notwendig, Rücksprache zu halten: *„Das würde ich auf jeden Fall mit den wiss. MA besprechen, da solche Sachen Auswirkungen auf mehrere Szenarien haben."* (4, 00:13:45). Zudem sollten laut Entwickler 5 auch weitere Nutzermeinungen in Betracht gezogen werden: *„Aber das ist ja nur eine Person, die diese Meinung hat. Um zu entscheiden, ob man das macht, müsste man sich einen größeren Überblick über die Meinung der Nutzerschaft verschaffen."* (5, 00:11:36).

Fragebogen 20: Der Vorschlag, zu einer alten Version zurückzukehren, wurde von allen verstanden, dennoch sind sie abgeneigt, den Vorschlag einfach so umzusetzen. *„Gerade hier wäre Feedback an den Meldenden sinnvoll. Man sollte hier nochmal mit ihm reden."* (4, 00:17:34). Entwickler 6 würde hier auch weitere Anwender dazu befragen: *„Da es das schon mal gab, kann mach auch* *bei anderen Anwendern gut nachfragen, wie die das fanden."* (6, 00:19:22). *„Vielleicht könnte man noch diskutieren, wie die Markierung aussieht, welche Optionen man hat, eine Fläche darzustellen."* (6, 00:19:53).

Fragebogen 21: Das Problem wird allen 3 Entwicklern klar. Auch hier handelt es sich bei einer Änderung nur um einen geringen technischen Aufwand. Dennoch sind sich die Entwickler einig, dass man vorher noch weitere Meinungen von anderen Nutzern einholen sollte: *„Dafür könnte man sich nochmal mit ein paar Anwendern zusammensetzen."* (4, 00:19:33) sowie *„Wenn es andere Nutzer wieder irritieren würde, wäre das schlecht."* (5, 00:17:33) und: *„Deswegen würde ich erst mal den Kontakt zu anderen suchen, bevor ich etwas ändere."* (6, 00:16:55). Auch bestätigen sie die Aussage deines Probanden, dass Entwickler und Nutzer nicht immer dieselbe Sprache sprechen: *„Hier ist Frage 4 wichtig, da er geschrieben hat, dass Programmierer im System leben und Nutzer nur gelegentlich damit beschäftigt sind."* (4, 00:19:33).

Fragebogen 23: Das Problem wird nicht auf Anhieb klar. Laut Entwickler 6 gibt es hier einen Widerspruch: *„Und er sagt zwar, dass er die Arbeit nicht beenden konnte, was ja eigentlich ein schwerer Fehler ist. Aber seine eigene Einschätzung ist, dass es eher ein kleines Problem ist. Das ist, finde ich, ein Widerspruch."* (6, 00:05:12). Entwickler 5 meint, dass er das aufgrund der Beschreibung nur schwer reproduzieren kann und dass in dem Fall auch Screenshots wenig helfen würden: *„Ein Screenshot ist nur eine Momentaufnahme, mit dem ich nur ein konkretes Problem abdecken kann. Aber den Fehler-Prozess kann ich nicht abdecken. [...] Dann ist es ja nur ein Screenshot vom eigentlich funktionierenden System und das nützt mir in dem Fall nichts. Da brauche ich eher den ganzen Ablauf: Was wurde geklickt, wo genau und was ist dann passiert."* (5, 00:27:56). Er hätte lieber eine Ablaufbeschreibung: *„Man könnte noch eine Ablaufbeschreibung machen. Der Nutzer hat er darauf geklickt, dann da, dann da und so weiter. Damit man wirklich einen genauen Ablauf bekommt. Das hier ist ja eher eine generelle Beschreibung des Problems. Wie gesagt: Reproduktion ist alles. Wenn ich den Fehler auch sehe, kann ich auch im Code danach suchen."* (5, 00:29:51).

Fragebogen 24: Das Problem ist für Entwickler 6 verständlich. Um es besser reproduzieren zu können, wünscht er sich hier auch visuelles Material: *„Was ich gut fände, wäre ein Bild oder Video, um sehen zu können, was er genau meint und woran man das zeigen kann. Damit das klarer wird."* (6, 00:03:12).

Entwickler der Community-Plattform
Fragebogen 3: Das Feedback konnte nachvollzogen werden: *„Das Problem ist, dass er eigentlich eine Bestätigung haben will, dass das Hochladen der Datei erfolgreich war [...] Er möchte eine Rückmeldung vom System haben"* (3, 00:05:26). Der Hintergrund der Entstehung des Problems kann mit Hilfe dieses Feedbacks nicht eindeutig verstanden werden: *„Normal soll es immer eine*

Rückmeldung per Splashes geben [...] Da ist die Frage, ob der Nutzer an sich schon ein Pop-up Fenster erwartet [...] Das könnte natürlich sein, weil das Fenster keine Bestätigung vom Nutzer braucht, sondern nach einer gewissen Zeit von alleine wieder verschwindet." (3, 00:05:26).

Auf Grund von mangelnden Kontextinformationen, die den Ablauf des Fehlers und die wahrgenommen Bildschirmanzeigen betreffen, muss der Entwickler hier den Fehler nachspielen und überprüfen (3, 00:07:30).

Fragebögen 6 und 7 konnten auch durch Kombination beider nicht rekapituliert werden. Für den Entwickler sind diese Feedbacks zu wenig detailliert ausgefüllt worden (3, 00:08:41). Auch Kontextinformationen, die sein bisheriges Vorgehen beschreiben, fehlen an dieser Stelle (3, 00:09:31). Eine Rücksprache mit dem Nutzer ist hier unumgänglich und der Entwickler fordert dementsprechend auch eine Möglichkeit, um dies tun zu können (3, 00:11:07). Es wird außerdem deutlich, dass die Frage *„Warum ist der Fehler aufgetreten?"* nicht ohne Fachwissen zu beantworten ist: *„Da fehlt ihm das Wissen zu."* (3, 00:08:41).

Fragebogen 8 konnte wieder eindeutig nachvollzogen werden. Eine Lösung des Problems ist ohne Weiteres möglich: *„Was der vor hat, ist ja offensichtlich. Es ist ein Problem der Usability [...] auf Grund einer Designentscheidung"* (3, 00:12:14). Der Nutzer muss in diesem Fall durch eine Rückmeldung über das korrekte Vorgehen zur Lösung des Problems informiert werden (3, 00:13:21).

Die Zusammenhänge der Problemstellung in Fragebogen 15 waren für den Entwickler leicht nachzuvollziehen, da der Nutzer aus Sicht des Entwicklers ein großes Verständnis von Computersystemen aufweist und der Fragebogen dadurch für ihn sehr detailliert ausgefüllt worden ist (3, 00:16:32). Ein weiterer Vorteil war hierbei, dass der Entwickler ein sehr großes Verständnis des Kontextes aus eigener Erfahrung mit dem System aufwies: Es *„ist ein Großteil der Probleme bekannt [...] Dadurch, dass ich selbst damit gearbeitet habe und das bestens kenne, ist das nichts Neues für mich."* (3, 00:17:04). Eine wichtige Feststellung ist bei diesem Fragebogen, dass hier viele kleine Probleme im Umgang mit einer Funktion in einem Feedback zusammengefasst worden sind. Es ist also nicht für jeden CI ein individuelles Feedback erstellt worden. Für den Entwickler stellt das kein Problem dar, sondern wird als positiv und arbeitserleichternd angesehen:

„Also, wenn die Probleme eng zusammenhängen und man sich eh um das Modul kümmern muss, dann macht das schon Sinn [...] weil man nicht viele verschiedene Bögen hat, die sich um das gleiche drehen. Wenn die Probleme zusammenhängen, dann sollte man die auch zusammenhängend nennen." (3, 00:19:05).

Das Problem in Fragebogen 22 wird von allen Entwickler verstanden, da es SiRena- und Lagekartenentwickler gleichermaßen betrifft. Allerdings wurde hier noch näher auf weitere nützliche Informationen eingegangen. Entwickler 5 wünscht sich auch hier ein Bild: *„Auch hier wieder ein Bild, weil das immer am besten geeignet ist."* (5, 00:21:17). Er hätte gern weitere relevante Informationen *„Wie Browser und dessen Version, eine Übersicht seiner Request, wobei Firebug wohl nicht so nutzerfreundlich ist. Sein OS usw. Hardware-Spezifikation, gerade der Bildschirm. Die Internetgeschwindigkeit könnte noch relevant sein."* (5, 00:22:40). Ebenso Entwickler 6 (6, 00:14:14): *„Der Browser natürlich, weil es da immer Unterschiede gibt. Das OS eher weniger. Vielleicht auch Datum und Uhrzeit, falls inzwischen schon etwas geändert wurde. Vielleicht auch die Bandbreite."*

5.4.2   Analyse des gesammelten Datenmaterials

Frage 1 „Was wollten Sie tun, bevor die Störung aufgetreten ist?": Diese Frage wird als *„sehr sinnvoll"* (4, 00:27:01) von den Entwicklern angesehen. Die Frage hilft dabei zu verstehen, welches Problem vorliegt und ob dieses aus der Sicht der Entwickler nachvollzogen werden kann. Darüber hinaus beinhaltet die Frage weitere Kontextinformationen, denn die Antwort gibt weiteren Aufschluss über das Verhalten des Nutzers. Sie zeigt, wie Funktionen im vorherrschenden Kontext verstanden und eingesetzt werden: *„Die Frage gibt nochmal Aufschluss darüber, ob der Nutzer bestimmte Systemfunktionen anderweitig verwendet."* (1, 00:21:50).

Frage 2 „Was haben Sie erwartet?": wird von den Entwicklern zum Verständnis benötigt. Sie gibt weiter darüber Aufschluss, welche Funktionalität vom Nutzer erwartet wurde. Das Verständnis von Nutzer und Entwickler wird dadurch vergleichbar, darin sind sich die Entwickler einig. Der Entwickler der SiRena sieht dieses ähnlich: *„Das hilft natürlich auch dabei zu wissen, was der Nutzer eigentlich vorhatte. Man muss sich immer in den Nutzer hinein versetzen, um zu wissen, was er machen wollte [...] wenn man das nicht auf Video hat."* (3, 00:20:25).

Frage 3 „Versuchen Sie so detailliert wie möglich zu beschreiben, welche Störung vorliegt!" Die Entwickler der Lagekarte sehen darin den Vorteil, dass der Nutzer aus seiner Perspektive die Geschehnisse beschreibt, um zu erfahren, woher die Störung kommen könnte. Sie sind sich jedoch uneinig, ob Frage 2 und 3 zusammengelegt werden kann. Auf Seiten der SiRena werden die ersten drei Fragen als die wichtigsten des gesamten Fragebogens eingeschätzt. Auch die Formulierungen sind hier in Ordnung: *„dass jeder Nutzer es nach seinem Kenntnisstand genau beschreiben kann [...] einige werden vielleicht wenig daraus ziehen [...] aber wenn sie technisch versiert sind, dann wird man da bestimmt mehr Informationen bekommen."* (3, 00:20:54).

Frage 4 „Warum glauben Sie, ist der Fehler aufgetreten?"Alle Entwickler sind sich einig, dass diese Frage *„nutzlos"* (2, 00:25:06) ist. Der Inhalt dieser

Frage könne darüber hinaus auch aus den vorherigen Antworten abgeleitet werden.

Frage 5 „Beschreiben Sie, was Sie getan haben, um die Störung zu beheben!" Entwickler 1 und 2 halten den Inhalt der Frage an sich für sinnvoll. Der Text könnte jedoch verändert werden in „*Was haben Sie versucht?*" statt „*Was haben Sie getan?*" (1, 00:26:28). Das „getan" impliziert, dass die Störung behoben werden konnte. Außerdem könnte die Frage dahingehend erweitert werden, ob auch Alternativen genutzt wurden, um die Störung zu umgehen. Die Frage gibt zusätzlich Aufschluss darüber, ob der Fehler aus dem Handeln des Nutzers entstanden sein könnte. Die Angabe der Antwort sollte des Weiteren durch die Angabe der einzelnen Schritte ergänzt werden, damit keine Informationen verloren gehen, die für den Entwickler wichtig, aber für den Nutzer unwichtig sind: „*Was eventuell auch noch wichtig wäre zu fragen ist, welche Schritte er genau gemacht hat, weil von den ersten fünf Fragen sehe ich nirgends eine Frage, wo er mal aufschreibt, in welcher Reihenfolge er welche Sachen macht.*" (1, 00:22:20).

Frage 6 „Konnten Sie Ihre Arbeit trotz der Störung beenden? ja/nein" Sie gibt den Entwicklern eine Möglichkeit der Priorisierung und Einordnung der Dringlichkeit: „*Weil, wenn die Arbeit nicht beendet werden konnte, dann sollte man so was eher machen, als wenn eine Grafik nicht so ganz übereinander liegt.*" (2, 00:27:52); „*Das ist hilfreich, um selbst einzuschätzen, wie kritisch der Fehler zu bewerten ist.*"(5, 00:35:54).

Frage 7 „Konnten Sie die Störung erneut hervorrufen?" wird als „sehr wichtig" (1, 00:28:16) für die Reproduktion eingestuft. „*Dadurch, dass der Nutzer es nochmal versucht, kann man schon Fehler ausschließen, wie falsches Bild anklicken oder Knopf drücken. Man kann dann natürlich auch ausschließen, dass es ein Zufallsfehler war*" (3, 00:27:08). Er fügt weiter hinzu, dass durch den erneuten Versuch auch die Übersendung weiterer Fehlermeldungen reduziert werden könnte.

Frage 8 „Beschreiben Sie die Schwere der Störung" Drei der Entwickler sehen den Antwortrahmen mit fünf Elementen als zu groß und befürworten den Einsatz von drei Elementen (1,2,5). Außerdem sollte an dieser Stelle der Text verkürzt und die Wertung der Häufigkeit heraus genommen werden, da diese zu subjektiv ist. Allerdings merkt Entwickler 4 auch an, dass zu wenige Stufen zu undifferenziert sein können und zu folgendem Fall führen kann: „*Der schlimmste Fall ist, dass von 100 Feedbacks alle kritisch sind.*" (4, 00:31:34). Darüber hinaus lässt sich diese Frage auch zur Priorisierung einsetzen: „*Für mich wäre es ein Indikator, ob es dringend ist oder nicht.*" (5, 00:37:14). Betrachtet man die gezeigten Ergebnisse, so kann die Ratingskala verkleinert werden.

Frage 9 „Welche Vorschläge haben Sie, um die Störung zu beheben?" Hier sehen die Entwickler Fachwissen vorausgesetzt, da das technische Verständnis der Nutzer einen Einfluss auf die Antwort haben wird. *„Wenn es ein Programmierfehler ist, werden aber die wenigsten User sagen können, was zu tun ist"* (5, 00:38:20). Der Inhalt sei „kritisch" zu betrachten (2, 00:31:28). Aber der Nutzer kann dabei eben nicht nur seine Präferenzen ausdrücken, sondern es könnte sein, dass *„sehr wichtige Informationen drin stehen und deshalb würde ich es nicht weglassen."* (3, 00:35:53). Eine Anregung eines Entwicklers ist, die Frage in *„Was würden Sie ändern, damit das noch besser funktioniert?"* (1, 00:32:06) zu ändern.

Frage 10: „Haben Sie weitere Anregungen oder Kritiken?" Diese Frage sollte aus Sicht der Entwickler in erster Linie ein optionales Feld bleiben. Aber sie kann auch als offene Frage nicht schaden, *„für Infos, die sonst in keine Kategorie passen. Bei Fragebögen hat man immer das Problem, dass man irgendwas nicht damit abdecken kann"* (5, 00:34:28).

5.4.2.1 Geschlossene und offene Fragen

Die Entwickler sind mit dem Verhältnis aus freien und geschlossenen Fragen insgesamt zufrieden und sehen die Wahl der Antwortmöglichkeiten auf die Fragen als passend an. Bei qualitativ hochwertigen Antworten werden sogar Freitexte bevorzugt, da geschlossene Fragen es nicht ermöglichen, individuelle Erlebnisse widerzugeben: *„Wenn diese Freitexte vernünftig ausgefüllt werden und nicht nur mit solchen Stichworten, dann bin ich immer für Freitexte"* (1, 00:34:36).

5.4.2.2 Weitere hilfreiche Informationen

Eine fehlende Frage ist, inwiefern sich bereits mit anderen Nutzer über das Problem ausgetauscht wurde (1, 00:39:38). Dieses soll dazu dienen herauszufinden, ob nur eine Person oder mehrere das gleiche Problem haben. Das Feedback könnte dadurch auf eine höhere Problemebene gehoben werden.

Ebenfalls werden Informationen über den Hintergrund des Nutzers gewünscht. Dies beinhaltet zum einen, dass die Kenntnisse im Umgang mit Computern auf einer Skala zum Beispiel Anfänger, Fortgeschrittener und Profi eingestuft werden sollten, um z.B. Bedienfehler auszuschließen: *„Denn wenn zum Beispiel ein Anfänger sagt: 'Ich habe den Kreis verschieben wollen und die ganze Karte hat sich bewegt', dann denkt man ja eher 'Vielleicht hat er nicht verstanden, wie man den benutzt'. Bei einem Profi erwarte ich, wenn er so was sagt, dass er solche aus seiner Erfahrung kennt, weil es ja immer alles ähnlich funktioniert."* (1, 00:38:29) Zum anderen werden Informationen über die Erfahrungen mit dem System gewünscht: *„[...] wie lange sich die Person schon mit dem System beschäftigt hat. Arbeitet sie schön länger damit oder ist es gerade* *erst eingeführt worden?*" sowie „*aus welcher Nutzergruppe diese stammen*" (2, 00:39:12).

Ein einheitliches Verständnis liegt auch bei dem Einsatz des Mouse-Trackings vor. Wenn dieses als Video oder ähnliches umgesetzt werden kann, dann stellt es einen Mehrwert für den Entwickler dar und vereinfacht die Arbeit: „*Das wäre natürlich noch hilfreicher, da man damit den ganzen Hergang reproduzieren kann.*" (4, 00:23:27). Ein einzelner Screenshot könnte für diesen Fall schon nicht ausreichen, denn „*ein Screenshot ist nur eine Momentaufnahme, mit dem ich nur ein konkretes Problem abdecken kann. Aber den Fehler Prozess kann ich nicht abdecken.*" (5, 00:27:56). Allerdings sind Screenshots als Ersatz für die Beschreibung einzelner Fragen sehr hilfreich, das war die Meinung aller Entwickler. Entwickler 5 meint: „*Das Beste ist die Möglichkeit Screenshots hochzuladen.*" und die Möglichkeit zu geben, Bilder zu annotieren: „Vielleicht wird auch noch etwas mit rein gemalt, wo genau z.B. eine Textbox hin soll. Da weiß ich dann genau, was zu tun ist." (5, 00:51:08).

Ebenfalls hilfreich wäre eine Angabe, ob es sich um einen Bug oder um einen Funktionswunsch handelt: „Designvorschlag/funktionelles Problem ist eine wichtige Sache, das ist ein bisschen wie das, was ich mir unter Kategorisierung vorstellen" (5, 00:37:39). Gleichzeitig hilft es den Entwicklern, den Bericht zu priorisieren, denn „da sind die Bugs wichtiger" (6, 00:35:04).

5.4.2.3 Audioaufzeichnung

Dem Einsatz von Audioaufnahmen stehen die Entwickler skeptisch gegenüber. „*Ich glaube, dass der Aufwand ziemlich groß wäre, wenn man da viele Audiodateien durchgehen und mit notieren müsste, was er eigentlich meint. Ich denke, dass es schriftlich besser ist.*" (6, 00:28:03) Auch sind einzelne Fragen schneller per z.B. Radio-Button beantwortbar, z.B. „*bei den Fragen 6-8 mit den Radiobuttons ist das für mich einfacher, weil ich die Antwort direkt auf einen Blick sehe. In einer Audioaufzeichnung wird vermutlich nicht so klar formuliert.*" (5, 00:35:16). Daneben kann auch das Problem auftreten, dass der Nutzer akustisch nicht zu verstehen ist.

5.4.2.4 Alternative Darstellungs- und Beschreibungsformen

Während des Interviews wurden ebenfalls verschiedene Darstellungs- und Beschreibungsformen diskutiert. Zwei Vorschläge betrafen Frage 8. Die Variante, in der der Nutzer angeben musste, ob der Fehler ihn wenig stört, sehr zeitaufwendig ist oder die Arbeitsdurchführung unmöglich macht. Diese Version fanden die Entwickler aus zwei Gründen gut. Zum einen da der Nutzer diese Information liefern kann und zum anderen weil die Entwickler dadurch die Arbeit priorisieren können. Entwickler 6 meint z.B.: „*Das ist für mich schon relevanter und da kann der Nutzer auch eine bessere Aussage dazu machen. Da kann ich als Entwickler ableiten, wenn es bei vielen die Arbeitsdurchführung unmöglich macht, weiß ich, das ist sehr kritisch.*" (6, 00:35:51). Die andere Fragevariante fragte nach der Dringlichkeit des Problems. Dies wurde von den Entwicklern als nicht geeignet eingestuft, auch weil „*da baut man eine Erwartungshaltung auf [...] dann geben die vielleicht alle irgendwann an „schnell zu lösen", weil alle ihre Probleme möglichst schnell gelöst haben wollen.*" (1, 00:45:40).

5.4.2.5 Kontaktmöglichkeiten

Wie schon bereits zuvor dargestellt ist die Möglichkeit, mit dem Nutzer in Kontakt zu treten, für alle Entwickler sehr wichtig. Das kann mehrere Gründe haben: Aufgrund von Verständnisproblemen: „*Vielleicht hat er sich nicht so gut ausgedrückt.*" (5, 00:51:51), oder um dem Nutzer zu zeigen, dass man sich um seine Belange kümmert wird: „*Dass der Nutzer auch sieht, dass ich mich darum kümmere.*" (2, 01:00:23) oder grundsätzlich, wenn Informationen fehlen oder fehlerhaft sind, die für die Reproduktion notwendig sind: „*Wenn ich den Fehler nicht reproduzieren kann, könnte ich fragen, welche Schritte er unternommen hat und wo das dann aufgetreten ist.*" (5, 00:09:54). Als Kontaktmedium wurde „*E-Mail oder Telefon*" (2, 01:00:23) vorgeschlagen. Allerdings gibt es bei Telefon auch Befürchtungen: „*Das geht schon zu sehr in die persönlichen Daten.*" (3, 00:42:57).

6 Zweite Iteration: Konzept und Design

Aufbauend auf den Ergebnissen aus der Literaturstudie, der Empirie und der ersten Iteration werden zu Beginn dieses Kapitels die sich daraus ergebenen Anforderungen an einen in-situ Feedback-Mechanismus definiert. Darauf folgt die konzeptionelle Beschreibung des INQUIRE-Verfahrens. Das INQUIRE-Verfahren, aus dem Englischen: *in·quire (ĭn-kwīr') 1. To seek information by asking a question, 2. To make an inquiry or investigation*[14], teilt sich in zwei Bereiche auf: Ein erweitertes Use-Tracking-Verfahren und eine Community-Unterstützung. Das erweiterte Use-Tacking-Verfahren bietet Nutzern die Unterstützung, qualitatives Feedback (Ideen oder Nutzungsprobleme) aus der konkreten Nutzung heraus zu artikulieren. Das Community-Modul stellt die eingereichten Nutzungsfeedbacks in eine Diskurs mit allen Akteuren, um Ideen oder Probleme weiter zu ergänzen und um die Relevanz für alle Nutzer zu erreichen. Nach der Konzeptdarstellung wird das Design einer Referenzimplementierung vorgestellt.

6.1 Anforderungen an Prozess und Design

Die Spezifizierung der vorläufigen Anforderungen eines in-situ Feedbackverfahrens mit Community-Unterstützung basiert auf der Analyse des Stands der Forschung, der empirischen Untersuchung sowie auf den Herausforderungen, die in der ersten Iteration der Entwicklung identifiziert worden sind. Tabelle 9 stellt die Anforderungen dar. Die Anforderungen werden in drei Bereiche unterteilt: *Prozessunterstützung*, *Artikulationsunterstützung* und *Kollaborationsunterstützung*. Die Spalte *Beschreibung* liefert eine kurze Beschreibung der Anforderung und markiert mit den Verben *muss* und *sollte* ebenfalls deren Priorität. Die Spalte *Basis* bezieht sich auf die Quelle der Anforderung. Diese kann sich aus der Analyse der Feedbackpraxen (s. Kapitel 5) und/oder aus einer bestimmten Referenz (s. Kapitel 2) ergeben. Die Spalte *System* gibt an, welchen Bereich (*Generell, Erweitertes Use-Tracking, Community-Unterstützung*) die Anforderung betreffen.

---

[14] http://www.thefreedictionary.com/inquire

Tabelle 9: Spezifikation erster Anforderungen an das Feedbacksystem mit Community-Unterstützung

Nr.	Beschreibung	Basis	System
Prozessunterstützung			
1	Der Prozess muss neben Analyse und Entwicklung die aktive Einbeziehung der Nutzer während der Nutzungsphase für die Weiterentwicklung einer Software mitberücksichtigen.	Empirie & (Pagano & Bruegge, 2013)	Generell
2	Der Prozess sollte die unterschiedlichen Arten und Kanäle von Nutzerfeedback berücksichtigen.	(Heiskari & Lehtola, 2009)	Generell
3	Der Prozess muss UE- wie auch SE-Aktivitäten auf sinnvolle Weise miteinander kombinieren und Entwickler in die Gestaltung von Nutzeranforderungen miteinbeziehen.	(Seffah et al., 2005)	Generell
4	Der Prozess und die Werkzeuge müssen den Umstand berücksichtigen, dass Akteure räumlich, zeitlich, organisational verteilt und ggf. nicht bekannt sind.	Empirie & (Gumm, 2006a)	Generell
5	Der Prozess und die Werkzeuge müssen den Umstand berücksichtigen, dass zukünftige Nutzungen nur ansatzweise vorausgesagt werden können.	Empirie & (Koehne et al., 2011)	Generell
Artikulationsunterstützung			
6	Das System muss die Triangulation von impliziten und expliziten Nutzungsinformationen ermöglichen. Weitere Details s. Tabelle 10.	Ergebnisse 1. Iteration & (Hilbert & Redmiles, 2000)	Erweitertes Use-Tracking
7	Das System muss Nutzer dabei unterstützen notwendige Kontextinformationen artikulieren zu können. Weitere Details s. Tabelle 10.	Ergebnisse 1. Iteration & (Ko et al., 2007)	Erweitertes Use-Tracking
8	Das System muss Nutzer dabei unterstützen schwer artikulierbare Nutzungsinformationen bereitstellen zu können. Weitere Details s. Tabelle 10.	Ergebnisse 1. Iteration & (Bettenburg, Just, et al., 2008)	Erweitertes Use-Tracking
9	Das System muss den Aufwand für den Nutzer zur Bereitstellung von Feedback möglichst gering halten.	Ergebnisse 1. Iteration & (Bruun et al., 2009b)	Erweitertes Use-Tracking
10	Das System muss Nutzer dabei unterstützen, noch fehlende Nutzungsinformationen zu erkennen.	Ergebnisse 1. Iteration & (Breu et al., 2010)	Erweitertes Use-Tracking
11	Das System muss Entwickler dabei unterstützen, Feedbacks der Nutzer ohne großen Aufwand sichten und analysieren zu können.	Ergebnisse 1. Iteration & (Aranda & Venolia, 2009a)	Erweitertes Use-Tracking
Kollaborationsunterstützung			
12	Das System muss die Zusammenarbeit zwischen Nutzern und Entwicklern unterstützen, z.B. bei der Ausspezifizierung von Anforderungen oder zum Teilen von Artefakten.	Ergebnisse 1. Iteration & (Breu et al., 2010)	Community-Unterstützung

13	Das System muss Entwickler und Entscheider dabei unterstützen, Priorisierungen vornehmen und die Relevanz von Feedback abschätzen zu können.	Ergebnisse 1. Iteration & (Bettenburg, Just, et al., 2008)	Community-Unterstützung
14	Das System muss Nutzer dabei unterstützen, bereits existierende Feedbacks zu erkennen und ggf. erweitern zu können.	(Bettenburg, Premraj, et al., 2008)	Community-Unterstützung
15	Das System muss die Entwicklung und Etablierung von Rollen unterstützen, z.B. Boundary-Spanners.	(Barcellini et al., 2014)	Community-Unterstützung
16	Das System muss Benachrichtigungen bereitstellen, die über Aktivitäten bei der Ausgestaltung von Anforderungen berichten, z.B. über neue Themen oder neue Phasen.	Ergebnisse 1. Iteration & (Barcellini, 2010)	Community-Unterstützung

Tabelle 10 fasst die wesentlichen Erkenntnisse aus der ersten Studie zusammen und ergänzt die in Tabelle 9 dargestellten Anforderungen an die Community-basierte in-situ Feedbackunterstützung.

Tabelle 10: Zusammenfassung der Ergebnisse aus der 1. Iteration

Frage		Notwendigkeit	Vorschläge/Anmerkungen (Nutzer, Entwickler)
Frage 1	*Was wollten Sie tun, bevor die Störung aufgetreten ist?*	Notwendig	Wort „Störung" ersetzen.
Frage 2	*Was haben Sie erwartet?*	Notwendig	-
Frage 3	*Versuchen Sie so detailliert wie möglich zu beschreiben, welche Störung vorliegt!*	Notwendig	Mit Frage 2 zusammenfassen.
Frage 4	*Warum, glauben Sie, ist der Fehler aufgetreten?*	Nicht notwendig	-
Frage 5	*Beschreiben Sie, was Sie getan haben, um die Störung zu beheben!*	Optional	Änderung des Textes in „Was haben Sie versucht, um die Störung zu beheben?"
Frage 6	*Konnten Sie Ihre Arbeit trotz der Störung beenden? Ja/Nein*	Notwendig	Von Nutzern nicht immer zu beantworten
Frage 7	*Könnten Sie die Störung erneut hervorrufen? Ja/Nein*	Notwendig	Wenn ja, Auflistung der Schritte.

Frage		Notwendigkeit	Vorschläge/Anmerkungen (Nutzer, Entwickler)
Frage 8	*Beschreiben Sie die Schwere der Störung!*	Notwendig	Reduzierung auf drei Antwortmöglichkeiten aus Nutzersicht.
Frage 9	*Welche Vorschläge haben Sie, um die Störung zu beheben?*	Optional	Schwierig für Nutzer, ggf. ändern des Textes in „Was würden Sie tun, damit es noch besser funktioniert?"
Frage 10	*Haben Sie weitere Anregungen oder Kritiken?*	Nicht notwendig	-
Zusätzliche Fragen			
ZF1	*Wie stufen Sie Ihre Computerkenntnisse ein?*		
ZF2	*Seit wann arbeiten Sie mit dem vorliegenden System?*		
ZF3	*Haben Sie bereits mit anderen Personen über die Störung gesprochen?*		
ZF4	*Welchen Rücksprachekanal bevorzugen Sie?*		
Automatisch ermittelbare Nutzungsinformationen			
AI1	Datum		
AI2	Kontaktdaten		
AI3	Browserinformationen		
AI4	Internetverbindung		
AI5	Mouse- oder Click-Events		
AI6	Screenshots		
AI7	Videosequenz		
Zusätzliche Funktionalitäten			
ZFU1	Möglichkeit der Annotation von Screenshots		
ZFU2	Rücksprachemöglichkeit mit Nutzern		
ZFU3	Austauschmöglichkeit zwischen Entwickler und weiteren Verantwortlichen		
ZFU4	Darstellung des Bearbeitungsstatus		

Im folgenden Abschnitt wird das zu entwickelnde Feedbackverfahren auf Prozess- und Werkzeugebene beschrieben.

6.2 Konzept

Auf Basis der ermittelten Anforderungen wurde das INQUIRE-Konzept zur bedarfsgerechten Anforderungsermittlung für bestehende Anwendungssysteme entwickelt. Das Konzept kombiniert auf innovative Weise die Stärken der Remote-Usability mit der Gestaltungskraft einer Nutzer-/Entwickler-Community. Das Ziel ist es, aus individuellen Nutzerfeedbacks (Nutzungskonflikte oder Verbesserungsvorschläge) mit Hilfe der Gemeinschaft aus allen relevanten Akteuren – Nutzern, Entwicklern und Entscheidern – ein gemeinschaftliches Funktionsverständnis zu schaffen und konkrete Umsetzungsspezifikationen zu entwickeln.

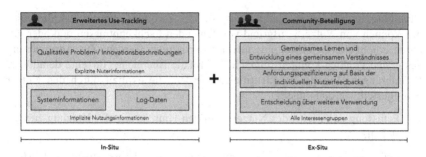

Abbildung 34: INQUIRE-Konzept

Um dieses Ziel zu erreichen, teilt sich das INQUIRE-Konzept in ein Use-Tracking-Modul und in ein Community-Modul auf (s. Abbildung 34). Das Konzept beruht auf den zuvor erläuterten Annahmen, dass aussagekräftige und korrekte Rückschlüsse hinsichtlich der Gebrauchstauglichkeit nur während der konkreten Nutzung und über einen langen Zeitraum hinweg gezogen werden können. So zielt das Konzept auf die Durchführung von Langzeitstudien mit realen Nutzern ab, die reale Aufgaben in ihrer realen Arbeits- oder Lebensumgebung bewältigen. (*Anforderung 1*)

6.2.1 Erweitertes Use-Tracking

Das erweiterte Use-Tracking-Verfahren (s. Abbildung 34, links) basiert auf der Triangulation von qualitativen und quantitativen Nutzungsdaten, um qualitativ hochwertige Aussagen hinsichtlich der Gebrauchstauglichkeit einer Anwendungssoftware zu erhalten (*Anforderung 6*). Die Notwendigkeit der Kombination von expliziten und impliziten Nutzungsinformationen hat im Wesentlichen zwei Gründe: 1. Grund: nur so können die ermittelten Informationsbedarfe von Entwicklern, die für die Reproduktion eines Nutzungsproblems oder eines Verbesserungsvorschlages notwendig sind (s. Tabelle 10 gedeckt werden. 2. Grund: so kann der Artikulierungsaufwand für die Nutzer gering gehalten werden (*Anforderung 9*). Eine detaillierte Erläuterung der Gründe findet sich in Abschnitt 2.5 und Kapitel 5.

6.2.1.1 Deckung der Informationsbedarfe von Entwicklern

Der Deckung der Informationsbedarfe stehen zwei Herausforderungen gegenüber. Erstens, es hat sich gezeigt, dass nicht alle benötigten Informationen, um den Beschreibungsaufwand für Nutzer gering zu halten, automatisch erfasst werden können. Dies betrifft Informationen zu Anwendungskontext, Nutzungshintergründen und -motiven der Nutzer, sowie zu Arbeitskontext, wie bspw.

Abteilungszugehörigkeit oder Arbeitsprozesse. Zweitens, nicht alle Informationen können von Nutzern aufgrund von fehlenden Fachkenntnissen und/oder nur durch erhebliche Bereitstellungsaufwände artikuliert werden. Zur Adressierung des ersten Punktes konnten folgende Informationsbereiche (für eine detaillierte Erläuterung s. Tabelle 10) identifiziert werden, die explizit durch den Nutzer bereitgestellt werden müssen:

1. Erfassung des Zieles des Nutzers, um den Hintergrund der Nutzung zu verstehen;

2. Erfassung des erwarteten Systemzustandes, um erlernte Muster und Erfahrungen des Nutzers zu ermitteln;

3. Erfassung des alternativen Lösungsweges zur Bewältigung der Arbeitsaufgabe, um erste Umsetzungsmöglichkeiten zu ermitteln;

4. Erfassung von generellen Nutzerinformationen (kontextabhängig), wie z.B. Arbeitgeber oder Position.

Diese expliziten Nutzungsinformationen liefern ein detailliertes Bild über die Anwendungsdomäne und auch über Nutzer- und Aufgabenanforderungen. Zur Unterstützung von Nutzern bei der Beschreibung von schwer artikulierbaren Nutzungsinformationen müssen folgende Informationen implizit bereitgestellt werden (Anforderung 8):

1. Erfassung der Schritte zur Reproduktion des Problems;

2. Erfassung von relevanten Systeminformationen;

3. Erfassung von GUI- und Systemevents.

6.2.1.2 Artikulationsunterstützung

Bei der Bereitstellung expliziter Nutzungsinformationen muss der Nutzer bei der Artikulierung unterstützt werden, so dass Beschreibungsaufwände reduziert, die Verständlichkeit der Beschreibungen sichergestellt und Beschreibungsfehler minimiert werden (*Anforderung 7*). Demzufolge sollten neben Textbeschreibungen zusätzlich alternative Beschreibungsformen wie Bilder oder Videos mit erwartungskonformen Annotationsmöglichkeiten zur Verfügung gestellt werden. Gleichzeitig wird die Anforderung erfüllt, dass der Nutzer die Kontrolle darüber hat, welche Informationen zur Beschreibung des Konflikts oder der Innovation bereitgestellt werden müssen und wann seine Beschreibungsaufgabe beendet ist (*Anforderung 10*).

6.2.1.3 Datenschutz

Das Konzept sieht zwei Mechanismen vor, so dass der Datenschutz sichergestellt und gesetzliche Bestimmungen eingehalten werden können. Erstens muss dem Nutzer ermöglicht werden, datenschutzrelevante Informationen aus den expliziten Nutzungsinformationen entfernen oder unkenntlich machen zu können (z.b. Informationen auf Bildern unkenntlich machen). Zweitens muss dem Nutzer ermöglicht werden, implizite Nutzungsdaten auf Datenschutzaspekte hin zu kontrollieren, indem implizit erhobene Informationen wie GUI-Events geeignet und erwartungskonform visualisiert werden. Dazu müssen dem Nutzer Werkzeuge zur Verfügung stehen, um diese unerwünschten Informationen aus dem Feedback zu entfernen. Das Themenfeld des Datenschutzes bedarf allerdings weiterer Forschungsarbeit, da sowohl die empirische Studie als auch die erste Evaluation nicht genügend Erkenntnisse brachten. Interessant ist der Diskurs über *Awareness vs. Privacy* in der CHI-Community gerade für die Community-Einbindung im INQUIRE-Konzept. Hier ist insbesondere die Arbeit von Palen & Dourish zu nennen (s. (Palen & Dourish, 2003)).

6.2.1.4 Unterstützung von handlungsintensiven Zeitpunkten

Die empirische Untersuchung (s. Abschnitt 4.6) und auch die Evaluation in der ersten Iteration (s. Abschnitt 5.3) haben die Notwendigkeit der Berücksichtigung von handlungsintensiven Zeitpunkten (z.B. Stresssituationen bei Einsätzen) ergeben. Das Konzept sieht vor, Nutzer darin zu unterstützen, in solchen Situationen Nutzungsfeedback in handlungsärmeren Zeitpunkten nachzuholen. Dies jedoch unter der Voraussetzung, dass Nutzer darin unterstützt werden, zuvor aufgetretene Nutzungskonflikte oder -innovationen ohne großen Aufwand wieder vollständig zu reproduzieren.

6.2.2 Community-Beteiligung

Im folgendem Abschnitt wird die Integration einer Community zur kollaborativen Ausarbeitung von Softwareanforderungen beschrieben (s. Abbildung 34, rechts). Eine der wichtigsten Voraussetzungen ist, dass von individuellen Nutzerfeedbacks nicht direkt auf konkrete Anforderungen oder gar Umsetzungsspezifikationen geschlossen werden kann. Das hat im Wesentlichen zwei Gründe. Erstens, Informationsbedarfe zur Beschreibung von zukünftigen Anforderungen können im Vorfeld nicht in Gänze bestimmt werden, da sie abhängig von Kontext, Konsultationen und Koordinationsbedarfen sind und sich im Laufe der Bearbeitung ändern. Zweitens, individuelle Nutzerfeedbacks spiegeln nur die Erwartung einer einzelnen Person wider. Es muss sichergestellt werden, dass ein gemeinsames Funktionsverständnis geschaffen wird und zukünftige Anforderungen an bestehende Systeme für alle Nutzer gelten. Eine detaillierte Erläuterung der Gründe findet sich in den Abschnitten 2.3 und 2.5.

Um ein gemeinsames Funktionsverständnis zu schaffen und Anforderungen aus den individuellen Nutzerfeedbacks zu spezifizieren, die für alle Nutzer gelten sollen, sieht das Konzept die Einbindung einer aktiven Nutzer-Community mit der Beteiligung von Entwicklern und Entscheidern vor. Die Einbeziehung einer Nutzer-Community wird dadurch begründet, dass Nutzer eine wichtige Quelle für bedarfsgerechte und innovative Verbesserungsideen sind, wie in Abschnitt 2.1.3.3 gezeigt wurde. Die Vernetzung einzelner Innovationsträger durch das Internet ermöglicht einen kollaborativen Innovationsprozess und stellt so erarbeitete Lösungen auf eine breitere Basis. Es konnten jedoch Ursachen ermittelt werden, die den Transfer zwischen Nutzer- und Entwicklerwelt erschweren. Dazu zählen Defizite bei der Beschreibung von Ideen durch Nutzer, die mit dem erweiterten Use-Tracking adressiert werden (s. Abschnitt 6.2.1). Daneben wird Nutzern eine zu geringe Gestaltungskompetenz sowie ein geringes Verständnis von Möglichkeiten und Grenzen der Entwicklung zugesprochen. Zudem decken sich häufig Nutzerideen nicht mit vorab definierten Geschäftszielen und -strategien. Um diese Hindernisse zu überbrücken, wird eine Diskursumgebung zur Verfügung gestellt, die eine integrierte Perspektive auf Nutzer- und Entwicklerpraxis ermöglicht. Im Folgenden wird diese beschrieben.

6.2.2.1 Diskursumgebung

Mit der Diskursumgebung wird eine Infrastruktur bereitgestellt, die die Entwicklung einer Nutzer-Community fördert und die kollaborative Ausspezifizierung von organisatorischen und technischen Innovationen hin zu konkreten Umsetzungsvorschlägen unterstützt. Daneben sieht das Konzept die Integration von Entwicklern und weiteren Entscheidern in den Ausgestaltungsprozess vor, damit alle Akteure, die im Softwareentwicklungsprozess eine Rolle spielen, mit ihren Verantwortungsbereichen und Kompetenzen beteiligt werden können (*Anforderung 12*). Die Community/Entwickler-Schnittstelle ist dabei von besonderer Bedeutung. Die Diskursumgebung ermöglicht den Austausch zwischen beiden Welten und fördert das Voneinanderlernen. So sollen Missverständnisse z.B. durch terminologische Unterschiede vermeiden und ein gemeinsames Verständnis erreicht werden. Gleichzeitig gilt es, Designdiskussionen von einer reinen Bildschirmbeschreibungsebene auf eine Aufgaben- und Funktionsbeschreibungsebene zu bringen, um entwickelte Anforderungen eine im Arbeitskontext tiefer verankerte Relevanz zu geben. Die bereitgestellte Infrastruktur ist online-basiert, um auch Akteure einzubeziehen, die räumlich, organisatorisch und/oder zeitlich getrennt von anderen Akteuren sind. Dies schließt die Berücksichtigung von unterschiedlichen Arbeitssituationen wie z.B. Tagschicht/Nachtschicht mit ein.

Folgende Ziele sollen mit der Diskursumgebung erreicht werden:

1. *Unterstützung des gegenseitigen Lernens und Entwicklung eines gemeinsamen Verständnisses*
    Wie die Analyse von Participatory-Design-, Open-Source-Projekten und Aneignungsinfrastrukturen gezeigt hat, bildet die Schaffung eines gemeinsamen Verständnisses über Visionen, Ziele und Anwendungskontexte den Grundstein für die kollaborative Ausarbeitung von zukünftigen Anforderungen. Durch die Beteiligung verschiedener Akteure kommt dieser Aufgabe eine besondere Bedeutung zu, da von verschiedenen Hintergründen, Motiven und Arbeitskulturen auf ein gemeinsames Ziel geschlossen werden muss. Somit wird eine Infrastruktur zur Verfügung gestellt, die gegenseitiges Lernen fördert, wodurch sich wiederum ein gemeinsames Verständnis manifestieren soll.

2. *Kollaborative Ausspezifizierung von individuellen Nutzerfeedbacks*
    Hauptziel ist die kollaborative Ausspezifizierung von konkreten Anforderungen an das zugrundeliegende Anwendungssystem. Durch die Einbringung der unterschiedlichen Expertisen und Interessen von Nutzern, Entwicklern und Entscheidern sollen konkrete Umsetzungen gemeinsam erarbeitet werden. Ausgangspunkt einer Diskussion sind individuelle Beschreibungen von Nutzungsproblemen und Verbesserungsvorschlägen, die zuvor erläutert wurden. Während der Diskussion gilt es ebenfalls, fehlende Informationen oder Missverständnisse in den Beschreibungen zu klären. Weiterhin sind entsprechende Werkzeuge bereitzustellen, die die Akteure bei der Artikulation von Ideen, Hinweisen und Interessen unterstützten. Sie sollen den Akteuren die Beschreibung eigener Beiträge erleichtern, den Aufwand minimieren und insbesondere die Verständlichkeit für alle Akteure sicherstellen. So sollte neben Texteditoren auch die Möglichkeit der kollaborativen Annotation von hinzugefügten Bildern oder Videos zur Verfügung stehen.

3. *Förderung von emergenten Rollen, Kompetenzen und Social Awareness*
    Die Analyse von Participatory-Design- und Open-Source-Projekten hat auch ergeben, dass sich die Kenntnisse und Fähigkeiten von Akteuren in Communities weiterentwickeln und sich Rollen innerhalb der Gemeinschaft verändern (s. Abschnitt 2.4). Dementsprechend sieht das Konzept die Förderung von individuellen Weiterentwicklungen und Rollenveränderungen vor (Anforderung 15) und unterstützt Social Awareness, um alle Akteure über Community-Aktivtäten zu informieren.

Neben den Zielen, die durch die Diskursumgebung erreicht werden sollen, sind weitere Aspekte zu berücksichtigen. Der Zeitraum für die Diskussionen ist zu begrenzen, damit zu einem bestimmten Zeitpunkt die Ausarbeitung neuer Anforderungen abgeschlossen ist und die Gefahr, dass die Diskussionen auf einer abstrakten Ebene stagnieren, minimiert wird. Der Zeitraum für die Ausarbeitung ist an den jeweiligen Kontext anzupassen. Existierende Arbeitssituationen müssen berücksichtigt werden, sodass möglichst allen Akteuren die Beteiligung offen steht. Hinsichtlich der Förderung der Beteiligung sollten Werkzeuge und Design insbesondere die intrinsischen Motive Selbstverwirklichung und Reputationsgewinnung entsprechend unterstützen. Extrinsische Belohnungsmechanismen sind in Abhängigkeit von Beteiligung und Kontext zu bestimmen.

6.2.2.2 Entscheidungsunterstützung

Nach der Diskussions- und Ausarbeitungsphase folgt die Phase der Entscheidung über die weitere Verwendung. Diese Phase hat drei Ziele:

1. Ermittlung der Priorität und Relevanz von erarbeiteten Umsetzungsspezifikationen (Anforderung 13).

2. Weitere Sicherstellung der bedürfnisgerechten Entwicklung

3. Reduzierung der Hürde zur kollaborativen Bestimmung der Relevanz und Priorität.

Die Phase basiert auf folgenden Annahmen:

1. Dass ein oder mehrere Umsetzungsvorschläge in der gemeinsamen Ausarbeitungsphase erarbeitet werden.

2. Dass derjenige Vorschlag ausgewählt werden sollte, der die meiste Zustimmung bei den Akteuren erfährt, um eine bedürfnisgerechte Entwicklung sicherzustellen.

Um die genannten Ziele und die definierten Annahmen zu erreichen, wird ein demokratisches Abstimmungsverfahren verwendet, das es allen Akteuren erlaubt, nach der Diskussions- und Ausarbeitungsphase für oder gegen die Umsetzungsvorschläge zu stimmen. Ergebnis der Phase ist der Umsetzungsvorschlag, der die größte Zustimmung bei den Akteuren erhalten hat. Durch das einfache Abstimmungsverfahren soll neben der Relevanz und Prioritätenbestimmung auch den Akteuren der Zugang zur Beteiligung erleichtert werden, die nicht aktiv an der vorherigen Ausarbeitung teilgenommen haben. Der Zeitraum für die Abstimmung ist an den jeweiligen Kontext anzupassen. Existierende Arbeitssituationen müssen berücksichtig werden, sodass möglichst allen Akteuren die Beteiligung offensteht.

Jeder Akteur soll sich jederzeit informieren können, ob eine Anforderung in der Ausarbeitung, Abstimmung, in der Entwicklung oder bereits umgesetzt ist. Dies ist zum einen wichtig, um die Motivation zur Beteiligung zu stärken, so dass die Beteiligung zu einem konkreten Ergebnis führt. Zum anderen ist es wichtig, um die wiederholte Meldung eines Feedbacks oder eine erneute Diskussion zu vermeiden.

Im folgenden Abschnitt wird das INQUIRE-Konzept in den Usability-Engineering-Diskurs eingeordnet. Darauf folgt die Beschreibung der Referenzimplementierung des beschriebenen Konzeptes.

6.3 Einordung des Verfahrens

Abbildung 35 erlaubt INQUIRE in den aktuellen Usability-Engineering-Diskurs einzuordnen. Zur Abgrenzung von INQUIRE von anderen UE-Verfahren wird eine zweidimensionale Darstellung verwendet. Die erste Dimension „*Zeit*" (y-Achse) unterscheidet zwischen der Design- und der Nutzungsphase. Dabei fasst die Designphase alle Phasen vor der Nutzungsphase zusammen, also auch die der Anforderungsermittlung, Konzeptionierung und Entwicklung. Die zweite Dimension „*Distanz Nutzer/Entwickler*" (x-Achse) differenziert, ob Nutzer und Entwickler räumlich, zeitlich und organisational getrennt sind oder nicht.

Designphase/Zusammen: In den Phasen vor der eigentlichen Nutzung, in denen Nutzer und Entwickler nicht voneinander getrennt sind, stellt UE eine Vielzahl von Verfahren und Werkzeugen zur Verfügung. Diese beziehen sich im Wesentlichen auf die *Anforderungsermittlung* (z.B. Interviews oder Fokusgruppen), auf die *Konzeptionierungs- und Designphase* (z.B. Paper prototyping oder Use-Case-Entwicklung) und auf die *Entwicklungsphase* (z. B. High-Fidelity-Prototyp oder Benutzungstests).

Designphase/Getrennt: Sind während der Anforderungs- und Entwicklungsphasen Entwickler und Nutzer voneinander getrennt, stellt UE auch hier Verfahren zur Sicherstellung der Gebrauchstauglichkeit zur Verfügung. Das sind bspw. Online-Fragebögen zur Anforderungsermittlung oder Remote-Usability-Tests mit Nutzern oder mit Usability-Experten, um bspw. High- oder Low-Fidelity-Prototypen zu evaluieren.

Nutzungsphase/Zusammen: UE bietet während der Nutzungsphase nur wenige Hilfsmittel an, wenn Nutzer und Entwickler nicht voneinander getrennt sind. So werden hier Werkzeuge für Usability-Tests oder Nutzungsbeobachtungen bei Nutzern vor Ort zur Verfügung gestellt.

Nutzungsphase/Getrennt: INQUIRE adressiert genau den Umstand, wenn Nutzer und Entwickler zeitlich, räumlich und/oder organisational voneinander in

der Nutzungsphase getrennt sind, unter der Berücksichtigung der in der Literaturanalyse zusammengefassten Defizite derzeitiger Verfahren, wie z.B. Log-File-
Analyse-, Performance-Test-, Fragebögen-Verfahren, die in Kapitel 2.2 ausführlich beschrieben wurden.

Abbildung 35: Einordnung in den Usability-Engineering-Diskurs

6.4 INQUIRE_Prozess: UE-Prozesserweiterung

Nachdem das INQUIRE-Konzept vorgestellt wurde, werden nun die Referenzimplementierungen vorgestellt. Begonnen wird nun mit *INQUIRE_Prozess*.
Gleichzeitig wird hier auch ein genereller Überblick über das Verfahren geben,
auf das in den Abschnitten 6.5 und 6.6 näher eingegangen wird. Abbildung 36
zeigt das in den Entwicklungsprozess einer Software integrierte Verfahren. IN-
QUIRE erweitert bestehende Usability-Engineering-Prozesse durch die Adressierung der Phase der konkreten Nutzung (*Nutzung*) eines schon bestehenden
Anwendungssystems. Der *iterative Prozess* teilt sich in drei Phasen: *Anwendung,
Entscheidung über weitere Verwendung* und *Konstruktion*, ehe mit einer überarbeiteten Version die Iteration abgeschlossen wird.

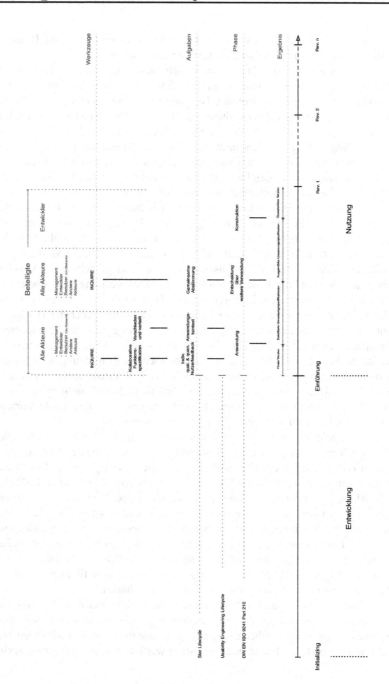

Abbildung 36: Darstellung von INQUIRE_Prozess

Die drei Phasen sind dabei an den *e-Prototyping Cycle* von Bleed et al. (Bleek et al., 2002) angelehnt und werden nun erläutert:

Anwendungssphase: Diese Phase beinhaltet die konkrete Nutzung eines Anwendungssystems in dem entsprechenden Anwendungskontext mit den entsprechenden Nutzern. Auftretende Nutzungsprobleme oder Ideen zur Verbesserung der Softwareanwendung (z.B. Funktionswünsche, Gestaltungsoptimierungen, etc.) können Nutzer direkt mittels *INQUIRE_Feedback* (Vorstellung erfolgt in Abschnitt 6.5) aus der Anwendung heraus berichten. Dabei entscheidet der Nutzer darüber, ob es sich um einen konkreten Fehler (z.B. Softwareabsturz, defekter Link, etc.) handelt oder das Feedback des Nutzers eine allgemeine Relevanz hat, also für alle Akteure von Bedeutung sein kann (z.B. ein Funktionswunsch oder eine Überarbeitung der Nutzeroberfläche erfordert). Die Feedbacks von allgemeiner Relevanz werden dann in *INQUIRE_Community* (Vorstellung erfolgt in Abschnitt 6.6) überführt, wo sie von Nutzern, Entwicklern und Entscheidern (z.B. Management, Marketing, etc.) diskutiert werden. Ziel dieser Diskussion ist es, ein gemeinsames Verständnis über den Anwendungskontext, Ziel und Funktionsumfang in Anbetracht der verschiedenen Interessen, Erfahrungen und Hintergründe der Akteure zu entwickeln. Der Zeitraum dieser Phase ist so zu wählen, dass unter der Berücksichtigung der vorherrschenden Arbeitsbedingungen genug Zeit für die angemessene Teilnahme bleibt. Das Ergebnis dieser Phase sind konkrete Umsetzungsspezifikationen. Dabei ist berücksichtigt, dass es mehrere Umsetzungsspezifikationen pro Ausgangsproblem oder -wunsch geben kann. Während dieser Phase können auch Vorschläge abgelehnt werden, z.B. weil sie technisch nicht umsetzbar sind. Hierfür steht ein bestimmter Bereich zur Verfügung, der abgelehnte Vorschläge auflistet und eine wiederholte Diskussion verhindern soll.

Entscheidung über weitere Verwendung: In dieser Phase wird über die zukünftige Verwendung der in der *Anwendungsphase* erarbeiteten Umsetzungsspezifikationen entschieden. Hier soll ebenfalls die bedarfsgerechte Anforderungsbestimmung und die Relevanz für alle Nutzer sichergestellt werden. Dafür haben alle Akteure in *INQUIRE_Community* die Möglichkeit, über einen bestimmten Zeitraum hinweg für oder gegen eine Funktionsspezifikation abzustimmen. Während der Abstimmungsphase können keine weiteren Vorschläge hinzugefügt werden. Ebenso sind die Diskussionen aus der Anwendungsphase weiterhin einsehbar, um Hintergründe und Argumentationsketten nachvollziehen zu können. Das Ergebnis dieser Phase sind die Umsetzungsspezifikationen, die in der Abstimmungsphase die meisten Stimmen erhalten haben.

Konstruktion: In dieser Phase werden die in den beiden vorherigen Phasen spezifizierten und ausgewählten Umsetzungsspezifikationen durch den oder die Entwickler umgesetzt. Über *INQUIRE_Community* können Rückfragen an die Community, z.B. bei Unklarheiten, gestellt werden. Ebenso werden Statusinformationen allen Akteuren bereitgestellt, die über den Bearbeitungsstand einer Umsetzung informieren. Hier ist wichtig, Transparenz zu schaffen, damit Diskussionen bzw. Feedbacks, die bereits behandelt wurden, nicht erneut aufgegriffen bzw. gemeldet werden. Der Zeitraum zwischen der abgeschlossenen Abstimmung und der Umsetzung ist möglichst kurz zu halten, so dass der Effekt durch die Beteiligung den Akteuren deutlich wird. Das Ergebnis dieser Phase ist eine überarbeitete Version des Anwendungssystems, das zur Nutzung zur Verfügung steht.

Nun folgend werden Referenzimplementierungen der beiden INQUIRE-Module *INQUIRE_Feedback* und *INQUIRE_Community* näher vorgestellt, bevor im letzten Abschnitt des Kapitels eine Gegenüberstellung der zuvor ermittelten Anforderungen durchgeführt wird. Die beiden Module wurden in die Anwendungssysteme *SiRena* und die *interaktive Lagekarte*, die in Abschnitt 5.1 vorgestellt wurden, integriert.

6.5 INQUIRE_Feedback: In-situ Feedbackunterstützung

INQUIRE_Feedback hat wie zuvor beschrieben als Ziel, qualitativ hochwertige Nutzungsinformationen aus der konkreten Nutzung einer Anwendung heraus zu sammeln und dies unter der Berücksichtigung, dass Nutzer nicht bekannt sein und sich in einem unbekannten Nutzungskontext befinden können. Ebenfalls sind handlungsintensive Zeitpunkte zu beachten, welche das Erstellen von Feedbacks beeinflussen können. Explizite Nutzungsinformationen durch den Nutzer sollen sicherstellen, dass detaillierte Einblicke in den Nutzungskontext und in die Motive der Nutzung ermöglicht werden. Die Triangulation von expliziten und impliziten Nutzungsinformationen und die entsprechende Visualisierung dieser Daten soll Entwicklern bei der Reproduktion von Nutzungsproblemen und Verbesserungsideen helfen und den Artikulationsaufwand bei Nutzern reduzieren. Im Folgenden werden die Funktionalitäten und Spezifikationen anhand der Referenzimplementierung beschrieben.

Abbildung 37 illustriert den Aufruf von *INQUIRE_Feedback* aus der Nutzerperspektive. Wird ein Nutzungskonflikt durch den Nutzer während der Nutzung festgestellt, kann zu jedem Zeitpunkt in der Anwendung *INQUIRE_Feedback* durch den Nutzer aufgerufen werden (#1). Daraufhin stehen dem Nutzer zwei Möglichkeiten bereit, Feedback zu diesem Konflikt oder einer Verbesserung zu melden (#2). Wobei diese beiden Möglichkeiten den Zeitpunkt der Meldung adressieren. Möglichkeit 1 (Symbol: Blatt und Stift) ermöglicht die direkte Meldung des Konflikts oder der Idee. Möglichkeit 2 (Symbol: Stoppuhr) ermöglicht die Meldung zu einem späteren Zeitpunkt, weil z.B. die derzeitige

Arbeitssituation keine Unterbrechung erlaubt. In diesem Fall kann der Nutzer die Situation mit kurzen Stichworten für die spätere Meldung des Konflikts beschreiben. Gleichzeitig werden folgende automatisch erfasste Nutzungsinformationen für die spätere Reproduktion und Meldung gesichert:

1. Screenshots der letzten 16 GUI-Aktionen in zeitlicher Abfolge;

2. Click-Events in zeitlicher Abfolge;

3. Generelle Systeminformationen.

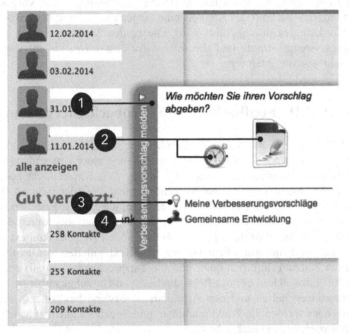

Abbildung 37: INQUIRE_Feedback: Aktivierung aus der Anwendung heraus

Sowohl die zurückgestellten Meldungen als auch die bereits berichtete Feedbacks können über „Meine Verbesserungsvorschläge" (#3) eingesehen werden. Für das nachträgliche Berichten eines Konflikts stehen dem Nutzer, neben den selbst gewählten Stichworten zur Situation, auch die Screenshots der letzten GUI-Aktivitäten zur Verfügung, um die Situation noch einmal nachzuvollziehen und zu reflektieren. Bereits berichtete Feedbacks können nachträglich eingesehen werden, gleichzeitig wird über den Status der Bearbeitung (*In Bearbeitung, Gelöst, Abgelehnt*) informiert und werden Kommunikationsmöglichkeiten gegeben, um im Falle von Nachfragen seitens der Entwickler Antworten geben zu können.

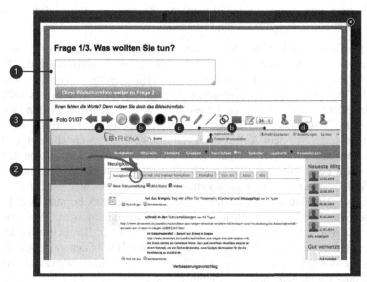

Abbildung 38: INQUIRE_Feedback: Melden eines Konflikts aus Nutzerperspektive

Abbildung 38 zeigt die Unterstützung der expliziten Beschreibung durch den Nutzer. Das kann die Beschreibung eines Problems oder eines Vorschlags zur Verbesserung oder Optimierung der zugrunde liegenden Anwendung sein. Der Nutzer wird zur Beschreibung des Konflikts durch drei Fragen geführt:

1. *Was wollten Sie tun?*
   Diese Frage zielt darauf ab, den Nutzungshintergrund des Nutzers abzufragen, wodurch ein Verständnis über die durchgeführte Aufgabe und die Motive der Nutzung gewonnen werden soll.

2. *Was haben Sie erwartet?*
   Diese Frage zielt darauf ab, welche Erwartung der Nutzer an das System zum Zeitpunkt des Konflikts hatte. Gleichzeitig soll hier dem Nutzer die Gelegenheit gegeben werden, sofern vorhanden, Lösungsmöglichkeiten darzustellen.

3. *Konnten Sie Ihre Arbeit beenden? Wenn ja, wie?*
   Diese Frage zielt zum einen darauf ab, zu erfassen, welche Handlungen der Nutzer trotz des Konflikts durchgeführt hatte, sofern der Nutzer seine

Aufgabe beenden konnte. Diese innovativen Handlungen können zu Implikationen auf das zukünftigte Design der Anwendung führen. Zum anderen ermöcht diese Frage Hinweise auf die Schwere eines Konflikes. Konnte eine Aufgabe erledigt werden oder eben nicht, beeinflusst dies die Priorisierung der Entwicklungsarbeiten.

Die Oberfläche teilt sich in drei Bereiche auf: Fragebereich (oben), Texteingabebereich (Mitte), Screenshotannotierung (unten). Zur Beantwortung der Fragen stehen dem Nutzer zwei Möglichkeiten zur Verfügung, die Antwort zu artikulieren. In Textform (#1) und/oder durch Annotation eines Screenshots (#2). Zur Beantwortung der Frage mittels Screenshotannoation stehen dem Benutzer verschiedene Bearbeitungswerkzeuge zur Verfügung (#3). Als Basis dient der Screenshot, der vor dem Aufruf des Feedbackwerkzeuges erstellt wurde. Allerdings können auch frühere Screenshots verwendet werden. Dafür kann der Nutzer mittels der Pfeiltasten (#3a) durch die verfügbaren Screenshots navigieren. Zur Annotation eines Screenshots stehen unter (#3b) verschiedene Zeichenwerkzeuge zur Verfügung: Freihandzeichnung, verschiedene Formen wie Linien, Kreise oder Rechtecke. Auch können Texte eingefügt werden. Den Objekten können zuvor verschiedene Farben zugewiesen werden. Bearbeitungen können rückgängig gemacht oder wiederholt werden (#3c). Der Schieberegler (#3d) sieht im Sinne des Datenschutzes vor, den Screenshot unscharf zu machen, so dass Texte oder Bilder nicht mehr zu erkennen sind.

Nach der Beantwortung der drei Fragen werden die ermittelten Daten übersichtlich dargestellt (s. Abbildung 39). Diese Übersicht verfolgt zwei Ziele. Zum einen die Kontrolle der eigenen Inhalte (Screenshots und Texte) und die Kontrolle der automatisch erfassten Daten. Die Übersicht teilt sich in drei Bereiche auf. Im Bereich 1 werden die vom Nutzer abgegebenen Antworten (Bild und Text) (#1) noch einmal dargestellt und können ggf. bearbeitet werden. Bereich 2 zeigt die automatisch ermittelten Daten, die für die Reproduktion des Nutzungskonflikts als hilfreich erachtet werden:

1. Bis zu 16 Screenshots der letzten GUI-Aktivitäten mit Zeitstempel (#2);

2. Generelle Systeminformationen (Browser-, Betriebssystem-, Internetverbindungsinformationen sowie Datum und Uhrzeit) (#2);

3. Die letzten Click-Events mit Zeitstempel (#3);

4. Nutzerinformationen (Name, Organisation, Position, Kontaktdaten) bereitgestellt durch Nutzerprofile der zugrunde liegenden SiRena-Plattform.

Die Informationen werden in bestmöglicher, verständlicher Form dargestellt, damit der Nutzer ein klares Bild davon erhält, welche Informationen erfasst wurden und versendet werden. Sollen bestimmte Informationen nicht übermittelt werden, stehen dem Nutzer Optionen zur Verfügung, um die jeweilige Information auszuschließen.

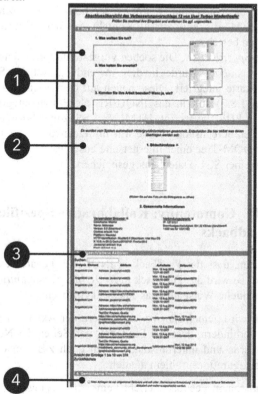

Abbildung 39: INQUIRE_Feedback: Übersicht über die erfassten Nutzungsinformationen

Im Schritt vor der Absendung des Feedbacks sollen die Nutzer einschätzen, ob es sich um einen konkreten Anwendungsfehler handelt wie bspw. eine Fehlermeldung, ein defekter Link oder ein Konflikt durch individuelle Hard- oder Softwarekonfigurationen. Dieser Art von Fehlern liegt eine konkrete Handlungsnotwendigkeit zugrunde, so dass die Entwickler unmittelbar über das Feedback informiert werden. Oder es handelt sich um einen Vorschlag, der eine allgemeine Relevanz besitzt, wie bspw. ein Funktionswunsch, der alle Akteure betrifft.

Handelt es um einen konkreten Anwendungsfehler, so werden die Entwickler darüber informiert. Die Aufbereitung des Feedbacks ähnelt der Darstellung, die in Abbildung 39 gezeigt wurde und so wird hier auf weitere Abbildungen verzichtet. Allerdings wird die Oberfläche mit zwei weiteren Optionen ergänzt: Die Option, dem Feedback einen Status zu geben (*In Bearbeitung, Erledigt, Abgelehnt*), den die Nutzer unter „Meine Verbesserungsvorschläge" einsehen können, und die Möglichkeit, direkt Kontakt mit dem Nutzer aufzunehmen, sofern Rückfragen bestehen.

Technische Spezifikation: Die soeben vorgestellte Referenzimplementierung von *INQUIRE_Feedback* wurde in die Anwendungssysteme SiRena und die interaktive Lagekarte integriert. Diese bauen auf dem Social Media Framework ELGG (Version 1.8.2) auf, in das INQUIRE als Plugin integriert wurde. INQUIRE wurde in PHP, Javascript, HTML 5, CSS 3 und JQuery implementiert. Die Erfassung der Screenshots wurde mit html2canvas[15] (Version 0.4.0) realisiert, indem der DOM-Tree einer Internetseite ausgelesen wird. Die Feedbackberichte werden in einer SQL-Datenbank gespeichert.

6.6 INQUIRE_Community: Kollaborative Spezifikation von Nutzerfeedbacks

Gibt der Nutzer an, dass das Feedback in INQUIRE_Feedback eine allgemeine Relevanz besitzt, so wird das Feedback in *INQUIRE_Community* überführt. Dies geschieht auf manuelle Weise und das aus zwei Gründen:

1. Der Bericht wird gemeinsam von Vertretern der Akteursgruppen begutachtet, um zu verhindern, dass das Feedback von Seiten der Nutzer falsch eingeschätzt wurde und unterumständen sich doch z.B. um ein individuelles Softwarekonfigurationsproblem handelt.

2. Da aus dem reinen Feedbackbericht keine Anweisungen abgeleitet werden können, wird das Feedback zusammen mit den Akteuren so umformuliert, dass sich eine konkrete Handlungsanweisung für die Akteure ergibt.

6.6.1   INQUIRE_Community: Prozess

Nach der Überprüfung und Umformulierung wird das Feedback allen Akteuren zur gemeinsamen Spezifizierung zur Verfügung gestellt. Dieser Prozess teilt sich, wie bereits in Abschnitt 6.4 beschrieben, in drei Phasen auf. Abbildung 40 zeigt die drei Phasen aus Nutzerperspektive: *Diskussion* (#1), *Abstimmung* (#2) und *Umsetzung* (#3, 4).

---

[15] http://html2canvas.hertzen.com

Abbildung 40: INQUIRE_Community: Prozessdarstellung

Diskussion (INQUIRE_Prozess: Anwendung): Das Ziel dieser Phase ist die gemeinsame Konkretisierung von Lösungsvorschlägen von zuvor über *INQUIRE_Feedback* eingereichten Beschreibungen von Nutzungskonflikten oder - Innovationen. Beteiligte dieser Phase sind: alle betroffenen Akteure, die bei der Fortentwicklung eines zugrunde liegenden Anwendungssystems eine Rolle spielen. Dazu zählen Nutzer und Entwickler wie auch Entscheider. Durch die Diskussion, unter Einbringung der jeweiligen Interessen und Erfahrungen der einzelnen Akteure, soll ein gemeinsames Verständnis über das Ziel, den Anwendungsbereich und den Funktionsumfang erreicht werden. Beiträge können in Form von Text oder in Form von verschiedenen Multimediainhalten (z.B. Bilder oder Videos) über Hyperlinks dargestellt werden. In dieser Phase können sich ergebende Umsetzungsspezifikationen abgelehnt werden, z.B. wegen technischer Limitationen oder aus unternehmensstrategischen Gründen (#1, 2). Diese werden entsprechend ausgewiesen und begründet, um die Wiedervorlage zu verhindern. Der Zeitraum dieser Phase wird so gewählt, dass unter Berücksichtigung der Rahmenbedingungen des Anwendungskontextes alle Akteure ausreichend Zeit haben, sich an der Diskussion zu beteiligen.

Ergebnis: Konkrete Umsetzungsspezifikationen, über die in der nächsten Phase abgestimmt werden können.

Abstimmung (INQUIRE_Prozess: Entscheidung über weitere Verwendung): Das Ziel dieser Phase ist die Ermittlung einer Umsetzungsspezifikation, die die größtmögliche Zustimmung der Akteure besitzt. Beteiligte der Abstimmung sind wieder alle betroffenen Akteure, die bei der Fortentwicklung eines zugrunde liegenden Anwendungssystems eine Rolle spielen. Alle Akteure können sowohl für, als auch gegen eine Umsetzungsspezifikation stimmen. Für den Fall, dass für ein Ausgangsproblem mehrere Umsetzungsspezifikationen erarbeitet wurden, steht den Akteuren jeweils eine Stimme (für oder gegen) pro Spezifikation zur Verfügung. In dieser Phase können sich ebenfalls ergebende Umsetzungsspezifikationen abgelehnt werden (#1, 2). Diese werden entsprechend ausgewiesen und begründet, um die Wiedervorlage zu verhindern. Der Zeitraum dieser Phase wird so gewählt, dass unter Berücksichtigung der Rahmenbedingungen des Anwendungskontextes alle Akteure ausreichend Zeit haben, sich an der Abstimmung zu beteiligen.

Ergebnis: Die Umsetzungsspezifikation, die die meiste Zustimmung erhalten hat und in die nächste Phase übergeben werden kann.

Bearbeitung (INQUIRE_Prozess: Konstruktion): Ziel dieser Phase ist die Umsetzung der in der vorherigen Phase ermittelten Umsetzungsspezifikation. Wesentliche Akteure sind in dieser Phase die Entwickler. Auch hier steht der entsprechende Diskussionsbereich für Rückfragen an die Akteure zur Verfügung. Der Zeitraum zwischen der Abstimmung und der Fertigstellung der ermittelten Anforderung sollte so kurz wie möglich sein, um den Effekt der Beteiligung deutlich zu machen und die Motivation zur Beteiligung zu stärken. Der Status der Bearbeitung (In Bearbeitung (#3), Erledigt (#4)) wird den Akteuren bereitgestellt.

Ergebnis: Benutzbare Lösung der ausgewählten Umsetzungsspezifikation.
In den folgenden Abschnitten werden Implementierungen und Designs der Phasen beschrieben.

6.6.2   INQUIRE_Community: Diskussion

Abbildung 41 zeigt die Implementierung der Diskussionsunterstützung. Der Diskussionsbereich teilt sich in drei Bereiche auf: den *Aufgabenbereich* (#1, 2) mit dem Titel der Diskussion und einer Beschreibung, einen *Abstimmungsbereich* (#3) und einem *Diskussionsbereich* (#4).

Abbildung 41: INQUIRE_Community: Diskussion

Der *Aufgabenbereich* beinhaltet das umformulierte Nutzerfeedback. Dieses erhält einen aussagekräftigen Titel (#1) und eine Beschreibung (#2), die neben dem übermittelten Konflikt eine konkrete Handlungsanweisen für die Akteure beinhaltet. Sollte der Nutzer auch Screenshots mitgesendet haben, werden diese hier zur Verfügung gestellt und eindeutig gekennzeichnet, damit in der Diskussion drauf bezogen werden kann (z.B. Wie in Anhang 1 zu sehen ...).

Innerhalb des *Abstimmungsbereich*s sollen konkrete Umsetzungsvorschläge zur Lösung des Ausgangsproblems von den Akteuren eingetragen werden, die sich aus der gemeinsamen Diskussion ergeben. Die Beschreibung eines Vorschlags teilt sich in einen aussagekräftigen Titel und in eine Beschreibung auf. Die Beschreibung erfolgt in Textform, wobei weitere Inhalte per Hyperlink eingebunden werden können. Ebenfalls werden der Verfasser und das Erstellungsdatum des Vorschlags angezeigt. Die einzelnen Vorschläge können kommentiert werden. Die Eingabe von Vorschlägen kann bis zum Ablauf der Diskussion erfolgen.

Innerhalb des *Diskussionsbereichs* können alle Beteiligten ihre Meinungen, Ideen, Bedenken etc. einbringen und auf andere Kommentare reagieren, ähnlich wie in üblichen Diskussionsforen. Die Darstellung der Beiträge erfolgt in Textform. Andere Inhalte, wie Bilder, Dokumente etc., zur Darstellung der eigenen Position lassen sich per Hyperlink einbinden. Für jeden Beitrag wird der Verfasser angegeben. Dadurch stehen weitere Hintergrundinformationen zu dieser Person (Name, Organisation, Beruf, etc.) und Möglichkeiten zur direkten Kontaktaufnahme zur Verfügung. Der Diskussionszeitraum wird ebenfalls angegeben. Nach Ablauf des Zeitraumes können keine weiteren Beiträge eingegeben werden.

6.6.3   INQUIRE_Community: Abstimmung

Abbildung 42 zeigt die Implementierung der Abstimmungsunterstützung. Der Abstimmungsbereich weist den gleichen Aufbau auf wie der des Diskussionsbereiches, allerdings stehen nun Abstimmungswerkzeuge neben den erarbeiteten Vorschlägen zur Verfügung (#1). Doch bevor es zur Abstimmungsphase kommt, werden die Vorschläge durch Vertreter der Community überprüft. Zum einen wird überprüft, ob es sich eher um einen Diskussionsbeitrag als um einen Vorschlag handelt. In dem Fall wird dieser Beitrag aus den Vorschlägen in den Diskussionsbereich verschoben. Zum anderen wird überprüft, ob der Vorschlag so formuliert ist, dass er „abstimmbar" ist. Ist er es nicht, kann er nachträglich umformuliert werden. Beide Überprüfungen werden bei Bedarf in Abstimmung mit dem Beitragsverfasser durchgeführt.

Im *Abstimmungsbereich* werden nun alle erarbeiteten Umsetzungsvorschläge dargestellt (#1). Neben jedem Vorschlag steht den Akteuren ein Abstimmungswerkzeug zur Verfügung. Damit kann der Akteur entweder für oder gegen diesen Vorschlag votieren. Darüber wird der aktuelle Ergebnisstand zu diesem Vorschlag angezeigt und wiederum darüber die insgesamt abgegebenen Stimmen. Im Abstimmungsbereich wird zudem die noch verbleibende Zeit der Abstimmungsphase angezeigt. Während dieser Phase können die Akteure die zuvor geführte Diskussion und Kommentare weiterhin einsehen, um Hintergründe und Argumentationsketten nachzuvollziehen.

Abbildung 42: INQUIRE_Community: Abstimmung

Nach Ablauf der Abstimmungsphase wird der Vorschlag umgesetzt, der den höchsten Abstimmungswert erhalten hat. Vertreter der Community setzten dafür diesen Vorschlag „In Bearbeitung" (#3), wo er nun für alle Akteure einsehbar ist. Wurde der Vorschlag umgesetzt, wird der Status auf „erledigt" gesetzt.

Technische Spezifikation: Die soeben vorgestellte Referenzimplementierung von *INQUIRE_Community* wurde in die Anwendungssystem SiRena integriert. Diese bauen auf dem Social Media Framework ELGG (Version 1.8.2) auf, in das INQUIRE als Plugin integriert wurde. INQUIRE wurde in PHP, Javascript, HTML 5, CSS 3 und JQuery implementiert.

6.7 Diskussion

Das Hauptziel, das mit dem INQUIRE-Konzept und dessen Referenzimplementierung verfolgt wird, ist, eine integrative und bedarfsorientierte Gestaltung von bestehenden Anwendungssystemen zu ermöglichen. Dies soll durch die Kombination von zwei Verfahren erreicht werden. Erstens durch die Unterstützung von Nutzern bei der Artikulation von Nutzungskonflikten und -innovationen. Dies wird durch die Berücksichtigung der konkreten Nutzungssituation und durch die Triangulation von expliziten Nutzerbeschreibungen von

Konflikten und Innovationen und von implizit und automatisch ermittelten Nutzungsinformationen adressiert. Zweitens durch die Einbindung einer aktiven Nutzer-/Entwickler-Community für die kollaborative Ausgestaltung von Softwareanforderungen. So wird zur gemeinsamen Ausarbeitung von konkreten Softwareanforderungen und Handlungsanweisungen für Entwickler das Innovationspotential einer Nutzer-Community mit der Beteiligung von Entwicklern und Entscheidern kombiniert.

Im Folgenden werden nun die zuvor in Abschnitt 6.1 erhobenen Anforderungen auf zwei Weisen diskutiert. Zum einen wie sie im INQUIRE-Konzept adressiert und zum anderen wie sie in der Implementierung umgesetzt wurden.

Anforderung 1: Der Prozess muss neben der Analyse und Entwicklung die aktive Einbeziehung der Nutzer während der Nutzungsphase für die Weiterentwicklung einer Software mitberücksichtigen.

Das INQUIRE-Konzept fokussiert explizit die Nutzungsphase, um Informationen aus der konkreten Nutzung eines existierenden Anwendungssystems zu generieren, die Rückschlüsse auf die Gebrauchstauglichkeit geben. Dabei adressiert INQUIRE die Annahme, dass sich qualitativ gute Rückschlüsse auf die Gebrauchstauglichkeit erst bei der Nutzung einer Software im realen Nutzungskontext ergeben (Pipek & Wulf, 2009). Im INQUIRE_Prozess wird die Nutzungsphase explizit adressiert und mit *INQUIRE_Feedback* werden entsprechende Werkzeuge diesbezüglich bereitgestellt. Es ist jedoch anzumerken, dass mit *INQUIRE_Feedback* ein Werkzeug entwickelt wurde, dass sehr nahe an der tatsächlichen Nutzung existiert. Allerdings muss auch hier die tatsächliche Nutzung, wenn auch gering, auf zwei Weisen verlassen werden. Erstens durch eine geringe Dekontextualisierung. Auch wenn *INQUIRE_Feedback* in dem zugrundeliegenden Anwendungssystem integriert ist, muss der Nutzungsbereich verlassen werden. Zweitens durch Reflexion und Reproduktion des zurückliegenden Nutzungskonflikts oder -innovation.

Anforderung 2: Der Prozess sollte die unterschiedlichen Arten und Kanäle von Nutzerfeedbacks berücksichtigen.

Mit dem erweitertem Use-Tracking in Kombination mit der Innovationskraft einer aktiven Nutzer-/Entwickler-Community wird ein Konzept bereitgestellt, das die Defizite von gegenwärtigen Feedbackverfahren (s. Abschnitt 2.2) und Defizite in der Berücksichtigung von verschiedenen Motiven der Nutzer (s. Abschnitt 2.3.1) adressiert und dadurch die verschiedenen Feedbackkanäle und -typen reduziert. Es wird davon ausgegangen, dass durch den einfachen Zugang, durch die Unterstützung von verschiedenen Artikulierungsmöglichkeiten, die direkte Auseinandersetzung zwischen allen Akteuren und die Möglichkeit der Bildung von Interessensgruppen, sich Nutzerfeedbacks und Anforderungsdiskussionen auf einer Plattform bündeln. Allerdings ist auch mit *INQUIRE_Feedback*

und INQUIRE_Community noch kein Werkzeug gelungen, das allen verschiedenen Feedbackkanälen Rechnung trägt. Auch in Zukunft ist davon auszugehen,
dass neben einem solchen Use-Tracking-Werkzeug und der Online-Plattform
weitere Kommunikationskanäle, wie z.B. Telefon, E-Mail oder soziale Netzwerke, genutzt werden. Hier müssen Mechanismen weiterentwickelt werden, die
solche Beteiligungskanäle respektieren und kanalisieren.

*Anforderung 3: Der Prozess muss UE- wie auch SE-Aktivitäten auf sinnvolle
Weise miteinander kombinieren und Entwickler in die Gestaltung von Nutzeranforderungen miteinbeziehen.*

Das Konzept ermöglicht eine integrierte Perspektive auf UE- und SE-
Aktivitäten. So steht sowohl die Förderung und Nutzung der Innovationsfähigkeit einer Nutzer-Community im Fokus als auch die Integration von Entwicklern
und Entscheidern in den gemeinsamen Gestaltungsprozess. Mittels einer Diskursumgebung soll das Voneinanderlernen gefördert und die Bildung eines gemeinsamen Verständnisses unterstützt werden. Ebenso gilt es, die Diskussionen von
bildschirmorientierten Beschreibungen auf eine Aufgaben- und Funktionsebene
zu heben. Das setzt voraus, dass alle Akteure ihre Interessen, Erfahrungen und
Arbeitshintergründe einbringen, so dass daraus auch ein gemeinsames Vorgehen
entwickelt werden kann. *INQUIRE_Community* liefert hierfür die entsprechenden Werkzeuge, die die Beteiligung aller Akteure fördern soll.

*Anforderung 4: Der Prozess und die Werkzeuge müssen den Umstand berück-
sichtigen, dass Akteure räumlich, zeitlich, organisatorisch verteilt, ggf. nicht
bekannt sind und sich in zuvor unbekannten Nutzungskontexten bewegen.*

Diese Anforderungen werden mit INQUIRE auf vier Weisen adressiert.
Erstens, das Konzept sieht die Berücksichtigung der Nutzungsphase vor, so dass
Nutzer bei der konkreten Interaktion mit Softwareartefakten in ihrem Anwendungskontext dabei unterstützt werden, Nutzungskonflikte und -innovationen zu
artikulieren. Zweitens, sieht das erweiterte Use-Tracking vor, dass Nutzer in
Lage sind, ihren individuellen Anwendungskontext zu beschreiben. Drittens, das
erweiterte Use-Tracking wie auch die Diskursumgebung ermöglichen die asynchrone Teilnahme an Designdiskussionen und viertens, Informationen über die
Nutzer selbst helfen dabei, zuvor unbekannte Nutzer zu identifizieren. Die Referenzimplementierung realisiert diese Punkte, indem *INQUIRE_Feedback* und
INQUIRE_Community in die Anwendungen direkt integriert sind und sich somit
bei dem Nutzer und in seinem Anwendungskontext befinden. Beide Werkzeuge
ermöglichen zudem die Beschreibung der individuellen Nutzungskontexte und
erlauben die zeitlich und räumlich unabhängige Beteiligung an einem gemeinsamen Gestaltungsprozess.

Anforderung 5: Der Prozess und die Werkzeuge müssen den Umstand berücksichtigen, dass zukünftige Nutzungen nur ansatzweise vorausgesagt werden können.
Diese Anforderung wird zum einen, wie schon in Anforderung 4 beschrieben, dadurch adressiert, dass das erweiterte Use-Tracking in das zugrundeliegende Softwareartefakt direkt integriert ist und sich somit bei den Nutzern und in deren Anwendungskontext befindet. Zum anderen stellen sowohl das erweiterte Use-Tracking-Verfahren als auch die Diskursumgebung die Möglichkeit zur Verfügung, individuelle Nutzungskontexte aus der konkreten Nutzung heraus mit geringen Zugangshürden zu beschreiben. *INQUIRE_Feedback* wie auch *INQUIRE_Community* realisieren diese Anforderung. Aber auch hier ist anzumerken, dass tatsächliche Nutzungspraxen mit ihren sozialen Konstruktionen, Akteuren, Aufgaben etc. eine Komplexität aufweisen die nur annähernd beschreibbar sind. *INQUIRE_Feedback* ist ein Kompromiss aus begründet notwendigen Informationsbedarfen, die den Nutzungskontext ansatzweise beschreiben, und dem Versuch, den Beschreibungsaufwand möglichst gering zu halten. Wie aber die Literatur gezeigt hat, ist der Kompromiss gerechtfertigt, auch aus dem Umstand heraus, dass notwendige Informationsbedarfe über Nutzungskonflikte, -innovationen, Nutzeraufgaben und -kontexte sich erst in der Bearbeitung ergeben. Hier stellt *INQUIRE_Community* die Werkzeuge bereit, diese situativ auszuhandeln.

Anforderung 6: Das System muss die Triangulation von impliziten und expliziten Nutzungsinformationen ermöglichen.
Diese Anforderung wird durch das erweiterte Use-Tracking-Verfahren adressiert. Die für Entwickler notwendigen Informationen, um einen Nutzungskonflikt oder einen Lösungsvorschlag nachvollziehen zu können, werden durch die Kombination von expliziten Nutzungsinformationen über die Motive und die Aufgabe der Nutzer und implizite Nutzungsdaten, wie Systeminformationen und GUI-Interaktionen, bereitgestellt (s. Abschnitt 6.2.1). *INQUIRE_Feedback* realisiert diese Anforderung. Ebenfalls stellt es Datenschutzmechanismen zur Verfügung. Eine entscheidende Voraussetzung ist allerdings die erwartungskonforme Visualisierung von ermittelten Nutzungsdaten. Was für explizit erhobene Nutzungsdaten und Bildschirmvisualisierungen meist verständlich ist, ist insbesondere bei der verständlichen Darstellung von GUI-Events und Systemdaten eine Herausforderung. Mit *INQUIRE_Feedback* ist dieser Umstand adressiert, bedarf aber weiterer Forschung und Entwicklung.

Anforderung 7: Das System muss Nutzer dabei unterstützen, notwendige Kontextinformationen artikulieren zu können.
In der 1. Iteration wurden die Nutzungsinformationen ermittelt, die für die Reproduktion von Nutzungskonflikten und Funktionswünschen notwendig sind

(s. Tabelle 10). Diese beinhalten ebenfalls notwendige Kontextinformationen wie die zugrunde liegende Aufgabe und Motive des Nutzers, Nutzerinformationen und den Systemstatusess. Somit geht die Beschreibung über eine reine Bildschirminteraktionsbeschreibung hinaus. Diese Informationen werden durch eine Kombination von qualitativen und quantitativen Daten durch *INQUIRE_Feedback* bereitgestellt. Wie aber schon in Anforderung 6 erläutert, stellt die Erfassung einen Kompromiss dar und muss in *INQUIRE_Community* situativ ausgehandelt werden.

Anforderung 8: Das System muss den Nutzer dabei unterstützen, schwer artikulierbare Nutzungsinformationen bereitstellen zu können.
    Die Literaturstudie und die Ergebnisse der 1. Iteration haben gezeigt, dass insbesondere die Schritte zur Reproduktion eines Fehlers und Log-Files für Nutzer schwer bis gar nicht zu beantworten sind. Trotzdem sind diese Informationen wichtig. Das Konzept sieht vor, den Nutzer darin zu unterstützen, indem es diese Informationen automatisch bereitstellt. Die Schritte zur Reproduktion werden z.B. durch die Visualisierung von Interfaceinteraktionen geliefert, die die letzten Aktivitäten des Nutzers zeigen. Der Zeitraum für die Sequenz der Bilder ist so gewählt, dass die verschiedenen Zeiträume zwischen Fehlereintritt und Meldung, die in der 1. Iteration ermittelt worden sind (s. Abschnitt 5.3), berücksichtig, werden. GUI-Events werden automatisch erfasst und in Log-Files bereitgestellt. *INQUIRE_Feedback* realisiert diese Anforderungen, allerdings muss aufgrund von Performance-Aspekten die Erfassung von Bildschirminteraktionen auf ein Intervall von 2 Sek. erweitert werden.

Anforderung 9: Das System muss den Aufwand für den Nutzer zur Bereitstellung von Feedbacks möglichst gering halten.
    In der 1. Iteration wurde explizit untersucht, welche Informationen benötigt werden, wie hoch der Aufwand für die Bereitstellung ist und welche Informationen davon automatisiert ermittelt und dargestellt werden können. Das erweiterte Use-Tracking-Verfahren reduziert den Aufwand für den Entwickler, indem nur die nicht automatisch erfassbaren, aber notwendigen Informationen, wie die zugrunde liegende Aufgabe, die Fehlerbeschreibung und wie die Arbeit trotz des Problems beendet werden konnte, durch den Nutzer beschrieben werden müssen. *INQUIRE_Feedback* realisiert diese Anforderungen, jedoch kann der Aufwand aufgrund der explizit von Nutzern zu artikulierenden Informationen nicht gänzlich eliminiert werden. Ebenfalls ist der wahrgenommene Aufwand abhängig von den Rahmenbedingungen. Ist der Aufwand zur Beschreibung eines Nutzungskonflikts zu handlungsarmen Zeitpunkten noch angemessen, so kann dieser in handlungsintensiven Situationen zu hoch sein. Dies wird durch die Möglichkeit der Verschiebung von Feedbacks adressiert.

Anforderung 10: Das System muss Nutzer dabei unterstützen, noch fehlende Nutzungsinformationen zu erkennen.
Das Konzept sieht vor, dass der Nutzer bei der Artikulierung von expliziten Nutzungs- und Aufgabendaten geleitet und er über fehlende oder unvollständige Informationen benachrichtigt wird. Damit soll sichergestellt werden, dass für die Reproduktion des Konflikts oder der Verbesserungsidee die in der 1. Iteration ermittelten Informationsbedarfe gedeckt werden. *INQUIRE_Feedback* realisiert diese Anforderung, indem der Nutzer durch einen kurzen Fragebogen geführt wird. Durch die Schritt-für-Schritt-Anleitung wird das Risiko minimiert, dass wichtige Informationen nicht bereitgestellt werden. Allerdings können Informationsbedarfe nicht vollständig im Vorfeld fixiert werden. So ist es unerlässlich, eine Infrastruktur zur Verfügung zu stellen, die Rücksprachen mit Nutzern ermöglicht. Diese Anforderung wird sowohl durch *INQUIRE_Feedback* als auch durch *INQUIRE_Community* verwirklicht.

Anforderung 11: Das System muss Entwickler dabei unterstützen, Feedbacks der Nutzer ohne großen Aufwand sichten und analysieren zu können.
Es ist sichergestellt, dass nur die Informationen bereitgestellt werden, die der oder die Entwickler zur Analyse des Feedbacks benötigen. Die notwendigen Informationen wurden in den Entwicklerstudien der 1. Iteration ermittelt. Gleichzeitig sind notwendige Funktionen wie die Rückfragefunktion direkt aus dem Feedback heraus möglich und notwendig, so dass der Feedbackbericht nicht verlassen werden muss. Dies wurde mit *INQUIRE_Feedback* und *IN-QUIRE_Community* umgesetzt. Es ist jedoch anzumerken, dass insbesondere während der gemeinsamen Diskussion der Übersichtlichkeit und der Strukturierung der Inhalte eine besondere Bedeutung zukommt. Durch den Einsatz von etablierten Forenmechanismen in *INQUIRE_Community* wird dieser Umstand adressiert, muss aber in weiteren Studien überprüft werden.

Anforderung 12: Das System muss die Zusammenarbeit zwischen Nutzern und Entwicklern unterstützen, z.B. bei der Ausspezifizierung von Anforderungen oder zum Teilen von Artefakten.
Dies in eine der wesentlichen Anforderungen und hier werden zwei Rahmenbedingungen adressiert. Erstens, Informationsbedarfe von Entwicklern zur Erstellung von Umsetzungsspezifikationen aus Nutzerfeedbacks sind nicht statisch und können nicht komplett definiert werden. Zweitens, die Komplexität und Vielfältigkeit von Nutzungspraxen macht es notwendig, Vertreter dieser Praxen bei der Ausspezifizierung von Anforderungen zu beteiligen, um die Gebrauchstauglichkeit sicherzustellen. Dies wird im INQUIRE-Konzept auf zwei Weisen umgesetzt. Zum einen durch eine Rücksprachemöglichkeit zwischen Entwicklern und Nutzern. Zum anderen durch die Diskursumgebung, die es ermöglicht, alle Akteure an der Spezifizierung neuer Anforderungen zu beteili-

gen. *INQUIRE_Feedback* ermöglicht die direkte Kommunikation zwischen Nutzern und Entwicklern bei konkreten Systemfehlern. Allerdings ist die Artikulationsmöglichkeit nur auf Textbeschreibung beschränkt. Auch hier ist es zukünftig notwendig, Beschreibungswerkzeuge zu erweitern, z.B. durch die Annotation von Nutzungsartefakten. *INQUIRE_Community* stellt eine Infrastruktur bereit, die einen integrativen Gestaltungsprozess unterstützt.

Anforderung 13: Das System muss Entwickler und Entscheider dabei unterstützen, Priorisierungen vornehmen und die Relevanz von Feedback abschätzen zu können.
   Die Bestimmung der Relevanz wird durch die Diskursumgebung und die Entscheidungsunterstützung *im INQUIRE-Konzept adressiert.* Durch die Unterstützung der Beteiligung von allen Akteuren bei der Ausgestaltung von Designanforderungen soll die Relevanz in einer ersten Stufe sichergestellt werden. Beitragsinhalte und Grad der Beteiligung können hier erste Rückschlüsse zulassen. Nach Abschluss der Abstimmungsphase liefert das Abstimmungsergebnis ein weiteres Indiz für die Relevanz der Anforderungen. *INQUIRE_Community* stellt sowohl die gemeinsame Diskussionsumgebung als auch ein Abstimmungsverfahren zur Verfügung. Dies setzt jedoch voraus, dass sich eine angemessene Menge an Akteuren an der Diskussion und Abstimmung beteiligen. Eine Priorisierung eines Feedbacks kann in einem ersten Schritt bereits in *INQUIRE_Feedback* durch die Frage, ob der Nutzer seine Arbeit beenden konnte, ermittelt werden.

Anforderung 14: Das System muss Nutzer dabei unterstützen, bereits existierende Feedbacks zu erkennen und ggf. erweitern zu können.
   Diese Anforderung wird durch die für alle Akteure zugängliche Diskursumgebung sichergestellt. Dabei wird drauf geachtet, dass die Hürde zu bestehenden, aber auch bereits abgeschlossenen Diskussionen und Abstimmungen möglichst gering und der Aufruf mit wenig Aufwand für die Akteure verbunden ist. Gleiches gilt für die Anforderungen, die sich in der Umsetzung befinden, und solche, die bereits abgeschlossen wurden. Die INQUIRE-Implementierung sieht ein solches Benachrichtigungsverfahren vor. Bereits die Analyse des Stands der Forschung hat gezeigt, dass die Erkennung von gleichen/ähnlichen Nutzungsfeedbacks weiterhin eine große Herausforderung darstellt. Die Kanalisierung von Feedbacks und Beteiligung einer Nutzer-/Entwickler-Community bei der Analyse reduziert dieses Problem, stellt aber noch keine vollständige Lösung dar.

Anforderung 15: Das System muss die Entwicklung und Etablierung von Rollen unterstützten, z.B. Boundary-Spanners.
   Durch die Diskursumgebung wird eine Infrastruktur bereitgestellt, die durch die Verfügbarkeit von Darstellungs- und Kommunikationswerkzeugen, Nutzer-

profilen und Benachrichtigungsmechanismen über Diskussionsaktivitäten die Entwicklung und Etablierung von Rollen und Expertisen zulässt und unterstützt.

Anforderung 16: Das System muss Benachrichtigungen bereitstellen, die über Aktivitäten bei der Ausgestaltung von Anforderungen berichten, z.B. über neue Themen oder neue Phasen.

Auch der Benachrichtigung der beteiligten Akteure kommt eine wichtige Rolle zu. INQUIRE sieht ein Benachrichtigungsverfahren vor, das abhängig vom Beteiligungsgrad agiert. Entwickler werden über neue konkrete Systemfehler direkt informiert und alle Akteure im gemeinsamen Entwicklungsprozess werden über Aktivitäten und Zustände in der Diskussions-, Abstimmung- und Umsetzungsphase informiert. Im Falle von *INQUIRE_Feedback* werden Entwickler sofort über neue Feedbacks informiert und Nutzer erhalten eine Benachrichtigung über den Status des Feedbacks sowie wenn Rücksprachen erforderlich sind. Innerhalb der *INQUIRE_Community*-Phasen werden alle Akteure über neue Diskussionen oder Abstimmungen informiert. Innerhalb der Diskussionsphase werden alle Akteure, die sich an der Diskussion beteiligen, über die Aktivitäten innerhalb der Phase informiert (z.B. neuer Kommentar, neuer Vorschlag, neue Antwort auf eigenen Kommentar, etc.). Gleiches gilt für die Abstimmungsphase.

7 Zweite Iteration: Evaluation der kollaborativen Softwaregestaltung im Krisenmanagement

In diesem Kapitel wird die Evaluation von *INQUIRE_Feedback* und *IN-QUIRE_Community* dargestellt und diskutiert. Beide Werkzeuge sind, wie bereits im vorherigen Kapitel beschrieben, in die internet-basierten Krisenmanagementsysteme *SiRena* und in die *interaktive Lagekarte* integriert (s. Beschreibung in Abschnitt 5.1). *SiRena* wurde Anfang 2012 für die Akteure in beiden Landkreisen freigeschaltet, die *interaktive Lagekarte* folgte Ende 2012. *INQUIRE_Feedback* wurde im Juli 2013 für alle Nutzer der *SiRena* und der *interaktiven Lagekarte* freigegeben. *INQUIRE_Community* wurde innerhalb eines Feldversuchs von August 2013 bis Oktober 2013 von verschiedenen Akteuren aus dem Krisenmanagement vor Ort verwendet. Ziel des Feldversuchs war es, Umsetzungsvorschläge gemeinsam zu entwickeln, die auf eingereichte Nutzerfeedbacks zur interaktiven Lagekarte beruhen. In Abschnitt 7.1 wird die Methodik und der Ablauf der Evaluation vorgestellt. Die wesentlichen Kriterien, die untersucht wurden, sind: *Nützlichkeit des Verfahrens, Integrierbarkeit in den Arbeitsalltag, Artikulationsunterstützung, Wert der Ergebnisse für die Weiterentwicklung, Umgang mit unterschiedlichen Akteuren* und *Werkzeugunterstützung.* In Abschnitt 7.2 werden die Ergebnisse der Evaluation dargestellt. Es konnte gezeigt werden, dass das Verfahren von allen Probanden als sehr wirkungsvolles Instrument für die bedarfsgerechte und valide Spezifikation neuer Anforderungen an bestehende Systeme mit einer bestehenden Anwendungspraxis angesehen wird. Nach der Präsentation der Ergebnisse werden diese im Abschnitt 7.3 diskutiert und den Forschungsfragen gegenübergestellt.

7.1 Methodik und Ablauf

Durch die Integration der INQUIRE-Werkzeuge in die *SiRena* und in die *interaktive Lagekarte* bilden diese beiden und deren Anwendungskontext die Grundlage für die folgende Evaluation. Jedoch ist auch in dieser zweiten Evaluation Folgendes anzumerken. Die SiRena wurde im Vergleich zur ersten Iteration, nun durch die Akteure aus dem Krisenmanagement wie z.B. der Feuerwehr, der Polizei oder anderer Hilfsorganisationen für bestimmte Aufgaben im Alltagsbetrieb verwendet. Dazu zählen z.B. die Bildung von Arbeitsgruppen zur internen Arbeitskoordination oder für organisationsübergreifende Themen (für weitere Details und Statistiken s. Abschnitt 5.1.1). Die interaktive Lagekarte wurde bereits über einen längeren Zeitraum bei Polizei, Feuerwehr und weiteren Hilfsorganisationen wie dem Deutschen Roten Kreuz parallel zu den eigenen Systemen und Verfahren zur Lageerfassung und -einschätzung verwendet. Allerdings wurde die Nutzung durch zwei Rahmenbedingungen bestimmt. Zum einen dadurch, dass die Lagekarte aufgrund ihres Entwicklungsstandes noch nicht vollständig in den Alltagsbetrieb überführt werden konnte und somit nur ergänzend und nur für bestimmte Aufgaben verwendet wurde. Zum anderen, dass die Nutzung durch die Krisenmanagementakteure dadurch geprägt war, neue Anforderungen für die Weiterentwicklung der Lagekarte zu bestimmen. Somit lässt sich im Falle der Lagekarte nicht sagen, dass es sich um ein System handelte, das bereits in einer etablierten Praxis eingebettet war, allerdings verfügten die später vorgestellten Probanden über genügende Nutzungserfahrungen mit der Lagekarte in der eigenen Praxis.

Das Ziel der Evaluation war, Antworten auf die folgenden Fragen zu erhalten:

■ Wie wird der INQUIRE-Prozess von den Probanden wahrgenommen?

■ Was motiviert die Probanden, an der gemeinsamen Diskussion und Ausspezifizierung von Softwareanforderungen teilzunehmen?

■ Wie artikulieren Probanden ihre Interessen, Meinungen oder Ideen in heterogenen und verteilten Gruppen, bestehend aus Nutzern, Entwicklern und Entscheidern?

■ Wie lässt sich INQUIRE in den Arbeitsalltag integrieren?

■ Welchen Wert haben die Ergebnisse für die Weiterentwicklung des zugrundeliegenden Anwendungssystems?

Die Evaluation teilte sich in zwei Teile auf. Der erste Teil beinhaltete einen Feldversuch, in dem Teilnehmer der SiRena konkrete Umsetzungsvorschläge aus einem in der Vergangenheit eingereichten Nutzerfeedback zur Lagekarte ausarbeiten sollten. Auf Basis der Ausarbeitung sollte ein Vorschlag zur Umsetzung ausgewählt werden. Die Dauer der Diskussionsphase wurde auf vier Wochen und der Zeitraum für die Abstimmung auf eine Woche festgelegt. Diese Zeiträume wurden im Vorfeld mit verschiedenen Vertretern der teilnehmenden Organisationen bestimmt und aufgrund der unterschiedlichen Arbeitssituationen (z.B. ehrenamtliche Tätigkeiten, Tag- und Nachtschichten, etc.) als sinnvoll erachtet.

Der zweite Teil der Evaluation beinhaltete die Interviewphase, in der Einzelinterviews mit 10 Probanden durchgeführt wurden, um deren Erfahrungen und Meinungen sowohl zu der Diskussions- und Abstimmungsphase als auch zum INQUIRE_Feedback abzufragen.

Zur Teilnahme an der Ausspezifizierung von Umsetzungsvorschlägen wurden alle Mitglieder der Lagekartengruppe eingeladen. Der Hintergrund hier ist, dass zur Nutzung der interaktiven Lagekarte in der SiRena die Mitgliedschaft in der Lagekarten-Gruppe Voraussetzung ist. Zum Zeitpunkt der Einladung hatte die Lagekarten-Gruppe abzüglich der InfoStrom-Mitarbeiter 41 Mitglieder (mehrheitlich von Feuerwehr, Polizei und weiteren Hilfsorganisationen). In der Interviewphase wurden insgesamt zehn Interviews durchgeführt (s. Tabelle 11).

Tabelle 11: Probanden der Abschlussevaluation

Nr.	Organisation	Rolle	Phase der Beteiligung
T1	Feuerwehr	Zugführer	Diskussion und Abstimmung
T2	Polizei	Leiter Kreispolizeibehörde	Diskussion und Abstimmung
T3	Polizei	Führung- und Lagedienst	Diskussion und Abstimmung
T4	Polizei	Dienstbuchleiter	Diskussion und Abstimmung
T5	Deutsches Rotes Kreuz	Kreisleiter	Diskussion und Abstimmung
T6	Feuerwehr	Gruppenführer	Abstimmung
T7	Feuerwehr	Einsatzleitung	Abstimmung
T8	Polizei	Wachdienstführung	Abstimmung
E1	Universität Siegen	Entwickler	-
E2	Fraunhofer Institut	Entwickler	-

Acht der Probanden waren Teilnehmer der gemeinsamen Ausspezifizierung von Umsetzungsvorschlägen (T1-8). Davon waren vier Teilnehmer an der Diskussions- und Abstimmungsphase (T1-4) und vier nur an der Abstimmungsphase beteiligt (T5-8). Letztere wurden interviewt, um die Hintergründe zu ermittelt, warum sie sich nicht an der Diskussionsphase beteiligt hatten. Zwei Akteure wurden interviewt, die nicht an der Ausarbeitung und Abstimmung beteiligt waren, aber den Verlauf und die Ergebnisse aus Sicht von Entwicklern bewerteten. Die beiden Probanden haben ihren Hintergrund in der Softwareentwicklung, und der Kontext des Krisenmanagements ist ihnen bekannt. Entwickler E1 ist außerdem Gruppenführer beim Technischen Hilfswerk. Entwickler E2 hat ebenfalls langjährige Erfahrung in der Sicherheitsforschung. Bis auf die beiden Interviews mit den Teilnehmern T5 und T6 wurden alle Interviews bei den Probanden vor Ort durchgeführt.

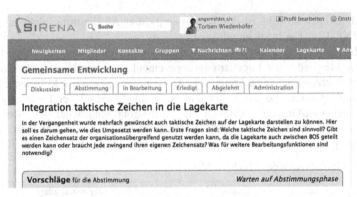

Abbildung 43: INQUIRE_Community mit der Aufgabenstellung für die Feldstudie

Im Vorfeld wurden alle Mitglieder der Lagekarten-Gruppe über die Aufgabenstellung per E-Mail informiert. Die E-Mail beinhaltete neben der Aufgabe und deren Hintergrund, einem Link direkt zur Diskussionsumgebung in der SiRena (s. Abbildung 43), auch eine kurze Hilfeanweisung als PDF-Dokument, die über den Prozess und die Bedienung von INQUIRE_Community (das in der Implementierung in der SiRena „Gemeinsame Entwicklung" genannt wurde) informierte. Die Aufgabe war es, Lösungsvorschläge zur Integration von taktischen Zeichen in die Lagekarte gemeinsam zu erarbeiten (s. Abbildung 43). Der Aufgabentext in der Diskussionsumgebung beinhaltete neben dem Titel eine kurze Beschreibung des Problems und auch weitere Punkte, die besprochen werden sollten, z.B. welche taktischen Zeichen sinnvoll oder welche Bearbeitungsfunktionen notwendig sind. Dass diese Aufgabenstellung ausgewählt wurde, hatte zwei Gründe. Zum einen da dieser Vorschlag über ein Nutzerfeedback eingereicht wurde und auch in weiteren Projekttreffen als notwendige Funktion erachtet wurde. Zum anderen da die Thematik „taktische Zeichen" von besonderer interorganisationaler Bedeutung ist, da jede Organisation ihre eigenen taktischen Zeichen vorhält und hier eine gemeinsame Lösung gefunden werden muss. Nach der vierwöchigen Diskussionsphase folgte die einwöchige Abstimmungsphase, über die die Mitglieder der Lagekarten-Gruppe ebenfalls automatisch per E-Mail informiert wurden. Innerhalb der Diskussionsphase wurden die Beitragenden zudem über neue Kommentare oder neue Vorschläge automatisch benachrichtigt, so wie es in der Funktionsbeschreibung von *INQUIRE_Community* vorgestellt wurde (s. Abschnitt 6.6).

Nach Abschluss des gesamten Prozesses wurden semi-strukturierte Interviews mit den zuvor beschriebenen Probanden durchgeführt. Hierfür wurden im Vorfeld drei Interviewleitfäden in Abhängigkeit der Teilnahme entwickelt, die in Anhang A3 zu finden sind. So wurde ein Leitfaden für die Probanden entwickelt, die an der Diskussion und Abstimmung teilgenommen haben, einer für die Probanden, die nur mit abgestimmt haben, und einer für die Entwickler. Während der Interviews hatten die Probanden Zugriff auf die Diskussionsbeiträge und Abstimmungsergebnisse. Die Interviews wurden per Audiorekorder aufgezeichnet und dauerten von 45min. bis 1 ½ Std.

Die aus den Audiomaterialien erstellten Transkripte wurden hinsichtlich der Evaluationsfragen analysiert. Die Analyse wurde dafür in fünf Schritte unterteilt (Reichling et al., 2007):

1. Die Transkripte wurden nach den Interviewleitfragen strukturiert.

2. Basierend auf den Transkripten wurden Kategorien für die Analyse gebildet. Diese Kategorien beinhalteten die Identifikation von Motiven und Hintergründen zur Teilnahme, Hinweisen zum Wert der Ergebnisse, Hinweisen zur Arbeitsalltagsintegration, Herausforderungen beim Umgang mit unterschiedlichen Akteuren und Interessen, Herausforderungen bei der Artikulierfähigkeit, kritischen Nutzungssituationen und Empfehlungen für die Verbesserung.

3. Die Kategorien wurden für die Entwicklung eines Coding-Leitfadens verwendet. Das half, die erhobenen Daten in sinnvoller Weise zu gruppieren und bestimmte Problemen zuzuordnen. Die erhobenen Daten wurden anonymisiert und generalisiert.

4. Es wurden Knoten von zusammenhängenden Einheiten ermittelt, die auch einen quantitativen Überblick über das Material ermöglichen.

5. Es wurden Hypothesen erstellt, die sich aus den vorherigen Schritten ergeben haben.

7.2 Ergebnisse

Im folgenden Abschnitt werden nun die Ergebnisse vorgestellt. Dabei wird der Abschnitt in vier Unterabschnitte aufgeteilt. Der erste Unterabschnitt liefert eine kurze Übersicht über Teilnehmer, Inhalte und Nutzungsstatistiken des Feldversuchs. Der zweite Unterabschnitt stellt die Analyseergebnisse hinsichtlich des gesamten Prozesses dar. Die beiden folgenden Unterabschnitte gehen detailliert auf die Ergebnisse der Analyse von *INQUIRE_Community* und *INQUIRE_Feedback* ein und sind nach den in Analyseschritt 2 (s.o.) abgeleiteten Kategorien strukturiert. Da neben der Nutzerperspektive auch die Entwicklerperspektive durch die Interviews betrachtet wurde, wird hierauf in den einzelnen Abschnitten ebenfalls eingegangen.

7.2.1   Nutzungsübersicht zum Feldversuch

Doch zu Beginn ein kurzer Überblick über die Nutzung während der gemeinsamen Ausarbeitung. Während der vierwöchigen Diskussionsphase wurden insgesamt 24 Beiträge durch Akteure von Polizei, Feuerwehr, Deutsches Rotes Kreuz und einem Vertreter der Lagekarten-Entwickler abgegeben. Abbildung 44 zeigt einen Ausschnitt aus der Diskussionsphase.

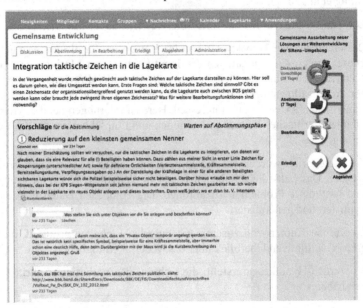

Abbildung 44: Ausschnitt der Beiträge in der Diskussionsphase

Die Inhalte der Beiträge reichten von konkreten Umsetzungsvorschlägen über Rahmenbedingungen, die berücksichtigt werden sollten, bis zu weiteren Ergänzungen und zusätzlichen externen Informationen. Die Beiträge wurden mehrheitlich in Textform abgeben, aber es wurden auch weiterführende Informationen von Webseiten (z.B. taktische Zeichen des Bundesamtes für Bevölkerungs- und Katastrophenschutz, BBK) über Links hinzugefügt. Von Seiten der Entwickler wurden erste Designvorschläge als Screenshot-Mockups hinzugefügt, die über Links abrufbar waren. Der Vertreter der Lagekarten-Entwickler nahm gleichzeitig die Rolle eines Moderators ein, indem gezielt Fragen hinsichtlich der Anforderungen gestellt, verschiedene Aussagen zusammengefasst und noch offene Fragestellungen wieder aufgerufen wurden. Gleichzeitig wurden konkrete Umsetzungsvorschläge seitens der Polizei, insb. durch die Leitungsebene gemacht, die durch weitere Kollegen der Polizei ergänzt oder konkretisiert wurden.

Von seiten der Feuerwehr wurden diese Vorschläge aufgegriffen und erweitert. Von Seiten der Entwickler wurden Rückfragen bei Unklarheiten gestellt und erste Designbeispiele in Form von Screenshot-Mockups bereitgestellt, die sich auf zuvor gemachte Aussagen und Vorschlägen bezogen. Auf Basis der Mockups wurde diskutiert, und Verbesserungsvorschläge und Hinweise wurden geliefert.

Während der Diskussionsphase wurde die Diskussionsumgebung anders genutzt als erwartet. Der Bereich, in dem konkrete Umsetzungsvorschläge von den Beteiligten eingetragen werden sollten, die sich aus der Diskussion ergeben und auf deren Basis später abgestimmt werden sollte, wurde ebenfalls zur Diskussion benutzt. Der Grund lag darin, dass hier die Möglichkeit bestand, auf bestimmte Beiträge direkt zu antworten. Diese Möglichkeit bestand im unteren Diskussionsbereich nicht. Das war positiv für die Diskussion, allerdings mussten nach der Diskussionsphase die einzelnen Vorschläge und deren Ergänzungen in ein abstimmbares Format zusammengefasst werden. Dies wurde von dem Vertreter der Lagekarten-Entwickler durchgeführt.

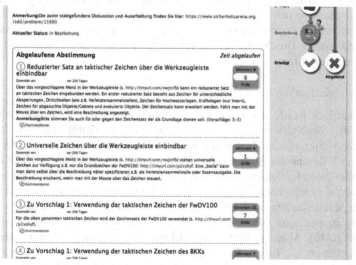

Abbildung 45: Ausschnitt aus den erarbeiteten Vorschlägen, über die abgestimmt werden konnte

Aus der Diskussionsphase ergaben sich zwei Umsetzungsvorschläge zur Integration von taktischen Zeichen in die Karte. Abbildung 45 zeigt einen Ausschnitt der Vorschläge, über die abgestimmt werden konnte. Vorschlag 1 umfasste eine Grundsammlung von offiziellen Zeichen. Welche Arten von Zeichen es sein sollten, wurde in der Diskussion erarbeitet (z.B. Sperrgebiete). Vorschlag

2 sah vor, universelle Zeichen, wie z.B. ein Haus, zu verwendenden, die über eine Beschriftung spezifiziert werden können. Darüberhinaus sollte in Bezug auf Vorschlag 1 noch über den zu verwendeten Zeichensatz abgestimmt werden, da jede Organisationen einen eigenen Zeichensatz besitzt.

Insgesamt nahmen 14 Personen an der Abstimmung teil. Mehr als an der Diskussion teilgenommen haben. Vorschlag 1 erhielt mit sieben Für- und einer Gegenstimme(n), das höchste und Vorschlag 2 mit fünf Für- und vier Gegenstimmen das niedrigste Abstimmungsergebnis. Daneben wurde Ergänzungsvorschlag 3 mit neun Für- und zwei Gegenstimmen ausgewählt (s. Abbildung 45). Daraufhin wurden diese Vorschläge in der Lagekarte umgesetzt und der Status der Bearbeitung in dem entsprechenden Reiter zugänglich gemacht.

In den nun folgenden Abschnitten werden die Ergebnisse der Probandeninterviews vorgestellt.

7.2.2   INQUIRE_Prozess

Zu Beginn werden Ergebnisse aus den Interviews dargestellt, die INQUIRE aus der Prozessebene betrachten. So teilt sich der folgende Abschnitt in *Nützlichkeit des Verfahrens, Prozessablauf, Rollen und Verständlichkeit* auf. Auf Aspekte, die die konkrete Durchführung des Verfahrens betreffen, wird in den Abschnitten zu den jeweiligen Werkzeugen eingegangen.

7.2.2.1   Nützlichkeit des Verfahrens

Grundsätzlich wurde das INQUIRE-Verfahren von allen Probanden als sehr sinnvolles Verfahren und als *„wirklich gut"* (T5, 00:17:09) bewertet. Das hat mehrere Hintergründe. Zum einen ist den Nutzern bewusst, dass es nicht um einzelne Wünsche der Nutzer geht: *„Denn man muss ja im Prinzip die Wünsche von allen berücksichtigen, nicht nur von Einzelnen."* (T3, 00:02:58) und zum anderen sei es notwendig, alle Beteiligten mit einzubeziehen, wie hier im Bezug auf die stattgefundene Diskussion zu sehen ist: *„Gerade wenn da jetzt mehrere Organisationen dran mitwirken, müssen die halt auch eine Diskussion führen."* (T1, 00:10:46). Aber das Verfahren wird auch als Chance gesehen, mitentscheiden zu können: *„[...] diese Tools, die hat sich wer ausgedacht und die muss man einfach hinnehmen. Und dass man da Einfluss nehmen kann, finde ich gut."* (T1, 00:54:15). Die Entwickler sehen hier eine gute Möglichkeit, *„mit dem Nutzer in Kontakt zu treten"* (E1, 00:27:59) und *„dass dieser [der Nutzer] Feedback geben kann"* (E2, 00:24:48), das ist notwendig, da hier ein Defizit in der derzeitigen Praxis besteht, wie ein vorheriges Zitat zeigt: *„Gleichzeitig gibt es aber im Design ganz viele offene Fragen, wie man etwas bauen soll oder ob etwas fehlt bzw. ob noch etwas gebraucht wird. Immer dann wünscht man sich einen Ansprech-*

partner, den man nach einer Sicht aus der realen Welt fragen kann." (E1, 00:22:52).

Allerdings wurde auch deutlich, dass INQUIRE nicht in jeder Situation angemessen ist. So wird ein persönliches Treffen von allen Probanden bevorzugt, wie ein Zitat zeigt: *„Das Beste wäre, ich meine natürlich, wenn man sich zusammensetzen könnte.*" (T6, 00:09:18). Das ist zum einen darauf zurückzuführen, dass der enge Kontakt als wichtig erachtet und in der Praxis gelebt wird: *„Aber hier bei uns ist der persönliche Austausch wichtig, dadurch dass wir alle den kurzen Draht zueinander haben.*" (T2, 00:26:49). Dabei ist mit *„hier bei uns"* die Region gemeint. Zum anderen sollten grundlegende Entscheidungen bereits in einem persönlichen Treffen besprochen werden: *„[...] dass grundsätzliche Dinge in der Gruppen schon diskutiert werden sollten"* (T7, 00:24:10). Außerdem wird die Gefahr gesehen, dass im Gegensatz zu physischen Treffen der Aufgabe nicht die volle Aufmerksamkeit geschenkt wird, *„dass es nebenbei gemacht wird [...]. Das heißt, dass man vielleicht nicht mit vollem Einsatz und in vollen Gedanken dabei ist.*" (T8, 00:24:15). Gleichzeitig werden Gründe von allen Probanden genannt, dass INQUIRE das realistischere und sinnvollere Verfahren für den Anwendungsfall gegenüber persönlichen Treffen ist: *„[...] unter den gegebenen Umständen das Beste"* (T6, 00:09:18). Als wesentlicher Vorteil wird die Einbeziehung eines wesentlich größeren Nutzerkreises genannt: *„Da kann sich wirklich eine Vielzahl von Leuten beteiligen.*" (T2, 00:27:14), was bei örtlichen Treffen aufgrund des Aufwands kaum zu ermöglichen ist: *„Ich muss die Leute einladen, ich muss einen Raum haben, die Leute müssen dahinkommen.*" (T5, 00:23:02). Der weitere Vorteil liegt in der Orts- und Zeitunabhängigkeit: *„Ich bin orts- und zeitunabhängig.*" (T6, 00:10:14), so dass sich das Verfahren besser in den Arbeitsbetrieb integrieren lässt. Darauf wird im kommenden Abschnitt noch näher eingegangen. Allerdings wird der Aufwand des Verfahrens unterschiedlich eingeschätzt. Wo die einen sagen, *„Es geht sehr schnell.*" (T7, 00:25:25), sagen die anderen *„braucht man für den gesamten Vorgang mehr Zeit"* (T6, 00:10:14). Doch Konsens herrscht bei den Probanden darüber, dass man sich besser vorbereiten kann: *„Und so habe ich die Möglichkeit, mir mal Gedanken dazu zu machen."* (T2: 00:04:37) und sich ggf. bei anderen Informationsquellen: *„Ich kann mir Sachen aus dem Regal holen, Bücher, kann mir im Internet was ziehen.*" (T8, 00:24:15) oder sich bei Kollegen (T1) informieren. Aber auch hierauf wird im folgenden Abschnitt noch stärker Bezug genommen. Wie zu Beginn dieses Absatzes erwähnt wurde, wird der Einsatz des Verfahrens nicht überall als sinnvoll erachtet. Z.B. um in einer Informationssoftware (hier wurde das Beispiel einer Lexikonsoftware zu verschiedenen Gasen genannt) eine weitere Information einzutragen, wäre es nicht notwendig eine Diskussion zu führen: *„Wenn etwas eingepflegt werden soll in eine Software. Nein, aber um eine Software zu verbessern.*" (T1, 00:54:15). Beide Entwickler sehen den Anwendungspunkt von INQUIRE auch erst dann, wenn bereits eine nutzbare Software besteht, wie folgendes Zitat von E1 zeigt: *„Das muss nicht fertig sein, das muss nicht perfekt sein, das könnte auch ein Prototyp sein mit minimalem Funktionsumfang, ab dann, finde ich, macht das ganz viel Sinn."* (E1, 00:24:57).

7.2.2.2 Prozessverlauf

Der Ablauf des Verfahrens wurde durchweg als gut und sinnvoll erachtet. Es wurde herausgestellt, dass eine Abstimmung nur mit vorheriger Diskussion Sinn macht, in der Tendenzen und Interessen betrachtet werden können, um zu verhindern, dass ein Vorschlag, in der Abstimmung durchfällt: *„ [...] und ich krieg mit 1 zu 99 da die Ohrfeige. Ist vielleicht nicht so ganz prickelnd, aber wenn ich das im Vorfeld schon mal diskutiert habe und sehe ‚Naja, da sind noch andere da, die so eine ähnliche Auffassung haben wie ich' und das dann einstelle."* (T2, 00:11:51). Als Ergänzung wurde von Proband T6 vorgeschlagen, zuvor eine Schulung durchzuführen, die Teilnehmer darauf vorbereitet, worauf es ankommt, welche Regeln existieren und wie man zu einem Ergebnis kommt (T6, 00:10:42). T5 schlägt ein persönliches Abschlussgespräch nach der Abstimmung vor: *„Hier wollen wir jetzt einen Schlussstrich ziehen, aber lasst uns jetzt grad nochmal da drüber reden."* (T5, 00:23:02), um die Vorteile eines persönlichen Gesprächs einzubeziehen. Entwickler E1 sieht den Prozess nach der Abstimmung und darauffolgenden Umsetzung nicht beendet und schlägt vor, auf Basis der Umsetzung weiter zu diskutieren: *„Ich würde es hier nicht als Ende sehen, man müsste wahrscheinlich schauen, was man damit macht. Man könnte aber konkret schon etwas umsetzen, wie Mockups oder auch einen Prototypen."* (E1, 01:13:27).

Der Zeitraum des Verfahrens wurde als ausreichend erachtet. Vier Wochen für die Diskussion sind ausreichend, auch unter Berücksichtigung von Urlauben und Rücksprachen mit Kollegen, wie Proband T5 bestätigt: *„Vier Wochen finde ich gut, auch für Rücksprachen mit anderen Kollegen."* (T5, 00:26:21). Allerdings wurde die eine Woche für die Abstimmung als zu kurz angesehen, *„ein Zeitraum von 14 Tagen wäre besser"* (T7, 00:42:42). Grundsätzlich wurde aber die Verwendung eines festgelegten Zeitraumes als sehr hilfreich angesehen, damit tatsächlich ein Ergebnis rauskommt. Proband T8 siehst sonst die Gefahr, dass nur Meinungen dargestellt werden und nicht versucht wird ein Konsens zu erreichen: *„Sonst erhält man nur viele Meinungen und letztendlich wird dann jeder nur eine neue Meinung kundtun und die Abstimmung rückt immer weiter in die Ferne."* (T8, 00:13:37)

7.2.2.3 Rollen

In diesem Abschnitt werden die verschiedenen Rollen beschrieben, die von den Probanden als wichtig erachtet wurden. Auf die Anzahl an Akteuren die zu einer sinnvollen Diskussion führen, wird im Abschnitt 7.2.3.5 näher eingegangen.

Einen große Augenmerk legten die Probanden auf die Vertreter der Praxis. Mehrheitlich sollten die sich an der Diskussion beteiligen, die auch mit der Software arbeiten und über Anwendungs- und Kontextwissen verfügen, auch um Missbrauch zu verhindern: *„Hintergrund ist einmal, es verfügen nicht alle über das gleiche Wissen, das sollte dann schon die entsprechende Zielgruppe sein, die da auch mitarbeitet, und nicht dass da einer Vorschläge einbringt, irgendwas ich sag mal eine Abstimmung womöglich manipuliert."* (T1, 00:54:50). Durch Proband T7 wurde dies bekräftigt, *„da hat jeder zu irgendeinem Thema immer etwas zu sagen"* (T7, 00:11:29). Proband T6 macht auf Personen aufmerksam, die zwar nicht provozieren wollen, aber den Ablauf stören, da *„die einfach nur Aufmerksamkeit heischen wollen"* (T6, 00:31:23). Zwei Probanden äußerten Bedenken, dass auch zu viele Akteure nicht gut für die Diskussion sind und diese unübersichtlich und nicht zielführend machen. Proband T2, als ein Vertreter der Polizei, schlägt vor, nur die Führungsebene der einzelnen Hierarchieebenen diskutieren und abstimmen zulassen: *„Wir befragen bis auf die Ebene der letzten Führungskraft im Wachdienst, das sind die Dienstgruppenleiter [...] Dann sollen die in ihrem Mitarbeiterkreis das einfach nur verbal thematisieren und schreiben nur auf der Ebene der Führungskräfte."* (T2, 00:39:25). Proband T6 hält es für hilfreich für den Start einen Diskussion, dass zwei Protagonisten dabei sind, die *„mit Vorschlägen anfangen, an denen man dann rumbasteln kann"* (T6, 00:11:55).

Alle Probanden sehen die Existenz eines Moderators als wichtig an. Wie Entwickler E2 äußert: *„Ein Diskussionsleiter, der sich kümmert, dass dieses Verfahren auch zu einem sinnvollen Ergebnis führt."* (E2, 00:51:37). Dieser kann ein Entwickler sein, sollte aber bestenfalls aus der Organisationen stammen und die Praxis kennen (E2, 00:51:37). Entwickler E1 bekräftigt, dass die Rolle extern besetzt werden sollte, da er das Hierarchieverständnis bei den beteiligten Organisationen als sensibel einschätzt: *„Man muss schon aufpassen, dass man dort niemanden auf die Füße tritt. Es gibt schon noch Rollen in den Organisationen, die etwas Besonderes sind."* (E1, 01:00:01). Ein weiterer Rollenwunsch stellt die Kontrollinstanz dar, die die individuellen Feedbacks der Nutzer noch mal überprüft, bevor diese in die Diskussion gegeben werden. Die Rolle wird im Kontext von INQUIRE_Feedback in Abschnitt 7.2.4.3 näher erläutert.

7.2.2.4 Verständlichkeit

Sinn und Ablauf des Prozesses waren für die Probanden auf Anhieb verständlich. Proband T1 (00:28:10) hob die kleine Ablaufabbildung (s. Abbildung 44, rechter

Bildrand) hervor, die ihm geholfen hatte, den Ablauf zu verstehen. Allerdings war ihm nicht klar, wer und wie entschieden wird und welche Vorschläge abgelehnt werden können: *„Wer entscheidet das und wie kommt das dann zustande?"* (T1, 00:28:10). Proband T7 fand den Test in der Einladungs-E-Mail zu lang und hatte den Inhalt nicht ganz gelesen, was auf die hohe Anzahl an E-Mails, die der Proband bekommt zurückzuführen ist: *„[...] diesen nicht richtig gelesen hat, wie das auch schon mal vorkommt bei E-Mails, dann kam man überhaupt nicht mehr in den Fluss herein. Das war für mich etwas verwirrend, weil ich sehr viele E-Mails empfange und manche nur überfliege."* (T7, 00:04:16).

7.2.3   INQUIRE_Community

In diesem Abschnitt werden nun detailliert Ergebnisse vorgestellt, die die Diskussions- und Abstimmungsphase betreffen. Hier teilt sich der Abschnitt in folgende Bereiche: *Motivation zur Beteiligung, Artikulierung von eigenen Interessen, Integrierbarkeit in den Arbeitsalltag, Umgang mit unterschiedlichen Akteuren und Interessen, Wert der Ergebnisse* und *Bedienbarkeit*.

7.2.3.1   Motivation zur Beteiligung

Aufbauend auf den Ergebnissen zu der wahrgenommenen Nützlichkeit von INQUIRE in Abschnitt 7.2.2.1 soll hier noch auf Motivationsfaktoren eingegangen werden, die die Beteiligung an Diskussion und Abstimmung beeinflussen. Proband T6 stellt heraus, wenn die Möglichkeit besteht, die eigene Meinung einbringen zu können, dann sollte man dies auch wahrnehmen (T6, 00:08:32). Auch Proband T5 hebt die Offenheit und die Transparenz von INQUIRE hervor und die Chance, dass auch Ideen von anderen beigetragen werden, *„auf die man gar nicht selber gekommen ist"* (T5, 00:13:24) und auch wenn diese nicht umgesetzt werden, *„[...] hat man selbst die Gelegenheit, diese für sich selbst umzusetzen."* (T5, 00:13:24). Dieser letzte Punkt wird auch von anderen Probanden geäußert, dass die Einblicke, die man in andere Arbeitspraxen bekommt, auch für die eigene Arbeit einen Mehrwert bieten können (T4, 00:25:37). Auf die Möglichkeiten die sich durch Einblicke in andere Arbeitspraxen ergeben, wird in Abschnitt 7.2.3.3 noch weiter eingegangen. Proband T6 hält eine Erinnerungsfunktion für sehr wichtig, um die Motivation zur Beteiligung zu steigern: *„Vielleicht kann man auch die Diskussionen unter Umständen beleben, indem man ein solches Tool* [Anmerkung: Erinnerungsfunktion] *für die „Vergesslichen" mit einarbeitet"* (T6, 00:56:27). Dem Probanden zufolge deutet auch die Frequenz einer Erinnerung auf die Wichtigkeit hin: *„wenn sich jemand mehrfach meldet, dann muss es schon wichtig sein"* (T6, 00:56:27). Proband T7 geht auf den Zeitpunkt der Beteiligung ein. Proband T7 ist Teil der Einsatzleitung bei der Freiwilligen Feuerwehr und geht tagsüber ihrer eigentlichen Arbeit nach, so dass abends für die Teilnahme wenig Zeit und Motivation besteht: *„Da habe ich ehrlich gesagt abends keine Lust mehr, mir Gedanken drüber zu machen"* (T7, 00:18:37). Auf die Integration in den Arbeitsalltag wird später noch detaillierter eingegangen, sie sollte hier aber der Vollständigkeit halber mit aufgelistet werden. Entwickler E2 macht deutlich, dass ohne große Beteiligung die Motivation an der Beteiligung sinkt: *„[...] einen Vorschlag mache und es würde fast keiner darauf reagieren, dann würde auch meine Motivation, so etwas noch einmal zu tun, sehr sinken"* (E2, 00:50:47). E2 stellt aber gleichzeitig dar, dass auch Rollen in der Regel dabei sind, die motiviert sind, wie z.B. Entwickler, die diesen Effekt abfedern könnten (E2, 00:50:47).

7.2.3.2 Artikulierungsprozess eigener Interessen

In diesem Abschnitt werden verschiedene Aspekte betrachtet, da hier mehrere Kategorien ermittelt worden sind. Es konnten zum einen *Rahmenbedingungen* identifiziert werden, die für den Darstellungsprozess eigener Interessen und Ideen gelten. Zum anderen wurden Erkenntnisse zum *Artikulierungsprozess* und zu -*werkzeugen* ermittelt. Zudem konnten Ergebnisse geliefert werden, die die *Informationsbedarfe von Entwicklern* betreffen.

Grundsätzlich wurde von allen Probanden der Prozess wie auch die Diskussions- und Abstimmungsplattform als gutes Mittel bewertet, die eigenen Vorschläge und Interessen darstellen zu können (T1-8, E1-2), wie die nächsten Zitate zeigen werden. Proband T2 macht aber deutlich, dass es nicht darum geht sich durchzusetzen, sondern dass man seine Argumente einbringen kann: *„Es geht ja jetzt hier nicht in dieser Situation darum, ob sich jemand durchsetzt oder sonst irgendwas. Es geht einfach darum, dass man seine fachlichen Argumente einbringen kann. Das kann man."* (T2, 00:07:24).

Eine der wichtigen *Rahmenbedingungen* ist, dass Beitragende, neben der Einbringungen von Ideen und Vorschlägen, auch eine Reaktion auf ihre Beiträge erhalten, wie ein exemplarisches Zitat nach der Frage, ob Sie ihre Interessen einbringen konnten, zeigt: *„Und dass das auch bewertet worden ist und dass es auch anerkannt worden ist, was ich geschrieben habe oder was andere geschrieben haben, das ist ja ganz offensichtlich. Also das war schon ok, damit bin ich völlig zufrieden."* (T2, 00:07:24). Auch ein Negativbeispiel zeigt, dass eine Reaktion erwartet wird: *„[..] da wurden Vorschläge gemacht unter anderem auch meiner, aber als man nach 3-4 Tagen nochmals ins System geschaut hat, waren diese im Sand verlaufen"* (T4, 00:04:51). Einen weiteren Aspekt nennt Proband T1. Er vermutet, dass dieses online-basierte Verfahren auch die Hemmschwelle etwas beizutragen bei Personen senkt, denen es schwerfällt, in der Gruppe etwas zu sagen (T1, 00:17:37). Entwickler E1 sieht in persönlichen Treffen *„eine Menge Politik mit im Spiel"* (E1, 00:37:51), was durch die anonyme Online-

Abstimmung reduziert wird. Eine weitere wichtige Rahmenbedingung ist die Zeit, die in diesem Verfahren zur Verfügung steht, und auch deren flexible Einteilung. Dies wird von allen Beteiligten als ein wesentlicher Vorteil angesehen. Dies begünstigt zwei Möglichkeiten, zum einen die intensivere Auseinandersetzung mit dem Thema, wie folgendes Zitat zeigt: *„Ich kann mich intensiver damit beschäftigen.“* (T5, 00:23:02) und zum anderen, dass die flexible Bearbeitungszeit eine gute Integration in den Arbeitsalltag zulässt (T1-8). Dies wird im übernächsten Abschnitt näher erläutert. Jedoch setzt die zeitliche Flexibilität zudem voraus, dass man sich die Zeit für die Teilnahme auch nimmt. Proband T5 sieht ein Risiko darin, dass man sich Zeit für die Teilnahme nicht nimmt: *„Große Gefahr ist natürlich, ich muss mir diese Zeit und Muße auch nehmen.“* (T5, 00:23:02), was bei einem festgesetzten Termin nicht der Fall wäre: *„Das habe ich nicht, wenn ich genau weiß, ich hab dann und dann einen Termin.“* (T5, 00:23:02).

Betrachtet man den Prozess der Artikulierung von eigenen Ideen, Interessen oder Anmerkungen, so lässt sich erkennen, dass dies kein individueller Vorgang ist, sondern andere Kollegen oder Vorgesetzte integriert werden, wie folgendes Zitat exemplarisch zeigt: *„Ich hab mich schon mit #NAME# unterhalten diesbezüglich und bezüglich meiner Vorschläge.“* (T3, 00:15:41). Dies hat zwei Hintergründe. Zum einen um sich vorab zu informieren, was neben Personen auch andere Quellen sein können: *„[...] ich kann mir Sachen aus dem Regal holen, Bücher, kann mir im Internet was ziehen“* (T8, 00:24:15) oder *„Ich hab unseren polizeilichen Zeichensatz mir nochmal angeguckt und hab überlegt, ob da noch irgendwas ist, was wir daraus wirklich konkret gebrauchen können.“* (T2, 00:18:27). Ein weiterer Hintergrund ist, dass es darum geht, eine gemeinsame Organisationsmeinung vertreten und so aus einem Mund sprechen zu können, wie folgendes Zitat zeigt: *„Das ist natürlich auch unsere Philosophie immer, wenn ich nach außen eine Organisationsmeinung vertrete, dann sollte die schon mit einer gewissen Abstimmung nach außen gehen. Das wirkt immer ein bisschen unprofessionell, wenn der eine in die Richtung und der andere genau die andere Position vertritt.“* (T2, 00:17:25).

Die Werkzeuge zur Darstellung von Ideen, Vorschlägen, Hinweisen etc., wurden von allen Probanden als bedarfsgerecht angesehen (T1-8, E1-2), obwohl *„seine Gedanken schriftlich zu verfassen immer etwas schwieriger ist, als miteinander zu reden“* (T4, 00:32:03), auch da *„Mimik und Körpersprache“* (T4, 00:14:27) nicht zur Verfügung stehen. Einzig die Abstimmungsfunktion wurde unterschiedlich bewertet. So wurde das Abstimmungsverfahren als nicht fair erachtet, da die Gewichtung der Stimmen nicht angemessen ist. So sehen die Probanden der Polizei (T2, T3) die Feuerwehr im Vorteil hier ihre Interessen durchzusetzen, da sie mehr Mitglieder haben, die für deren Vorschläge abstimmen können: *„Ich halte dieses Abstimmungsverfahren für fragwürdig. Weil wir*

waren jetzt mit dem Polizeibereich mit einigen Leuten vertreten, die Hilfsorgani-
sationen mit einem relativ großen Pool, der dahintersteht. Also wenn es darum
später mal geht, so Interessenslagen abzufragen, dann ist immer die beteiligte
Organisation, die mehr Mitglieder da drin hat, natürlich bevorzugt und das kann
aus meiner Sicht nicht wirklich der Sinn dieser Abfrage sein." (T2, 00:05:50).
Auf der anderen Seite stellen andere Probanden das gemeinsame Ziel in den
Vordergrund, so dass die Mitgliederstärken der Organisationen nicht so bedeu-
tend sind. So sagt Proband T5 vom Deutschen Roten Kreuz: *„Letztendlich ziehen*
wir alle an einem Strang und ob da jetzt nun fünf Leute von der Feuerwehr mit-
arbeiten und nur einer vom Roten Kreuz." (T5, 00:20:13). Auch Proband T8 von
der Polizei bekräftigt die gemeinsame Sache: *„Da es ja eine gemeinsame Karte*
sein soll und nicht nur für Polizei oder Feuerwehr, ist es richtig, beide gleichbe-
rechtigt abstimmen zu lassen über eine Sache, das ist auf jeden Fall richtig."
(T8, 00:19:46). Proband T6 erwartet bei der Abstimmung neben der Für- und
Gegenstimme auch eine neutrale Abstimmungsmöglichkeit (T6, 00:40:13). Als
Ergänzung zur schriftlichen Beschreibung wünscht die Mehrheit der Probanden
weitere Beschreibungsmedien wie: *„Bilder und Videos" (T4, 00:32:49),*
„Screenshots" (T2, 00:19:46) und *„Links"* (T1, 00:51:55), denn *„manchmal ist*
es ja auch einfach wichtig, sich das mal optisch vorzustellen" (T2, 00:19:46).
Ebenfalls wäre es hilfreich, wenn man Dateien an einen Kommentar hängen
kann, wie z.B. eine *„Excel-Tabelle"* (T1, 00:52:22). Jedoch gibt Proband T5 zu
bedenken, dass man sich auch im mobilen Kontext daran beteiligen können sollte und der Aufbau dann nicht so lang sein darf. Er sieht die Notwendigkeit, da
ihm in seiner Funktion nicht immer ein fester Arbeitsplatz zur Verfügung steht
(T5, 00:36:37). Probanden T1, T5, T7 und T8 wünschen sich ebenfalls die Möglichkeit, Bilder oder Screenshots annotieren, um Ideen und Vorschläge besser
beschreiben zu können, z.B. *„mit Pfeilen dran"* (T7, 00:32:58). Auch Entwickler
E1 sieht es als sinnvoll an, mit graphischen Artefakten zu arbeiten, um Aspekte
besser diskutieren zu können: *„Ich glaube, dann macht das wahrscheinlich Sinn*
mit Mockups zu arbeiten." (E1, 00:53:59).
　　Hinsichtlich der Informationsbedarfe von Entwicklern konnte folgende Erkenntnisse ermittelt werden. Entwickler E1 macht deutlich, dass die Informationsbedarfe nicht im Vorfeld zu definieren sind und abhängig von der Anforderung sind (E1, 00:46:36). Zudem muss eine Anforderung nicht bis ins Kleinste
ausspezifiziert sein, damit Entwickler eine erste Umsetzung durchführen können:
„Das muss eben nicht schon komplett durchgestaltet sein und es ist okay, wenn
man an einem gewissen Punkt sagt, dass der Nutzerinput ausreichend ist." (E1,
00:48:41). Entwickler E2 definiert konkret seine Erwartungen an das Verfahren.
So sind für ihn Informationen zu den Nutzungspraktiken der Nutzer wichtig
ebenso wie Screenshots, die bestenfalls annotiert sind und den Vorschlag beschreiben: *„[...] Feedback zu Ihren Nutzungspraktiken geben könnten mit der*

zusätzlichen Möglichkeit, Screenshots anzufügen, die anschaulich annotiert sind, dann kann ich mir das besser vorstellen" (E2, 00:31:22). Ebenfalls werden von Entwickler E2 erste Mockups als hilfreich eingeschätzt, da ggf. den Nutzern Dinge auffallen, die zuvor noch nicht berücksichtigt wurden: *„Ja, das macht ja auch Sinn dann, als nur darüber zu reden. Wenn man es sieht, fallen ja noch ganze andere Sachen auf, die vorher noch gar nicht berücksichtigt wurden."* (E2, 01:17:59).

7.2.3.3   Umgang mit unterschiedlichen Akteuren und Interessen

Wie bereits bei der Darstellung der Ergebnisse zur Nützlichkeit des Verfahrens zu sehen war, ist das wesentliche Ziel, alle Akteure in die Diskussionen mit einzubeziehen, die Nutzer des zugrundeliegenden Anwendungssystems sind, in diesem Fall alle beteiligten Organisationen und deren Mitarbeiter. Allerdings haben die Interviews gezeigt, dass hier einige Herausforderungen zu bewältigen sind. Doch zu Beginn, wo sehen die Probanden hier die Vorteile? Es konnten im Wesentlichen zwei Vorteile bei der Mehrheit der Probanden ermittelt werden. Erstens, dass man einen Einblick in andere Organisationen, deren Sichtweisen oder Strukturen bekommt (T1, T2, T4, T5, T7, T8), wie folgendes exemplarische Zitat zeigt: *„Ja, ist interessant, wie die unterschiedlichen Sichtweisen sind und die Vernetzung untereinander ist, was ja so eigentlich kaum gegeben ist."* (T1, 00:22:55). Für Proband T8 war dies insbesondere im Falle der Feuerwehr so: *„Ja, auf jeden Fall, gerade in die Feuerwehr."* (T8, 00:34:46). Proband T7 bewertete die Zusammenarbeit während der Diskussion als gut, auch weil man sich im Landkreis gut kennt (T7, 00:28:09), ist aber skeptisch, ob das in anderen Landkreisen funktionieren wird: *„Der eine weiß dort nicht, was der andere tut und möchte dies auch in Teilen nicht wissen,"* (T7, 00:28.40). Entwickler E1 sieht dadurch, dass man sich hier besser kennenlernt, die Chance, dass gegenseitige Anforderungen und Probleme deutlicher werden und es Vorteile im Designprozess bringt (E1, 00:56:55). Zweitens, dass die Informationen, die man durch die Diskussion bekommt, auch für die eigene Arbeit interessant sein können, auch wenn die Informationen nichts mit der zugrundeliegenden Aufgabe zu tun haben (T4, 00:25.37). Folgendes Zitat z.B. basiert auf einer Reflektion von Materialien des BBKs (Bundesamt für Bevölkerungs- und Katastrophenschutz), die in die Diskussion durch Proband T1 eingebracht wurden: *„Ich finde das ganze schon sehr, sehr gut und es war dann eine zusätzlich Information, die vielleicht nicht hilfreich ist für unsere Problematik mit den taktischen Zeichen, aber halt andersweit - man weiß nun, wie es andere machen."* (T5, 00:31:02).

Doch es wurden auch Herausforderungen bei der Zusammenarbeit identifiziert. Zum einen wurde von Proband T1 erläutert, dass ein Konkurrenzdenken zwischen den Organisationen existiert: *„[...] z.B. zwischen THW und Feuerwehr, da herrscht auch immer so ein bisschen Konkurrenz zwischen denen, sag ich* *mal"* (T1, 00:24:06). Was dazu führen kann, dass nicht alles geschrieben wird, insb. wenn es *„z.B. um Beschaffung geht oder so"* (T1, 00:24:50), was selbst bei der Feuerwehr intern schon ein sensibles Thema ist. Proband T5 hebt hier aber das gemeinsame Ziel noch mal hervor und erwartet für den Fall, dass eigene wichtige Interessen nicht beachtet werden, dass man sich ggf. an einen Tisch setzt und dies klärt: *„Wenn mir was ganz besonders am Herzen ist und ich merke, da läuft nun wirklich etwas schief, dann muss ich mich halt räuspern und sagen: Hier Freunde, lasst uns mal zusammensetzen an einen Tisch und lasst uns mal drüber unterhalten."* (T5, 00:20:13). Entwickler E1 sieht mit dem Verfahren auch die Möglichkeit gegeben, mit den einzelnen Akteuren direkt in den Kontakt zu treten, falls es zu Missverständnissen kommt (E1, 00:31:00). Ebenso erläutert Entwickler E1 aus seinen Erfahrungen heraus, dass im Gegensatz zur Polizei mit ihren professionellen Kräften die Zusammenarbeit mit der Feuerwehr mitunter schwierig sein kann, da *„eine Kommunikation* [mit freiwilligen Helfern] *auf dem Level nicht möglich ist"* (E1, 00:55:04). Zwei Probanden sehen eine gleiche Sprache als Grundvoraussetzung und sehen hier eine Herausforderung. Proband T1 hatte zu Beginn Verständnisprobleme, was mit *Grundzeichen* gemeint war (T1, 00:37:15). Proband T4 hatte keine Verständnisprobleme während der Diskussion, hat jedoch Bedenken, ob er jeder Rückfragen im Falle von Verständnisproblemen äußern würde, da man sich in gewissem Maße bloßstellt: *„ [...] aber man stellt sich auch auf eine gewisse Art bloß dar, denn dieser Text bleibt dort stehen und jeder sieht sofort, dass man etwas nicht verstanden hat."* (T4, 00:19:52). Ob jede Information in die Diskussion eingebracht werden kann oder nicht, wurde unterschiedlich beantwortet. Wo Proband T5 hier keine Einschränkung sieht, da sie alle gleiche Ziel verfolgen: *„Nein, letztendlich haben wir da ja alle dasselbe Ziel."* (T5, 00:29:33) oder Proband es egal ist, wenn was Brisantes preisgegeben wird: *„Mir persönlich ist das egal, ich bin dabei ziemlich immun."* (T7 00:30:35), listen andere Probanden verschiedene Informationen auf, die in der Diskussion nicht preisgegeben werden sollten: z.B. *„Standorte von Einheiten"* (T2, 00:20:56), *„Personaldaten"* (T6, 00:35:41) oder *„Informationen über Dienststellen oder taktische Vorgehen"* (T4, 00:20:21), da z.B. auch gegen einen Feuerwehrmann ermittelt werden könnte (T4, 00:21:04).

7.2.3.4   Integrierbarkeit in den Arbeitsalltag

Die Integration des Verfahrens in den Arbeitsalltag lief bei den Probanden weitgehend gut. Um dies näher zu betrachten, wird der Abschnitt in arbeitszeitrelevante und in technische Aspekte aufgeteilt.

Hinsichtlich der Vereinbarung des Verfahrens mit der Arbeitszeit ist zu beachten, dass die Probanden T2, 3, 4 und 8 bei der Polizei fest angestellt sind, während die übrigen Probanden von Feuerwehr und DRK ehrenamtlich tätig sind und tagsüber einer anderen Beschäftigung nachgehen. Proband T6 sieht als Mitglied der letzten Gruppe ggf. ein Zeitproblem gerade für die, die ehrenamtlich tätig sind: *„Da wär das Zeitproblem, aber das haben ja wahrscheinlich die meisten, die das nicht hauptberuflich machen."* (T6, 00:08:32). Proband T6 sieht allerdings den Vorteil, dass hier keine Termine gemacht werden müssen, die Teilnahme zeitlich flexibler durchgeführt werden kann und andere Kollegen nicht in ihrem Arbeitsfluss gestört werden (T6, 00:32:24). Für Proband T1 war die Teilnahme an dem Verfahren neben der Arbeit kein Problem: *„Kam damit gut zurecht."* (T1, 00:19:46), er sah im Zeitrahmen auch Urlaub mit berücksichtigt (T1, 00:20:46). Proband T5 hatte sich nach der Arbeit abends an der Diskussion und Abstimmung beteiligt (T5, 00:26:50). Auch Vertreter der ersten Gruppe sahen das Verfahren mit ihren Beruf vereinbar, wie folgendes Zitat zeigt: *„Also im Moment war es vereinbar mit der Arbeitszeit, da hatte ich keine Probleme."* (T3, 00:14:23). Allerdings wird es auch stressigere Zeiten geben, meint Proband T3, dann lässt das Verfahren aber auch die Rückstellung zu oder *„man muss das halt von zuhause aus machen." (T1, 00:14:23)*. Proband T3 war darüberhinaus in der Diskussions- und Abstimmungsphase kurz im Urlaub, konnte aber trotzdem noch rechtzeitig an beiden Phasen teilnehmen. Im Gegensatz dazu hatte Proband T4 durch einen Urlaub die Abstimmungsphase verpasst (T4, 00:06:24). Proband T6 und T8 gaben allerdings an, dass es nicht zu viele Diskussionen sein dürfen. Sollte eine regelmäßige Teilnahme notwendig sein, dann *„müsste der Vorgesetzte mir Zeit dafür freischaufeln"* (T8, 00:27:05), so Proband T8. Entwickler E2 hält die Anpassung von Geschäftsmodellen für notwendig, damit nach der Auslieferung sich weiterhin mit der Fortentwicklung beschäftigt werden kann, z.B. durch die Anpassung eines Wartungsvertrages (E2, 00:38:31).

Ein weiterer wichtiger Faktor für die Integration des Verfahrens in den Arbeitsalltag ist die technische Integrierbarkeit der Werkzeuge. Hier zeigte sich, dass durch technische Restriktionen bei der Polizei der vollständige Funktionsumfang der INQUIRE-Werkzeuge nicht gegeben war. So konnte T2 am Arbeitsplatz die Links in der Diskussion nicht öffnen, da diese durch eine Firewall des Landesamtes für Datenverarbeitungsstatistik blockiert wurden (T2, 00:31:42). Proband T3 konnte am Arbeitsplatz an dem Verfahren teilnehmen, allerdings reagierte das System durch eine alte Browserversion am Arbeitsplatz recht langsam: *„Ich habe das während der Arbeit machen können mit der Einschränkung, dass alles bisschen langsam war."* (T3, 00:13:41).

7.2.3.5   Wert der Ergebnisse für ein zukünftiges Design

Der Wert der Ergebnisse ist laut den Probanden stark von der Beteiligung der Nutzer abhängig: *„So ein System steht und fällt mit der Art der Beteiligung."* (T4, 00:22:56). Im Wesentlichen ist damit die Anzahl der Teilnehmer gemeint. Je höher die Beteiligung, desto valider und aussagekräftiger sind die Ergebnisse.

Zwei Probanden gaben an, dass die Beteiligung an der Diskussion ihrer Meinung nach zu gering war und sie sich deshalb nicht in dem Ergebnis wiederfinden (T1, T4): „[...] *da die Mehrheit an der Abstimmung nicht teilgenommen hat*" (T4, 00:09:22). Gleichzeitig wurden Empfehlungen ausgesprochen, ab wann ein Ergebnis valide ist: „*So etwas wie eine 5% Hürde. Und dann finde ich mich dort auch immer wieder.*" (T4, 00:10:24). Daneben gaben fünf Probanden an, dass eine Obergrenze aber auch nicht überschritten werden sollte, da es sonst zu unübersichtlich wird und Diskussionen nicht mehr zielführend sind (T2, T4, T6, T7, T8). Proband T4 wird hier noch konkreter: „*Eventuell sind 30 schon zu viel, eher weniger.*" (T4, 00:26:28). Lösungen hierzu wurden bereits in Abschnitt 7.2.2.3 dargestellt. Die Antworten auf die Frage, ob sich die Probanden in den Ergebnissen wiederfinden, waren ausgeglichen. Wo die einen sagten: „*Deshalb finde ich das Ergebnis okay.*" (T1, 00:14:19), „*Das Ergebnis find ich jetzt gut.*" (T3, 00:06:51) oder „[...] *es ist wirklich ein guter Anfang.*" (T5, 00:14:44), gaben andere Probanden an, dass sie nicht komplett hinter den Ergebnis stehen: „*Mir wäre ein anderes Ergebnis lieber gewesen.*" (T2, 00:05:50). Proband T8 sieht als Polizist den Grund, dass ein Zeichensatz der Feuerwehr ausgewählt wurde, darin, dass vermutlich mehr Feuerwehrleute beteiligt waren: „*[...] weil wahrscheinlich auch mehr Feuerwehrleute im System sind im Moment*" (T8, 00:09:42). Allerdings zweifelt er das Verfahren und das Ergebnis nicht an, da er einfach überstimmt wurde, wie folgendes Zitat zeigt: „*Bin halt überstimmt worden, aber das ist das Wesen einer demokratischen Abstimmung.*" (T8, 00:18:50). Proband T2 sagte zwar, dass ihm ein anderes Ergebnis lieber gewesen wäre, macht aber deutlich, dass es bei solch einem Verfahren darum geht Kompromisse zu erreichen und nicht seine eigenen Interessen komplett durchzusetzen: „*Da ist einfach die Kompromissfähigkeit gefordert, wenn ich über Organisationen hinaus irgendetwas gemeinsam erarbeiten will. Da muss jeder so ein bisschen Zugeständnisse machen.*" (T2, 00:20:26). Gleiches sagt Proband T5 und sieht in dem Ergebnis einen guten Konsens: „*Ja das [Ergebnis] ist vollkommen in Ordnung. Ich sag ja, irgendwo ist das ja jetzt doch ein Konsens.*" (T5, 00:18:05). Für Entwickler E2 hängt die Aussagekraft des Ergebnisses neben der Beteiligung auch von der Komplexität des Ausgangsproblems ab: „[...] wenn es etwas nuancierter wird, benötigt man gewiss auch etwas Domänenwissen." (E2, 00:59:49). Entwickler E2 sieht aber hier genau die Stärke des Verfahrens, da die Zusammenarbeit mit den Nutzern schon früh beginnt und auch Mockups besprochen werden (E2, 01:16:02).

7.2.3.6 Bedienbarkeit

Die Bedienung von *INQUIRE_Community* war grundsätzlich nicht mit größeren Problemen verbunden oder war gar „*problemlos*" (T2, 00:31:22). Allerdings im

Falle von T2, T3 und T8 nicht direkt, da durch eine inkompatible Browserversion (Internet Explorer 6) bei der Polizei Layout-Probleme auftraten, die die Nutzung erschwerten und *„alles bisschen langsam war"* (T3, 00:13:41). Das Problem konnte schnell etwas entschärft werden, so dass sich die Probanden trotzdem an der Diskussion beteiligten konnten. Bis dahin wurde auf den Heimcomputer ausgewichen: *„Habe ich halt abends Zuhause gemacht."* (T2, 00:09:38). Hingegen war die Bedienung der Abstimmung nicht für alle sofort möglich. So war für Proband T6 nicht sofort ersichtlich, wie abgestimmt werden kann: *„Ich wusste anfangs nicht genau, wie stimme ich abstimmen kann."* (T8, 00:39:47) und für Proband T7 war es nicht deutlich genug, ob sie erfolgreich abgestimmt hatte, *„habe nicht gewusst, ob ich abgeschickt habe"* (T7, 00:03:06). Proband T1 hatte nicht wahrgenommen, wie viele abgestimmt hatten (T1, 00:41:58). Entwickler E1 wünscht sich hingegen noch eine komplette Übersicht über alle Vorgänge: eingereichte Feedbacks, Diskussionen, Abstimmungen, etc. (E1, 01:02:26).

7.2.4   INQUIRE_Feedback

In diesem Abschnitt werden nun detailliert Ergebnisse vorgestellt, die das *INQUIRE_Feedback*-Modul betreffen. Hier teilt sich der Abschnitt in folgende Bereiche: *Motivation und erwarteter Nutzen, Artikulationsunterstützung, Voraussetzungen* und *Bedienbarkeit*.

7.2.4.1   Motivation und erwarteter Nutzen

Die Kombination von Feedbackwerkzeug und Ausarbeitungsplattform wird von allen Probanden als sinnvoll angesehen, wie zwei exemplarische Zitate zeigen: *„Ja, das ist ein kontinuierlicher Prozess. Das finde ich gut."* (T5, 00:43:06) oder *„Ja, das ist ja eigentlich das Optimale, weil man merkt ja selber schon mal in einer Situation ‚Hier hakt es, hier bin ich nicht weitergekommen' oder sonst irgendwas."* (T2, 00:03:49). Proband T1 und T4 erwarten jedoch, dass kleinere Änderungen wie wenn *„irgendwas anders dargestellt werden soll, aber die Funktion weiterhin so beibehalten bleibt"* (T1, 00:07:14) direkt an die Entwickler gehen und nicht diskutiert werden. Auch Proband T2 sieht polizeispezifische Anpassungen, die andere nicht betreffen wie z.B. *„eine Kennzeichnung für Sondereinsatzkräfte"* (T2, 00:06:23), nicht in der gemeinsamen Ausarbeitung. Laut Proband T4 *„darf das natürlich nicht dazu führen, dass im Hintergrund einfach Sachen geändert werden, ohne dass der Rest der Community eine Rückmeldung darüber erhält"* (T4, 00:06:08). Als besonders wertvoll wird die Funktion angesehen, dass Feedbacks in stressigen Situationen zurückgestellt und später ausgefüllt werden können. Zudem wurde die Unterstützung hervorgehoben, dass über die Screenshots und Stichwörter die Situation wieder hervorgerufen werden kann und diese nicht künstlich nachgestellt werden muss: *„Und wenn ich mir selbst* *von dieser Situation ein Abbild machen kann und kann das zu einem späteren Zeitpunkt dann weiter auch bearbeiten. Ich hab ja vielleicht in der Einsatzsituation, in der mir das auffällt, überhaupt nicht die Zeit, mich darum zu kümmern, um dieses Problem. Aber ich kann es mir schon mal ablegen im Prinzip und muss es nicht nochmal künstlich reproduzieren."* (T2, 00:03:49)

7.2.4.2　Artikulationsunterstützung

Die Probanden sahen die Artikuliermöglichkeiten von INQUIRE_Feedback als bedarfsgerecht an (T1-T8), insb. die Möglichkeit der Screenshots und deren Annotation wie z.B.: *„Das finde ich gut, da kann man mal eben was einkringeln kann, das ist nicht schlecht."* (T1, 00:05:58). Allerdings sieht Proband T1 den Umstand nicht gut unterstützt, neue Komponenten oder Funktionen zu beschreiben, da dies nicht über Screenshots dargestellt werden kann: *„Wenn mir jetzt eine Komponente fehlen würde, die könnte ich ja schlecht darstellen bzw. durch einen Screenshot verdeutlichen."* (T1, 00:04:50), so besteht für ihn nur die Möglichkeit, den Ort aufzuzeigen, wo die Funktion aufrufbar sein sollte: *„Dann könnte ich höchstens, ich sag mal, anzeigen, wo ich das gerne hätte oder wie ich da dran kommen könnte."* (T1, 00:05:13). Entwickler E2 macht hier nur noch mal deutlich, dass neben Screenshots, auch der Ort des Problems und was der Nutzer vorher und nachher gemacht hat, wichtig ist (E2, 00:31:22).

7.2.4.3　Voraussetzungen für die Integration in den Arbeitsalltag

Eine Voraussetzung für die Ausführung eines Feedbacks ist für Proband T2 Zeit. Im Falle eines Einsatzes besteht meist keine Zeit, ein Feedback zu abzugeben, somit wird die Funktion zum Zurückstellen eines Feedbacks für gut befunden. (T2, 00:03:49). Proband T5 schlägt zudem vor, die Feedbacks in den immer nach Einsätzen stattfindenden Nachbesprechungen zu konkretisieren: *„Aber im Nachhinein, wir treffen uns nach so einem größeren Einsatz aber immer wieder zu so einer kleinen Einsatznachbesprechung und dann wäre das zum Beispiel eine gute und hilfreiche Geschichte."* (T5, 00:44:11). Ob es sich um ein speziellen Fehler handelt oder ob ein Feedback alle Akteure betrifft, kann im Falle von Proband T2 von ihm selbst beurteilt und entschieden werden: *„Aber in der Regel kann ich das ja selbst beurteilen, ob das jetzt ein polizeispezifisches Problem ist, weil mir ein polizeitaktisches Zeichen beispielsweise fehlt, was ich unbedingt brauche, oder ob das eine generelle Problemstellung ist."* (T2, 00:05:35). Auch Entwickler E2 erwartet, dass die Einschätzung der Nutzer selbst übernimmt, sieht aber die Notwendigkeit, dem Nutzer Hilfestellungen zu geben, z.B. durch den Verweis auf *„eine Knowledge Base oder ein Wiki"* (E2, 00:26:24). Hingegen erwartet die Mehrheit der Probanden eine Art Kontrollinstanz, die die Feedbacks noch mal überprüft. Dabei werden dieser Kontrollinstanz mehrere Aufgaben zugeschrieben. Zum einen zu überprüfen, ob es sich vielleicht doch um ein technisches Problem handelt oder nicht: *„Es muss eine Prüfung durchgeführt werden, ob es sich um ein individuelles Problem handelt oder nicht.“* (T4, 00:12:35) und auch, dass das für alle relevante Feedback noch mal überprüft wird: *„[...] wenn dann einer nochmal schaut: ‚Was hat der jetzt? Was will er?' Vielleicht persönlich nochmal Rücksprache hält ‚Was ist jetzt gemeint?' und das anschließend dann zur Diskussion stellt.“* (T1, 00:12:27). Proband T3 erwartet darauffolgend auch eine Rückmeldung über das Resultat (T3, 00:09:09). Eine weitere Aufgabe der Kontrollinstanz soll die Überprüfung der neuen Formulierung eines Feedbacks für die Diskussion sein. Während Proband T4 erwartet, dass die neue Formulierung direkt in die Diskussion geht, da er da selbst nicht viel verbessern kann: *„Ich als Laie werde ja eventuell die Dinge nicht so gut erklären können.“* (T4, 00:17:22), erwarten die Probanden T2, T3, T6, und T8 noch eine Überprüfung der Formulierungen. Proband T3 als Verfasser eines Feedbacks sieht sich selbst als derjenige, der die Umformulierung noch mal überprüft: *„[...] ob das so richtig verstanden wurde, wie ich das formuliert hab.“* (T3, 00:11:04). Proband T6 schreibt diese Tätigkeiten der Umformulierung und Kontrolle, wie es jetzt schon ist, nur einer Person zu: *„Ein Moderator bekommt das, guckt drüber, bringt das in eine bessere Form, verständlichere Form und stellt's online zur Diskussion.“* (T6, 00:49:47). Für die Probanden T2 und T8 prüft die Kontrollinstanz auch darauf, ob sich bereits mehrere Leute zu einer gleichen Thematik geäußert haben, und fasst diese ggf. zusammen (T2, 00:09:37) und verhindert, dass nicht das gleiche doppelt und dreifach diskutiert wird (T8, 00:44:42). Existieren gar Extrempositionen zu einer Thematik, geht Proband T2 auch davon aus, dass diese Schilderungen ebenfalls durch die Kontrollinstanz zusammengetragen und dargestellt werden: *„Wenn ich jetzt wirklich sehr divergierende Einzelmeinungen habe zur gleichen Problematik, dann muss man ja auch die Extrempositionen kennenlernen, um das bewerten zu können.“* (T2, 00:09:37).

7.2.4.4 Bedienbarkeit

Die Bedienung des Feedbackwerkzeugs war größtenteils nicht mit Probleme behaftet. Allerdings ist der Feedback-Button für die Probanden T2, T3 von der Polizei am Arbeitsplatz nicht zu sehen gewesen (T3, 00:01:09), da die alte Browserversion mit dem System nicht kompatibel ist. Proband T3 hatte alternativ E-Mails gesendet und später wie T2 den privaten Computer verwendet. Proband T2 wünscht sich eine Erinnerungsfunktion über noch offene Feedbacks (T2, 00:11:13). Proband T3 erwartet eine stärkere Differenzierung des „Verbesserungsvorschlag melden"-Buttons und schlägt vor, noch einen weiteren Button hinzufügen, der nur für technische Probleme ist: *„Ich sag mal einfach technischen Button, wenn bei mir im System irgendwas nicht funktioniert, dass man das überprüft von der technischen Seite, ob das so richtig ist, wie das bei mir* *läuft oder ob das anders sein müsste.*" (T3, 00:04:15). Auf Entwicklerebene wünscht man sich eine stärkere Integration in existierende Bug-Trackingsysteme (E2, 01:01:03).

7.3 Diskussion

In diesem Abschnitt werden noch einmal die wesentlichen Erkenntnisse aus der Evaluation zusammengefasst. Des Weiteren wird im letzten Teil dieses Abschnitts diskutiert, welche Konsequenzen sich aus den Ergebnissen für das IN-QUIRE-Konzept ergeben.

Die Ergebnisse haben gezeigt, dass das INQUIRE-Verfahren von allen Probanden als sehr sinnvolles Instrument zur gemeinsamen und bedarfsgerechten Softwaregestaltung angesehen wird. So sehen die Probanden drei Bedarfe durch INQUIRE gedeckt. Erstens, alle Nutzer einer Software werden mit in den Gestaltungsprozess integriert. Zweitens, der einzelne Nutzer kann Einfluss auf die Gestaltung einer Software nehmen und es wird der direkte Austausch zwischen Nutzern und Entwicklern ermöglicht. Drittens, es wird die Integration in den Arbeitsalltag durch das Online-Verfahren ermöglicht.

Es wurden Hindernisse, wie z.B. aufwendige Termin- und Ortkoordination oder zu geringe Teilnehmerkreise überwunden, weshalb physische Designdiskussionen in der Vergangenheit scheiterten. Grenzen im Einsatzbereich wurden auch genannt. Laut einem Probanden ist das Verfahren nicht notwendig, wenn nur kleinere Verbesserungen oder Aktualisierungen eine Software betreffen. Die Entwickler sehen das Verfahren nicht in der frühen Entwicklungsphase, da schon eine nutzbare Version den Nutzern zur Verfügung stehen sollte, um aussagekräftige Diskussionen führen zu können. Der Zeitraum der Diskussion wurde von den Probanden als ausreichend und notwendig erachtet. Die Abstimmungsphase hingegen sollte so gewählt sein, dass die Rahmenbedingungen (z.B. Urlaube, Schichtdienste, etc.) besser berücksichtigt werden. Der Teilnehmerkreis sollte laut den Probanden, aus zwei Gründen, auf die tatsächlichen Nutzer beschränkt werden. Erstens, um nicht zielführende Kommentare und Vorschläge zu verhindern, da kein ausreichendes Anwendungswissen bei Akteuren existiert, die nicht mit der Software arbeiten. Zweitens, um die Diskussionen nicht unübersichtlich werden zu lassen. Ebenfalls wurde die Notwendigkeit eines Moderators nochmals verdeutlicht, der die Diskussion führt und auf die Besonderheiten der einzelnen Organisationen eingehen kann. Der Ablauf war den meisten Probanden klar, jedoch wusste ein Proband nicht, wer über die Ablehnung von Vorschlägen entscheidet.

Ein wichtiger Faktor, der die Motivation zur Beteiligung beeinflusst, ist die Reaktion anderer Diskutanten auf eigene Beiträge. Werden eigene Beiträge von anderen Teilnehmern nicht aufgegriffen, sinkt dadurch die Motivation sich weiterhin an der Diskussion zu beteiligen. Ein wichtiger Schritt dies zu vermeiden ist ein ausreichend großer Teilnehmerkreis. Auch wurde die Erinnerungsfunktion als wichtig erachtet, um die Teilnahmezahlen zu steigern. Für drei Probanden gab es zwei weitere wichtige Motivationsfaktoren. Zum einen kommt man durch die Beiträge anderer Organisationen auf Ideen, auf die man sonst vielleicht nicht gekommen wäre, und zum anderen, dass man durch die Einblicke in andere Arbeitsweisen auch etwas für die eigene Arbeit mitnehmen kann.

Die Unterstützung durch INQUIRE bei der Artikulation eigener Interessen, Ideen, Vorschläge etc. wurde von allen Probanden als durchweg gut erachtet. Von zwei Probanden wurde aber deutlich gemacht, dass es nicht darum geht, eigene Interessen durchzusetzen, sondern darum Kompromisse zu erzielen. Die Transparenz des Verfahrens und die anonyme Abstimmung können erreichen, dass möglichst wenig Politik in die Diskussion und Abstimmung eingebracht wird und die Ergebnisse dadurch näher an den wirklichen Bedarfen bleiben. Es wurde herausgestellt, dass das Online-Verfahren ggf. schüchterne Menschen ebenfalls besser integrieren kann und auch eine intensivere Vorbereitung ermöglicht. Es hat sich gezeigt, dass der Prozess zur Spezifizierung eigener Meinungen, Ideen, Interessen usw. von kollaborativer Natur war. So wurden andere Kollegen oder Vorgesetzte konsultiert, auch vor dem Hintergrund, eine gemeinsame Meinung zu vertreten. Ebenfalls wurden andere Medien einbezogen, um sich im Vorfeld zu informieren. Das Abstimmungsverfahren wurde nur als bedingt geeignet angesehen, auch wenn sich die Probanden weitgehend mit den Ergebnissen identifizieren konnten. So sollen die Mehrheitsverhältnisse der einzelnen Organisationen stärker berücksichtigt werden. Hingegen gaben drei Probanden an, dass selbst wenn die Feuerwehr mehr Mitglieder für die Abstimmung mobilisieren kann, doch alle ein gemeinsames Ziel verfolgen. Für die bessere Beschreibung von Ideen oder anderen Beiträgen wünschen sich die Probanden die einfache Einbindung von Bildern, Screenshots, Links oder Dateien. Wenn Bilder auf einfache Weise in der Diskussion annotierbar wären, wäre das ein weiterer Vorteil. Ein Entwickler gab an, dass die Informationsbedarfe für die Nachvollziehbarkeit von Problemen oder Vorschlägen nicht im Vorfeld definiert werden können und somit die Diskussionsphase sehr wichtig für die Vermeidung von Unverständlichkeiten und Missverständnissen ist. Auch müssten die Vorschläge nicht bis ins Detail gemeinsam ausspezifiziert werden, damit die Umsetzung durch die Entwickler geschehen kann.

Die Einbeziehung von anderen Organisationen wurde als der wesentliche Vorteil des Verfahrens angesehen. Gerade weil die Probanden so Einblick in die anderen Arbeitsweisen bekommen konnten. Die geführte Diskussion war durch Offenheit geprägt. Allerdings wurde bezweifelt, dass das auch in anderen Landkreisen so funktionieren würde, da im Kreis Siegen-Wittgenstein die enge Zusammenarbeit zwischen den Organisationen großgeschrieben wird. Doch auch hier herrscht laut einem Probanden ein gewisses Konkurrenzdenken, insbesondere wenn es um Beschaffungen geht, was die Diskussion beeinflussen könnte. Wenn es zu Missverständnissen kommt oder Interessen stark unterlaufen werden, geben zwei Probanden an, dass man sich ggf. auch persönlich zusammensetzen muss. Allerdings gibt hier ein Proband an, dass Personen ggf. Missverständnisse im Online-Verfahren nicht äußern würden, um sich nicht zu blamieren. Es wurden ebenfalls Informationen genannt, die aufgrund der Teilnahme mehrerer Organisationen nicht in die Diskussionen eingebracht werden würden wie Personaldaten, taktische Vorgehen oder Standorte von Einheiten.

Die Integration des Verfahrens in den Arbeitsalltag war für die Beteiligten außer durch technische Restriktionen und Sicherheitsmechanismen problemlos möglich. Durch die zeitlich flexible Teilnahme und durch den ausreichend langen Zeitraum der Diskussions- und Abstimmungsphase konnten hauptamtliche und ehrenamtliche Tätigkeiten berücksichtigt werden. Allerdings galt dies für den Umstand, dass nur eine Diskussion geführt wurde. Sollten es mehrere sein, so müssten Freiräume für die Teilnahme durch Vorgesetzte geschaffen werden. Auf Seiten der Entwickler wird der Bedarf der Anpassung von Geschäftsmodellen gesehen, so dass sich auch nach der Auslieferung einer Software an der Fortentwicklung beteiligt werden kann.

Der Wert der Ergebnisse ist laut den Probanden stark von der Beteiligung abhängig. Die Mehrheit der späteren Nutzer sollte sich zumindest an der Abstimmung beteiligen. Allerdings wurde auch gesagt, dass sich nicht zu viele an der Diskussion beteiligen sollten, damit die Übersichtlichkeit gewahrt bleibt. Die Meinung über den Wert der erzielten Ergebnisse war zwischen den Probanden ausgeglichen. Eine Hälfte konnte sich mit dem Ergebnis identifizieren, die andere Hälfte wurde entweder einfach überstimmt oder sah sich durch die nicht fairen Mehrheitsverhältnisse bei der Abstimmung benachteiligt.

Die Bedienung der INQUIRE_Community-Plattform war nicht mit größeren Problemen verbunden. Allerdings musste die Polizei aufgrund von Sicherheitsvorkehrungen bei der Browserkonfiguration die Teilnahme an Heimcomputern oder unter langen Ladezeiten durchführen.

Die Kombination von dem Feedbackwerkzeug und der Diskussions- und Abstimmungsplattform wurde von allen Probanden als besonders hilfreich angesehen, da sich so ein sinnvoller Prozess ergibt. Insbesondere wurde die Möglichkeit der Zurückstellung von Feedbacks im Falle von Einsätzen hervorgehoben und dass Probleme nicht mehr künstlich hervorgerufen werden müssen. Für kleinere Softwareanpassungen oder Probleme, die nur eine Organisation betreffen, müssen die Feedbacks nicht in die Diskussion gebracht werden. Die Artikulationsunterstützung wurde nicht beanstandet. Hier wurde insb. die Annotierfunktion von Screenshots hervorgehoben. Ein Proband macht jedoch deutlich, dass neue Funktionen nur schwer beschreibbar sind, da durch die Screenshot-Funktion nur der Ort einer neuen Funktion aufgezeigt werden kann.

Von allen Probanden wurde eine Kontrollinstanz für notwendig erachtet, die zum einen die Feedbacks noch mal überprüft, ob diese richtig von den Nutzern eingeschätzt wurden, also ob es nur ein Problem ist oder das Feedback in die Diskussion sollte, und die die Umformulierung des Feedbacks für die Diskussion noch mal überprüft. Wer diese Kontrollinstanz einnehmen soll, wurde unterschiedlich beurteilt. Ein Proband sieht den Verfasser eines Feedbacks in der Verantwortung, die Umformulierung noch mal zu überprüfen. Wohingegen die Überprüfung der Relevanzeinschätzung von Seiten der Entwickler durchgeführt werden sollte. Zwei Probanden schreiben der Kontrollinstanz auch die Aufgabe zu, gleiche Äußerungen zu einer Thematik zusuchen und zusammenzufassen, um Mehrfachdiskussionen zu vermeiden und unterschiedliche Meinungsbilder schon im Vorfeld einsehen zu können. Hinsichtlich der Bedienung wurde ein weiterer Feedback-Button vorgeschlagen, der nur technische Probleme adressiert. Auf Seiten der Entwickler wurde eine stärkere Integration in existierende Bug-Trackingsysteme gewünscht.

Für das INQUIRE-Konzept bedeuten diese Ergebnisse, dass das Verfahren ein wirkungsvolles Instrument ist, um valide und bedarfsgerechte Anforderungen für bestehende Softwareanwendungen zu spezifizieren. Gleichzeitig zeigen die Beiträge, dass sich die Ergebnisse aus einer tiefgehenden aufgaben- und funktionsbezogenen Diskussion ergeben haben. Dabei ist der Einsatzbereich des Verfahrens klar auf die Phase nach der Entwicklung festgelegt, da schon ein bedienbares System und eine Nutzerschaft existieren müssen. Ebenso wenig dient das Verfahren für die Spezifizierung kleiner Softwarebugs, da hier die Diskussionen nicht angemessen sind und das Verfahren zu aufwendig ist.

Für die Integrierbarkeit des Konzeptes in einen Anwendungskontext sind die technische und Prozess- und organisatorische Ebene zu berücksichtigen. Auf technischer Ebene ist das erweiterte Use-Tracking-Verfahren direkt in die Anwendung zu integrieren. Gleichzeitig muss der Zugang zur Online-Diskursumgebung allen Akteuren zur Verfügung stehen. Auf Prozess- und organisatorischer Ebene sind die Zeiträume für die Diskussion und für die Abstimmung entsprechend den existierenden Rahmenbedingungen im jeweiligen Anwendungsfeld zu bestimmen.

Es müssen noch zwei Rollen in das Konzept integrieren werden. Die Rolle des Moderators ist zu bestimmen, der Gestaltungsdiskussionen leitet und zu einem Ergebnis führt. Die Evaluation hat ergeben, dass diese Rolle mit einer Person oder Personengruppe zu besetzen ist, die über Domänenwissen verfügt und auf die verschiedenen Akteursgruppen eingehen kann. Zudem muss eine Kontrollinstanz implementiert werden, die Nutzerfeedbacks überprüft, analysiert und ggf. zusammenfügt und in eine für die Designdiskussion entsprechende

Form überführt. Ebenfalls ist eine kritische Masse an Beteiligung sicherzustellen. Das bedeutet zum einen, dass durch eine zu geringe Beteiligung das Risiko steigt, wenig valide und angemessene Anforderungen zu generieren. Auf der anderen Seite jedoch kann eine zu hohe Anzahl an Akteuren zu ausufernden und nicht zielführenden Diskussionen führen. Für den ersten Fall sind entsprechende Maßnahmen zu ergreifen (s. Abschnitt 2.4.3). Für den zweiten Fall könnten entsprechend dem Anwendungskontext Vertreter von Akteursgruppen an der Diskussion teilnehmen.

Zur Artikulierung eigener Interessen, Ideen oder Hinweise sind weitere Werkzeuge in der Diskussion zur Verfügung zu stellen, um die Beschreibung zu erleichtern und die Verständlichkeit zu erhöhen. So sollte das direkte Hinzufügen von weiteren Medien zur Beschreibung eigener Beiträge, wie z.B. Videos, Bilder oder Dokumente, zur Verfügung stehen. Aufgrund des Implementierungsaufwandes konnte dies im Laufe der Evaluation nicht ergänzt werden. Ebenso sollte die Möglichkeit gegeben sein, Dokumente gemeinsam annotieren zu können, wie z.B. das gemeinsame Manipulieren von Screenshots. Hier sind Joint-Editing-Konzepte interessant. Dies bedarf weiterer Forschung, die jedoch im Rahmen dieser Arbeit nicht mehr durchgeführt werden konnte. Das Abstimmungsverfahren ist entsprechend dem Kontext anzupassen, so dass sichergestellt ist, dass Mehrheitsverhältnisse berücksichtigt werden.

8 Zusammenfassung und Ausblick

Die heutige Softwarelandschaft hat sich in den letzten Jahren stark verändert. Software ist stärker sozial eingebettet und unterstützt soziale Praxen wie bspw. gemeinsames Lernen, Wissensteilung und die Kommunikation mit anderen (Draxler et al., 2012). Software ist mobiler geworden, weil sie in wechselnden Kontexten genutzt wird und somit auch kontextabhängige Dienste anbieten kann. Software ist globaler geworden, da sie nicht mehr nur lokal und somit isoliert eingesetzt wird, sondern durch die Entwicklungen bei Internettechnologien auch weltweit genutzt und entwickelt wird. Diese Merkmale zeigen eins. Software ist in eine Welt integriert, die sich durch stetige und schnelle Veränderungen auszeichnet (Baresi & Ghezzi, 2010; Gumm, 2006a). Darüber hinaus existiert eine räumliche, zeitliche und organisationale Trennung zwischen Nutzern bzw. zwischen Nutzern und Entwicklern. Als Konsequenz daraus sind im Vorfeld der Nutzung Softwareanforderungen, Einsatzszenarien und Anwendungskontexte nur ansatzweise voraussagbar und spätere Nutzer folglich nur schwer in den Entwicklungsprozess integrierbar (Koehne et al., 2011). Heutzutage folgen aber die meisten Entwicklungsvorhaben gängigen Software- und Usability-Engineering-Ansätzen, wie z.B. RUP, V-Modell XT, bzw. UE-Lifecycle oder ISO 9241 Teil 210. Diese Ansätze basieren allerdings auf der Annahme, dass Nutzer-, Aufgaben- und Szenarienbeschreibungen schon im Rahmen der Entwicklungsphase vollständig definiert werden können.

Die vorliegende Forschungsarbeit adressiert die Defizite heutiger Usability-Engineering-Methoden und zielt auf die Entwicklung von Prozessen und Werkzeugen ab, welche die Nutzungs- und Designaktivtäten integriert betrachten. Zum einen lassen sich so qualitativ hochwertigere Usability-relevante Informationen für die Weiterentwicklung eines Softwaresystems generieren, da die konkrete Nutzung und deren Praxis berücksichtigt werden. Zum anderen ist es auf diese Weise möglich, schneller auf veränderte Rahmenbedingungen zu reagieren.

Die Arbeit basiert auf der Forschungsmethode der *Design Case Studies* (Wulf et al., 2011) und ist wie folgt aufgebaut: mittels einer Literaturstudie wurden Usability- und Software-Engineering-Prozesse und deren Anwendung in der Praxis analysiert, der Stand der Forschung zu Remote-Usability-Verfahren aufbereitet und relevante Participatory-Design-, Motivations- und Aneignungsunterstützungskonzepte betrachtet und deren Anwendung analysiert. Darauf folgte die empirische Untersuchung des exemplarischen Anwendungskontextes des Krisenmanagements. In einer ersten Iteration wurden in-situ Feedbackmechanismen in der Praxis des Krisenmanagements evaluiert. Auf Basis von Literaturstudie und Empirie wurden in der zweiten Iteration, Konzept und Design von IN-QUIRE erstellt. INQUIRE wurde abschließend in einer Langzeitstudie in der Praxis evaluiert.

Bei der Analyse gängiger UE- und SE-Vorgehensmodelle ließ sich die unzureichende Betrachtung der Nutzungsphase sowie die Koexistenz von UE-Maßnahmen neben SE-Aktivtäten erkennen, was den Bedarf einer integrierten Sicht auf UE- und SE-Maßnahmen nahelegt. Bei der Analyse verschiedener Softwareprojekte konnten verschiedene Arten der Verteilung bei den beteiligten Akteuren identifiziert werden, wie z.B. zeitliche, räumliche und organisationale Verteilung (Gumm, 2006b), die bei einem erweiterten Vorgehensmodell berücksichtigt werden müssen. Die Analyse von Nutzer-Communities hat gezeigt, wie innovativ und wertvoll Ideen von Nutzern eines Produktes sind (Magnusson, 2003). Open-Source-Projekte sind ein gutes Beispiel für Community-basierte Innovationen (Hippel & Krogh, 2003). Allerdings zeigt sich auch hier eine Trennung zwischen Nutzer- und Entwicklerwelt, was auf die geringe Einschätzung der Nutzerkompetenzen von Seiten der Entwickler, hohe Umsetzungsaufwände von Nutzerideen oder fehlende Deckung mit bestehenden Geschäftszielen oder -strategien zurückzuführen ist (Iivari, 2010; Magnusson, 2003). Zur Ermittlung von Konflikten hinsichtlich der Gebrauchstauglichkeit während der Nutzung wurden quantitative, qualitative und hybride Verfahren aus dem Bereich der Remote-Usability analysiert. Es zeigte sich, dass Nutzer selbst in der Lage sind, Feedback über ihre Nutzung zu geben (Hartson & Castillo, 1998). Allerdings wurde ermittelt, dass verschiedene, für Entwickler notwendige Informationen von Nutzern bei qualitativen Verfahren, wie z.B. *E-Quest* oder Tagebuchstudien, meist nicht bereitgestellt werden können, da technisches Know-how notwendig ist (Bettenburg, Just, et al., 2008) und die Aufwände zur Bereitstellung dieser Informationen hoch sind (Bruun et al., 2009b). Hingegen scheitern quantitative Verfahren, wie z.B. *MouseTrack, TEA* oder *Webjig,* an der Bereitstellung wichtiger Kontextinformationen, weil sie sich strikt auf Bildschirminteraktionen beziehen und folglich nicht die arbeitskontext-relevante Aspekte und Motivationen der Nutzer ermitteln. Hybride Verfahren, wie *UEMan, MyExperience oder TRUE,* kombinieren quantitative und qualitative Ansätze und zeigen aussichtsreiche Ergebnisse, lassen aber den Umstand außer Acht, dass Informationsbedarfe der Entwickler für die Reproduktion des Feedbacks nicht statisch sind und sich im Laufe der Bearbeitung ändern (Aranda & Venolia, 2009b). Deshalb sollte die Bearbeitung eines Feedbacks als Zusammenarbeit zwischen Nutzern und Entwicklern verstanden werden. Die Kooperation zwischen Nutzern und Entwicklern erlaubt es auch, bestehende Probleme bei Priorisierung und Sicherstellung der Relevanz von Feedbacks zu lösen, was bereits von vorangegangenen Arbeiten (z.B. Breu et al., 2010) empfohlen, aber nicht gelöst wurde.

Für die Validierung der zuvor genannten existierenden Rahmenbedingungen in der Praxis und der Unangemessenheit gängiger UE-Methoden ist diese Arbeit in die Domäne des Krisenmanagements eingebettet. Dieser exemplarische Anwendungskontext dient außerdem dazu, die zu entwickelnden Prozesse und Werkzeuge zu evaluieren. Die empirische Untersuchung der Domäne fand in zwei Landkreisen statt, im Kreis Siegen-Wittgenstein und im Rhein-Erft-Kreis. Beteiligt waren Akteure von Feuerwehr, Polizei, Kreisverwaltung, Hilfsorganisationen und einem Energieversorger. Eingebettet war die Exploration der Domäne im Forschungsprojekt „InfoStrom" (BMBF, Förderkennz.: 13N10712), das Szenarien eines mittleren bis großen Stromausfalls als Anwendungsszenario hatte. Die empirische Untersuchung dieses Anwendungskontextes (23 Interviews, 4 Fokusgruppen, 2 Beobachtungen) konnte die zuvor genannten Annahmen und Rahmenbedingungen für die nutzungsbezogene Softwareentwicklung bestätigen und noch weiter vertiefen. So ist die Praxis des Krisenmanagements durch situatives Handeln und durch das Fällen von Ad-hoc-Entscheidungen geprägt. Diese Handlungsmuster treten nicht nur bei großen Schadensereignissen wie dem Orkan „Christian" im Herbst 2013 in West- und Nordeuropa zu Tage, sondern sind bereits in Alltagssituationen zu erkennen. Der Grund dafür liegt in der geringen Planbarkeit zukünftiger Ereignisse, da jede Schadenssituation anders ist als die vorangegangene und zuvor definierte Ablaufpläne und Einsatzschemata zur erfolgreichen Schadensbewältigung verlassen werden müssen. Dies untermauert noch einmal die bereits dargestellte Grundannahme, dass Anwendungssysteme in eine Welt integriert sind, die durch stetige Veränderung geprägt ist. Die empirische Untersuchung hat ebenfalls gezeigt, dass bei der Bewältigung einer Schadenssituation eine Vielzahl von Organisationen beteiligt ist. Diese Organisationen sind durch eigene Arbeitskulturen, eine eigene (Fach-)Sprache, eigene Aufgaben und verschiedene Standorte gekennzeichnet. Sie besitzen jedoch ein gemeinsames übergeordnetes Ziel: die erfolgreiche Bewältigung von Krisen und die Rettung von Menschenleben.

Bei der Gegenüberstellung der erhobenen Praxis mit gängigen UE-Prozessen, -Methoden und -Werkzeugen konnten hier verschiedene Defizite festgestellt werden, die in der Konzeptionierung des neuen Verfahrens adressiert wurden. Erstens, die Praxis macht es notwendig, die Nutzungsphase auf Prozess- und Werkzeugebene zu unterstützten, um auf veränderte Rahmenbedingungen schneller und bedarfsgerechter reagieren zu können. Zweitens, Werkzeuge und Methoden müssen angepasst werden, um eine tiefere Auseinandersetzung mit der Praxis zu ermöglichen, damit ein angemesseneres Verständnis der Praxis erreicht werden kann. Drittens, die Einbeziehung heterogener Nutzergruppen darf nicht nur empfohlen, sondern muss auch auf Prozess- und Werkzeugebene unterstützt werden. Viertens, ein zukünftiges Vorgehensmodell und Werkzeuge müssen die unterschiedlichen Arbeitssituationen von Nutzer und Nutzergruppen im Gestaltungsprozess besser berücksichtigen. Fünftens, die Trennung zwischen Nutzern und Entwicklern sowie zwischen Nutzern untereinander muss auf Methoden- und Werkzeugebene berücksichtigt werden, um eine Einbeziehung in den Entwicklungsprozess zu ermöglichen.

Zur Beantwortung der Forschungsfragen, unter Berücksichtigung der Herausforderungen der zugrundeliegenden Krisenmanagementpraxis und der Defizite im Usability-Engineering, wurden Lösungskonzepte innerhalb zweier Iterationen entwickelt und anschließend in der Praxis evaluiert. In der 1. Iteration konnten nach der Evaluation eines rudimentären Feedbackfragebogens mit 12 Probanden (6 Nutzer, 6 Entwickler) aus der Krisenmanagementpraxis die Anforderungen an ein in-situ Nutzerfeedbacksystem mit Community-Unterstützung aus den Erkenntnissen aus der Literaturstudie und der Empirie weiter ergänzt und konkretisiert werden. So konnten konkrete Erkenntnisse darüber gewonnen werden, welche Nutzungsinformationen von Nutzern preisgegeben werden und wie diese den Entwicklern bereitgestellt werden können (z.B. Fehlerbeschreibung mittels Screenshot-Annotationen oder Motivationsbeschreibungen). Weiterhin wurde ermittelt, welche zusätzlichen Informationen automatisch bereitgestellt werden müssen (z.B. Systemdaten, Systemevents), um die Informationsbedarfe von Entwicklern zu decken oder um Aufwände für die Nutzer zu reduzieren. Gleichzeitig konnte der Bedarf bestätigt werden, die Zusammenarbeit zwischen Nutzern und Entwicklern zu ermöglichen, da Informationsbedarfe im Vorfeld nicht klar definiert werden können.

Anhand der Anforderungen aus Praxis und Theorie wurde das INQUIRE-Konzept entwickelt und im späteren implementiert. Das INQUIRE-Konzept kombiniert ein erweitertes Use-Tracking-Verfahren mit der Innovationskraft einer Nutzer-Community, um die Beschreibungsqualität von Nutzungsideen oder -konflikten zu steigern und allgemeingültige Anforderungen zu generieren. Das Konzept sieht vor, Nutzer durch die Triangulation von expliziten und impliziten Nutzungsinformationen dabei zu unterstützen, Nutzungskonflikte und -innovationen zum Zeitpunkt ihres Auftretens angemessen artikulieren zu können. Diese Beschreibungsartefakte werden in einen Diskurs von Nutzern, Entwicklern und Entscheidern gestellt, um zukünftige Softwarenforderungen auf eine breitere Basis zu stellen und eine integrierte Perspektive auf Nutzer- und Entwicklerwelt zu ermöglichen. Im Folgenden wird die Referenzimplementierung des IN-QUIRE-Konzeptes beschrieben. INQUIRE besteht aus drei Modulen:

INQUIRE_Prozess beschreibt den Ablauf von individuellen Nutzerfeedbacks zu allgemein geltenden Softwareanforderungen und baut auf existierenden UE-Prozessmodellen auf (s. Abbildung 36). Der *iterative Prozess* teilt sich in drei Phasen auf: (1) *Anwendung:* Während der Nutzung auftretende Nutzungskonflikte können aus der Anwendung heraus durch den Nutzer berichtet werden. Die Berichte werden zwischen Entwicklern, Nutzern und Entscheidern diskutiert mit dem Ziel der Erstellung einer Anforderungsspezifikation. *(2) Entscheidung über weitere Verwendung:* Die Community aus Nutzern, Entwicklern und Entscheidern stimmt über die Verwendung der in Phase (1) entwickelten Anforderungsspezifikationen ab. *(3) Konstruktion:* Die ausgewählten Spezifikationen werden von den Entwicklern umgesetzt.

INQUIRE_Feedback stellt das Werkzeug bereit, mit dem Nutzer aus der konkreten Nutzung heraus Nutzungskonflikte oder Verbesserungsvorschläge artikulieren können. Das Feedbackwerkzeug kombiniert dabei qualitatives Feedback durch den Nutzer (Textbeschreibungen und Annotationsmöglichkeit von automatisch erfassten Screenshots) mit automatisch erfassten quantitativen Nutzungsdaten (Systemdaten, Systemevents). Diese Feedbackkombination unterstützt den Nutzer dabei, schwer beschreibbare Informationen zu liefern, den Beschreibungsaufwand gering zu halten und trotzdem die Informationsbedarfe der Entwickler zu erfüllen. Der Verfasser eines Feedbacks entscheidet vor Absendung des Berichtes, ob der Inhalt relevant für alle Nutzer ist oder ob es sich um ein Problem handelt, das nur für wenige Nutzer interessant ist.

INQUIRE_Community stellt die Diskurs- und Abstimmungswerkzeuge zur Verfügung. Feedbacks mit allgemeiner Relevanz werden hier über einen vordefinierten Zeitraum hinweg gemeinsam ausspezifiziert. Ergebnis der Ausspezifizierung sind konkrete Umsetzungsvorschläge, unter denen durch den Einsatz der Abstimmungswerkzeuge die Vorschläge zur Umsetzung ausgewählt werden, die die meisten Stimmen bekommen haben.

Die Evaluation von *INQUIRE* erfolgte durch einen mehrwöchigen Feldversuch mit 10 Probanden (8 Nutzer, 2 Entwickler). Im Rahmen der Evaluation zeigte sich, dass das Verfahren von allen Probanden als sehr wirkungsvolles Instrument für die bedarfsgerechte und valide Spezifikation neuer Anforderungen von bestehenden Systemen mit einer bestehenden Anwendungspraxis angesehen wird. Gerade da alle relevanten Akteure mit einbezogen werden können und der Prozess bereits mit individuellen Nutzungsfeedbacks während der Nutzung startet. Durch das Verfahren konnten die Nutzer erfolgreich Einfluss auf die Gestaltung der Software nehmen. Außerdem konnten die Nutzer Einblicke in andere Arbeitsweisen erlangen, um so die eigenen Arbeitspraxen zu reflektieren und ggf. zu modifizieren. Entwickler sehen *INQUIRE_Community* als gutes Werkzeug an, um Informationsbedarfe und Missverständnisse in der Zusammenarbeit mit den Nutzern zu klären. Allerdings sollte der Teilnehmerkreis auf die Personen beschränkt werden, die tatsächlich mit dem System arbeiten. Eine Moderation der Diskussionen wurde für wichtig erachtet. Außerdem wurde eine Kontrollinstanz gewünscht, die Nutzerfeedbacks auf Relevanz überprüft und thematisch bündelt.

Hervorgehoben wurde insbesondere, dass durch das Online-Verfahren von *INQUIRE* Hindernisse für die Integration in den Arbeitsalltag überwunden werden, weil unterschiedliche Arbeitssituationen und -zeiten und technische Voraussetzungen berücksichtig wurden. Damit konnte *INQUIRE* die entscheidenden Nachteile von physischen Designdiskussionen überwinden, die in der Vergangenheit scheiterten. Auch die Berücksichtigung von handlungsintensiven Zeitpunkten, wie sie während Einsätzen vorkommen können, wurde als sehr hilfreich erachtet. Auf Seiten der Entwickler setzt die Institutionalisierung von *INQUIRE* die Anpassung von Geschäftsmodellen voraus, da bestehende Leistungsangebote die Beteiligung nach der Auslieferung der Software nur in Form von Wartungsarbeiten vorsehen.

Die Artikulationsunterstützung von INQUIRE wurde im Wesentlichen für gut befunden. Es zeigte sich, dass die Vorbereitung auf die Darstellung von Meinungen, Interessen oder Ideen in die Diskussion von kollaborativer Natur war und Kollegen und Vorgesetzte mit einbezogen wurden. Auf Werkzeugebene wurde allerdings die einfachere Einbindung von verschiedenen Medien in die Diskussion gewünscht. Zudem bestehen bei *INQUIRE_Feedback* noch Unterstützungsdefizite bei der Artikulierung von neuen Funktionalitäten. Das Abstimmungsverfahren sollte hingegen die Mehrheitsverhältnisse einzelner Organisationen besser berücksichtigen, damit gleichberechtigt abgestimmt werden kann.

8.1 Beitrag zu Wissenschaft und Praxis

Das Ziel dieser Arbeit war die Beantwortung der Frage, wie Prozesse und Werkzeuge gestaltet sein sollten, die die Innovationskraft einer Nutzer-Community integriert und unter Beteiligung von Entwicklern und Entscheidern die gemeinsame Weiterentwicklung von bestehenden Anwendungssystemen aus der konkreten Nutzung heraus unterstützt. Diese Frage wurde durch Entwicklung und Evaluation des INQUIRE-Verfahrens adressiert. Das Verfahren kombiniert dabei auf innovative Weise in-situ Nutzerfeedbacks mit Community-Methoden, um die Gruppen aus Nutzern und Entwicklern bei der gemeinsamen Ausspezifizierung von neuen Anforderungen an die zugrundeliegende Softwareanwendung zu unterstützen. Kurz zusammengefasst lauten die Beiträge zu Wissenschaft und Praxis:

1. Erweiterung des Usability-Engineering-Diskurses, um die Betrachtung der Post-Deployment-Phase.

2. Entwicklung eines in-situ Feedbackwerkzeugs zur Artikulation von individuellen Nutzungskonflikten, Ideen und Nutzungsinnovationen

durch heterogene und verteilte Nutzer aus heterogenen und unbekannten Nutzungen heraus.

3. Innovative Kombination des in-situ Feedbackwerkzeugs mit Community-Funktionalitäten zur Generierung von validen und priorisierten Anforderungsspezifikationen unter der Berücksichtigung heterogener und verteilter Akteure und dynamischen Anwendungskontexten.

Genereller Beitrag für die Praxis: Die Arbeit fokussiert auf die Verbesserung der Gebrauchstauglichkeit von bestehenden Softwareanwendungen, durch die Generierung von validen Anforderungsspezifikationen. Die Anwendungssysteme sind dabei in Kontexten eingebettet, welche sich durch heterogene, verteilte und teils unbekannte Nutzergruppen und unvorhersehbare Nutzungsszenarien auszeichnen. Mit INQUIRE wurde ein 3-phasiges Verfahren entwickelt, das valide Rückschlüsse auf Gebrauchstauglichkeit und Anforderungsspezifikationen für die Weiterentwicklung einer Anwendung liefert. INQUIRE basiert auf einer erweiterten Nutzungsdatenerfassung mit der Beteiligung aller für die Nutzung und Entwicklung relevanten Akteuren bestehend aus Nutzern, Entwicklern und Entscheidern. Zwei Werkzeuge wurden zur Umsetzung des INQUIRE-Verfahrens entwickelt und evaluiert. *INQUIRE_Feedback* nutzt einen hybriden Ansatz, bestehend aus qualitativen und quantitativen Nutzungsdaten und steigert damit die Qualität von Nutzerrückmeldungen, bezogen auf individuelle Nutzungskonflikte, Ideen und Nutzungsinnovationen. Mit *INQUIRE_Community* werden individuelle Nutzungserfahrungen auf eine breitere Basis gestellt. Das Werkzeug integriert alle für die Nutzung und Entwicklung relevanten Akteure, um aus den Nutzungserfahrungen konkrete und valide Anforderungsspezifikationen gemeinsam zu erarbeiten, die die Gebrauchstauglichkeit der zugrundeliegenden Anwendungssoftware erhöhen.

INQUIRE hat das Potential, auch in anderen Anwendungskontexten als dem Krisenmanagement angewendet zu werden. Denn sowohl mit dem Ausgangsziel, gebrauchstauglichere Software zu entwickeln als auch mit der Berücksichtigung von heterogenen und verteilten Nutzern in verschiedenen und teils unbekannten Nutzungskontexten werden Voraussetzungen adressiert, die auch für andere sozial eingebettete Systeme gelten. Allerdings müssen hierfür verschiedene Vorbedingungen erfüllt sein und Anpassungen an INQUIRE vorgenommen werden, die sich aus den Evaluationen ergeben haben. Dies betrifft im Wesentlichen die Kontextualisierung von INQUIRE auf Werkzeug- und Prozessebene. So ist zum einen die Integration in ein nutzbares Anwendungssystem mit existierender Anwendungspraxis notwendig, um Nutzerfeedbacks und Designdiskussionen auf ein konkretes Level zu bringen. Zum anderen ist die Anpassung der zeitlichen Abläufe notwendig, um eine gute Integration in den

Arbeitsalltag zu ermöglichen. Die Rolle des Moderators ist dabei mit Personen zu besetzen, die über Domänenwissen verfügen.

Neben dem generellen Beitrag von INQUIRE für die Praxis ergeben sich ebenfalls bestimmte Beiträge für den Usability-Engineering-Diskurs und für Remote-Usability-Verfahren.

Wissenschaftlicher Beitrag für den Usability-Engineering-Diskurs: Diese Arbeit liefert Antworten auf Fragestellungen, die Nielsen für die nachhaltige Sicherstellung der Gebrauchstauglichkeit als wichtig erachtete:

> *„[...] we must not end the usability process with the initial release of the product to the marketplace; we need to conduct follow up studies of product use in the field."*
> (Nielsen, 1992, S. 20)

Jedoch zeigen die Arbeiten von Nielsen und andere Arbeiten, dass die Betrachtung der Nutzungsphase bis jetzt nicht konzeptionell ausreichend unterstützt wird und der Schwerpunkt im UE-Diskurs auf den Phasen der Analyse, Design und Implementierung liegt (Chilana et al., 2011). Diese Arbeit erweitert den gegenwärtigen UE-Diskurs um diese Sichtweise, indem sie ein Vorgehensmodell bereitstellt und dieses mit passenden Werkzeugen unterstützt. *INQUIRE_ Feedback* ist ein Beispiel für ein Werkzeug, das Nutzer in der Nutzungsphase befähigt, Reflexionen ihrer Nutzungspraxis zu artikulieren. INQUIRE_ Community ist ein Beispiel für ein Werkzeug, das es erlaubt, Nutzungsreflexionen zwischen Nutzern, Entwicklern und Entscheidern zu diskutieren, um eine Allgemeingültigkeit von neuen Softwareanforderungen zu erreichen.

Wissenschaftlicher Beitrag für Remote-Usability-Verfahren: Die in Abschnitt 2.2 dargestellten Verfahren zu Usability-Evaluationen, bei denen Nutzer und Entwickler oder Usability-Experten räumlich und/oder zeitlich voneinander getrennt sind, haben ein gemeinsames Ziel: Nutzungsinformationen zu ermitteln, um Rückschlüsse auf die Gebrauchstauglichkeit ziehen zu können. Allerdings versuchen Remote-Usability-Verfahren diese Fragestellungen auf unterschiedliche Weise zu beantworten, indem sie z.B. die Dauer der Aufgabendurchführung auf Basis des Systemverhaltens analysieren oder sich auf konkrete Usability-Fragestellungen beziehen, wie z.B. die Einhaltung von Accessibility-Richtlinien oder die qualitative Beschreibung von Nutzungserlebnissen. Die vorliegende Arbeit liefert neue Erkenntnisse zu hybriden Remote-Usability-Verfahren, in dem es die Vorteile von quantitativen (geringer Bereitstellungsaufwand, geringes Bereitstellungsknowhow) mit den Vorteilen von qualitativen Verfahren (qualitative Daten zu Anwendungskontext und Nutzungsmotivationen) verbindet (Bruun et al., 2009b; Hilbert & Redmiles, 2000). Diese Arbeit liefert zwei Beträge zu diesem Diskurs. Erstens, Erkenntnisse über die Erfassung von qualitativ hochwertigen usability-relevanten Informationen durch eine innovative Kombination von in den Anwendungskontext integrierten, qualitativen und quantitativen Artikulierungswerkzeugen. *INQUIRE_Feedback* ist hier ein Beispiel und ermöglicht durch diese Kombination die Bereitstellung von für den Nutzer schwer artikulierbare Nutzungsinformationen und -hintergründen sowie die Reduktion des Bereitstellungsaufwandes. Gleichzeitig werden Datenschutzaspekte und besondere Nutzungssituationen berücksichtigt. Zweitens, die Arbeit liefert Lösungen und Erkenntnisse zu bestehenden Limitationen in der Aussagekraft der Ergebnisse von hybriden Verfahren durch die Erweiterung von in-situ Feedbackmechanismen mit Community-Funktionalitäten, wodurch die Zusammenarbeit zwischen Nutzer und Entwickler ermöglicht und dadurch die Qualität von Nutzerfeedback gesteigert werden.

8.2 Offene Fragen und zukünftige Arbeiten

Dieser Abschnitt stellt wichtige, noch offene Fragen dar, die zukünftig adressiert werden sollten. Der erste Aspekt betrifft die empirische Untersuchung. Hier sollten weitere empirische Studien in anderen Anwendungskontexten durchgeführt werden, um zusätzliche Gegenproben zu den gewonnen Ergebnissen zu ermitteln.

Insbesondere die letzte Evaluation wurde auf Basis von Krisenmanagementsystemen durchgeführt, die nicht komplett in den Arbeitsalltag der Nutzer eingebunden werden konnten, da es nicht möglich war, die INQUIRE-Prototypen direkt in die existierenden operativen und strategischen Krisenmanagementsysteme der beteiligten Organisationen zu integrieren. Von daher sind zusätzliche Studien in der gelebten Praxis notwendig, um weitere Evaluationsergebnisse zu generieren. Der Fokus liegt dabei auf Designdiskursaspekten wie dem Umgang mit anderen Organisationen in der Designdiskussion, Rollenbeschreibungen und der Integrierbarkeit in den Arbeitsalltag.

Wie bereits erläutert wurde, hat das INQUIRE-Verfahren Potential, auch in anderen Anwendungskontexten eingesetzt zu werden. Es ist wichtig, weitere Studien durchzuführen und so die Generalisierung des Verfahrens voranzutreiben. Um jedoch Studien auch in anderen Anwendungskontexten durchführen zu können, sind Anpassungen auf Werkzeug- und Prozessebene notwendig.

Auf Konzeptebene ergab die Evaluation weiteren Forschungsbedarf insbesondere in zwei Bereichen. Zum einen bedarf die Artikulierungsunterstützung von Kontextinformationen wie z.B. von Rollenbeschreibungen oder Arbeitsprozessen zusätzlicher Forschung. Es sollten weitere Beschreibungsformen exploriert werden, die es Nutzern erleichtern Praxen außerhalb des Bildschirms beschreiben zu können. Gleiches gilt für die Beschreibung von zukünftigen Funktionen. Durch die Screenshot-Annotierfunktion ist die Beschreibungsmöglichkeit noch zu sehr auf den Bildschirmkontext fokussiert. Aufgrund des Implementierungs- und Evaluationsaufwands konnten weitere Beschreibungsformen in dieser Arbeit nicht weiter erforscht werden. Zum anderen ist ebenfalls die Integration von Joint-Editing-Konzepten in den Diskursprozess interessant. Die gemeinsame und direkte Manipulation von Diskussionsartefakten wie Bildern, Videos oder Dokumenten birgt weites Potential die Beschreibungsqualität zu steigern und Verständnisprobleme zu reduzieren. Hier bedarf es jedoch weiter Forschung die im Rahmen dieser Arbeit aufgrund des Umfangs nicht durchgeführt werden konnte.

Auf Werkzeugebene sind *INQUIRE_Feedback* und *INQUIRE_Community* derzeit ausschließlich als Plugin für das ELGG-Framework realisiert. Um die Werkzeuge in andere Anwendungen integrieren zu können, sind Implementierungsarbeiten hinsichtlich der Wiederverwendbarkeit und Generalisierung notwendig. Gleichzeitig müssen Performance-Probleme von *INQUIRE_Feedback* bei älteren Computersystemen überwunden werden. Die Evaluationen haben auch ergeben, dass weitere Unterstützungsmöglichkeiten bei der Artikulierung von zukünftigen Funktionen erarbeitet und implementiert werden müssen, da die existierenden Texteditoren und die Screenshot-Annotierungsfunktionen hier nicht ausreichen. Das könnte bspw. eine Funktion sein, die es dem Nutzer erlaubt, weitere Medien einzubinden, die die Beschreibung von zukünftigen Funktionen oder zu unterstützende Nutzungssituationen erleichtern, z.B. Screenshots von anderen Anwendungen, Fotos oder Videos, die Nutzungssituationen zeigen.

Auf Prozessebene ist insbesondere das Abstimmungsverfahren zu überarbeiten und an den zugrundeliegenden Anwendungskontext anzupassen, damit eine gleichberechtigte Abstimmung gewährleistet wird. Dies bedingt natürlich auch Anpassungen der Abstimmungswerkzeuge, die den veränderten Prozess implementieren müssen. Die Evaluationen haben ebenfalls gezeigt, dass die Integration der Akteure nicht nach der Abstimmung enden sollte. So sollte die Diskussion und Spezifizierung einer umgesetzten Anforderung auch nach der Implementierung fortgeführt werden, da sich erst durch die praktische Nutzung des neuen Features weitere Anforderungen ergeben können. Außerdem muss sowohl die Rolle des Moderators als auch die Rolle der Feedbackkontrollinstanz weiter definiert und kontextualisiert werden.

8.3 Fazit

Pipek & Wulf (Pipek & Wulf, 2009) brachten die Frage auf, wie die kontinuierliche Fortgestaltung von Softwaresystemen während der Nutzung unterstützt werden sollte, um Endnutzern zu erlauben, relevante Aspekte ihrer Arbeitsinfrastruktur zu erkennen und zu konfigurieren. Die vorliegende Forschungsarbeit ist relevant für die Beantwortung der Frage von Pipek & Wulf, denn sie stellt mit der in-situ Artikulationsunterstützung von Konflikten zwischen Praxis und Anwendung und der Diskursumgebung einen Prozess und Werkzeuge bereit, die eine integrierte Perspektive auf Entwicklung- und Nutzungsphase ermöglichen. Der Schlüssel ist die Aufhebung der Trennung der Arbeitswelten von Entwicklern (Design-Time) und Nutzern (Use-Time). *INQUIRE* ermöglicht dies durch die Schaffung einer Infrastruktur, die es Entwicklern erlaubt, design-bezogene Aufgaben in die Nutzungsphase zu übertragen und gleichzeitig Nutzern den Zugang erleichtert, während der Arbeitszeit Erwartungen über neue Nutzungspraxen zu beschreiben.

Für den Usability-Engineering-Diskurs bedeutet dies, dass die traditionelle Sichtweise gestärkt wird (vgl. Nielsen, 1992). Die Finalisierung einer Software findet eben erst in der Nutzung und nicht vor dieser statt. Es ist eben die Einbettung von INQUIRE in die konkrete Nutzung, die es ermöglicht, das Design nicht durch generalisierte Usability-Richtlinien, sondern entsprechend dem Nutzungskontext zu bestimmen. Gleichzeitig eröffnet die Zusammenführung von Nutzer- und Entwickler-Welt die Chance, Usability-Knowhow auf alle involvierten Akteure zu verteilen. Das würde ebenfalls bedeuten, dass die Rolle von Usability-Experten neu definiert werden müsste. Weg von der Instanz, die Aufgaben- und Nutzeranforderungen durch die Anwendung von entsprechenden Werkzeugen ermittelt, hin zu einem Rollenverständnis, das dem Usability-Experten eine mediierende Funktion zuspricht, die usability-relevante Fragestellungen vorgibt und Werkzeuge und Materialien in die Designdiskussion einbringt.

Referenzen

Aberdour, M. (2007). Achieving Quality in Open Source Software. *Software, IEEE*, 58–64.

Amerson, M., Fisher, G., Hsiung, L., Krueger, L., & Mills, N. (2001). Design for performance: analysis of download times for page elements suggests ways to optimize. Apr.

Ames, M., & Naaman, M. (2007). Why we tag: motivations for annotation in mobile and online media. In *Proceedings of the SIGCHI conference on Human factors in computing systems* (pp. 971–980).

Andreasen, M., & Nielsen, H. (2007). What happened to remote usability testing?: an empirical study of three methods. *Proc. of the SIGCHI Conference on Human Factors in Computing Systems*, 1405–1414.

Andreasen, M. S., Nielsen, H. V., Schrøder, S. O., & Stage, J. (2006). Usability in open source software development: opinions and practice. *Technology and Control*, *35*(3), 303–312.

Andreasen, M. S., Nielsen, H. V., Schrøder, S. O., & Stage, J. (2007). What Happened to Remote Usability Testing? An Empirical Study of Three Methods. In *CHI '07 Proceedings of the SIGCHI Conference on Human Factors in Computing Systems* (pp. 1405–1414).

Aranda, J., & Venolia, G. (2009a). The secret life of bugs: Going past the errors and omissions in software repositories. *2009 IEEE 31st International Conference on Software Engineering*, 298–308.

Aranda, J., & Venolia, G. (2009b). The secret life of bugs: Going past the errors and omissions in software repositories. *2009 IEEE 31st International Conference on Software Engineering*, 298–308.

Arias, E., Eden, H., Fischer, G., & Gorman, A. (2000). Transcending the Individual Human Mind — Creating Shared Understanding through Collaborative Design. *On Computer-Human*, *7*(1), 84–113.

Arroyo, E., Selker, T., & Wei, W. (2006). Usability tool for analysis of web designs using mouse tracks. *CHI '06 Extended Abstracts on Human Factors in Computing Systems - CHI '06*, 484.

Atterer, R., Wnuk, M., & Schmidt, A. (2006). Knowing the user's every move: user activity tracking for website usability evaluation and implicit interaction. In *Proceedings of the 15th international conference on World Wide Web* (pp. 203–212). ACM.

Audy, J., Evaristo, R., & Watson-Manheim, M. B. (2004). Distributed analysis: The last frontier? In *System Sciences, 2004. Proceedings of the 37th Annual Hawaii International Conference on* (p. 9–pp).

Bach, P. M., Deline, R., & Carroll, J. M. (2009). Designers Wanted : Participation and the User Experience in Open Source Software Development, 985–994.

Balbo, S. (1995). Software Tools for Evaluating the Usability of User Interfaces. *Advances in Human Factors/Ergonomics, 20*, 337–342.

Balduin, N., Becker, G., Brand, J., Görgen, M., Hannappel, M., Hasenfuß, P., ... Andreas Zinnen. (2010). InfoStrom: Learning information infrastructures for crisis management in case of medium to large electrical power breakdowns. In *5th Security Research Conference*. Fraunhofer VVS.

Barcellini, F. (2010). Distributed design and distributed social awareness: exploring inter-subjective dimensions of roles. *Of the COOP*.

Barcellini, F., Detienne, F., & Burkhardt, J.-M. (2008). User and developer mediation in an Open Source Software community: Boundary spanning through cross participation in online discussions. *International Journal of Human-Computer Studies, 66*(7), 558–570.

Barcellini, F., Détienne, F., & Burkhardt, J.-M. (2014). A Situated Approach of Roles and Participation in Open Source Software Communities. *Human–Computer Interaction, 29*(3), 205–255.

Baresi, L., & Ghezzi, C. (2010). The disappearing boundary between development-time and run-time. *Proceedings of the FSE/SDP Workshop on Future of Software Engineering Research*, 17–21.

Baskerville, R. L. (1999). Investigating information systems with action research. *Communications of the AIS, 2*(3es), 4.

Batson, C. D., Ahmad, N., & Tsang, J.--A. (2002). Four motives for community involvement. *Journal of Social Issues, 58*(3), 429–445.

Benson, C., Muller-Prove, M., & Mzourek, J. (2004). Professional usability in open source projects: GNOME, OpenOffice. org, NetBeans. In *CHI'04 extended abstracts on Human factors in computing systems* (pp. 1083–1084). ACM.

Bettenburg, N., Just, S., Schröter, A., Weiss, C., Premraj, R., & Zimmermann, T. (2008). What makes a good bug report? In *Proceedings of the 16th ACM SIGSOFT International Symposium on Foundations of software engineering - SIGSOFT '08/FSE-16* (p. 308). New York, New York, USA: ACM Press.

Bettenburg, N., Premraj, R., Zimmermann, T., & Kim, S. (2008). Duplicate bug reports considered harmful... really? In *IEEE International Conference on Software Maintenance, 2008.* (pp. 337–345).

Binder, T., Brandt, E., & Gregory, J. (2008). Design participation(-s). *CoDesign, 4*(1), 1–3.

Bleek, W., Jeenicke, M., & Klischewski, R. (2002). Framing participatory design through e-prototyping. *PDC*.

Blomberg, J., Giacomi, J., Mosher, A., & Swenton-Wall, P. (1993). Ethnographic field methods and their relation to design. *Participatory Design: Principles and Practices*, 123–155.

Blomkvist, S. (2005). Towards a model for bridging agile development and user-centered design. *Human-Centered Software Engineering — Integrating Usability in the Software Development Lifecycle*, 219–244.

Bock, G.-W., Zmud, R. W., Kim, Y.-G., & Lee, J.-N. (2005). Behavioral intention formation in knowledge sharing: Examining the roles of extrinsic motivators, social-psychological forces, and organizational climate. *MIS Quarterly*, 87–111.

Bødker, K., Kensing, F., & Simonsen, J. (2004). *Participatory IT design: designing for business and workplace realities*. The MIT Press.

Bødker, M., Nielsen, L., & Orngreen, R. (2007). *Enabling User Centered Design Processes in Open Source Communities* (pp. 10–18).

Bodker, S., & Pekkola, S. (2010). A short review to the past and present of participatory design. *Scandinavian Journal of Information Systems*, *22*(Bannon 1991), 45–48.

Bouman, W., Hoogenboom, T., & Jansen, R. (2008). The Realm of Sociality: Notes on the Design of Social Software. *Sprouts: Working Papers on Information Systems*, *8*(2008).

Breu, S., Premraj, R., Sillito, J., & Zimmermann, T. (2010). Information needs in bug reports: improving cooperation between developers and users. In *Proceedings of the 2010 ACM conference on Computer supported cooperative work* (pp. 301–310). ACM.

Broy, M., & Rausch, A. (2005). Das neue V-Modell® XT. *Informatik-Spektrum*, *28*(3), 220–229.

Bruun, A., Gull, P., & Hofmeister, L. (2009a). Let your users do the testing: a comparison of three remote asynchronous usability testing methods. *Proc. of the SIGCHI Conference on Human Factors in Computing Systems*, 1619–1628.

Bruun, A., Gull, P., & Hofmeister, L. (2009b). Let your users do the testing: a comparison of three remote asynchronous usability testing methods. *Proc. of the SIGCHI Conference on Human Factors in Computing Systems*, 1619–1628.

Burzagli, L., Billi, M., Palchetti, E., Catarci, T., Santucci, G., Bertini, E., … Roma, I.-. (2007). Accessibility and Usability Evaluation of MAIS Designer: A New Design Tool for Mobile Services. In *Universal Access in Human-Computer Interaction. Ambient Interaction* (pp. 275–284).

Buxmann, P., Hess, T., & Lehmann, S. (2008). Software as a Service. *Wirtschaftsinformatik*, *50*(6), 500–503.

Caldera, M. (2012). Usability Inspections in Distributed Software Engineering - Learning and Human-Centered Design in Virtual Worlds.

Carmel, E., Grudin, J., Erickson, T., Robbins, J., & Carolina, N. (1994). Does Participatory Design Have a Role in Packaged Software Development? In *PDC* (pp. 33–35).

Castillo, J. C. (1997). *The user-reported critical incident method for remote usability evaluation*. Virginia Polytechnic Institute and State University.

Castillo, J. C., Hartson, H. R., & Hix, D. (1998). Remote usability evaluation: can users report their own critical incidents? In *CHI 98 conference summary on Human factors in computing systems* (pp. 253–254). ACM.

Cattuto, C., Loreto, V., & Pietronero, L. (2007). Semiotic dynamics and collaborative tagging. *Proceedings of the National Academy of Sciences*, *104*(5), 1461–1464.

Chen, M., & Liu, X. (2011). Predicting popularity of online distributed applications: iTunes app store case analysis. In *Proceedings of the 2011 iConference* (pp. 661–663).

Chen, Y., Harper, M., Konstan, J., & Li, S. X. (2010). Social comparisons and contributions to online communities: A field experiment on movielens. *The American Economic Review*, 1358–1398.

Chilana, P., Ko, A., & Wobbrock, J. (2011). Post-deployment usability: a survey of current practices. *Proceedings of the SIGCHI Conference on Human Factors in Computing Systems*, 2243–2246.

Christensen, L., & Frøkjær, E. (2010). Distributed usability evaluation: enabling large-scale usability evaluation with user-controlled instrumentation. *Proceedings of the 6th Nordic Conference on Human-Computer Interaction: Extending Boundaries*, 118–127.

Ciborra, C. Improvisation and Information Technology in Organizations, ICIS 1996 Proceedings (1996).

Clement, A., & Besselaar, P. (1993). A Retropective Look at PD Projects. *Communications of the ACM*, *36*(4).

Coar, K. (2003). The Sun Never Sits on Distributed Development. *Queue - Distributed Development*, (January 2003).

Constantine, L. L., & Lockwood, L. A. D. (1999). *Software for use: a practical guide to the models and methods of usage-centered design*. New York, NY, USA: ACM Press/Addison-Wesley Publishing Co.

Dalsgaard, P., & Eriksson, E. (2013). Large-Scale Participation: A Case Study of a Participatory Approach to Developing a New Public Library. *Proceedings of the SIGCHI Conference on Human Factors in Computing Systems*, 399–408.

Danielsson, K., Naghsh, A. M., Gumm, D., & Warr, A. (2008). Distributed participatory design. *Proceeding of the Twenty-Sixth Annual CHI Conference Extended Abstracts on Human Factors in Computing Systems - CHI '08*, 3953.

David, J. S., Dunn, C. L., McCarthy, W. E., & Poston, R. S. (1999). The research pyramid: A framework for accounting information systems research. *Journal of Information Systems*, *13*(1), 7–30.

De Vasconcelos, L. G., & Baldochi Jr., L. A. (2012). Towards an automatic evaluation of Web applications. *SAC '12 Proceedings of the 27th Annual ACM Symposium on Applied Computing*, 709–716.

Dearden, A., Naghsh, A., & Ozcan, M. (2004). Support for participation in electronic paper prototyping. In *Proceedings of the Participatory Design Conference* (pp. 105–108).

Dingli, A., & Mifsud, J. (2011). USEFul: A Framework to Mainstream Web Site Usability Through Automated Evaluation. *International Journal of Human Computer Interaction (IJHCI)*, (2), 10–30.

DIS, & ISO. (2010). 9241-210: 2009. Ergonomics of human system interaction-Part 210: Human-centred design for interactive systems (formerly known as 13407). *International Organization for Standardization (ISO)*.

Divitini, M., Farshchian, B. a., & Tuikka, T. (2000). Internet-based groupware for user participation in product development. *ACM SIGCHI Bulletin, 32*(1), 31–35.

Dourish, P. (2003). The appropriation of interactive technologies: Some lessons from placeless documents. *Computer Supported Cooperative Work (CSCW), 12*(4), 465–490.

Dourish, P. (2006). Implications for design. *Proceedings of the SIGCHI Conference on Human Factors in Computing Systems - CHI '06*, 541.

Draxler, S., & Stevens, G. (2011). Supporting the collaborative appropriation of an open software ecosystem. *Computer Supported Cooperative Work (CSCW), 20*(4-5), 403–448.

Draxler, S., Stevens, G., Stein, M., Boden, A., & Randall, D. (2012). Supporting the social context of technology appropriation: on a synthesis of sharing tools and tool knowledge. In *Proceedings of the SIGCHI Conference on Human Factors in Computing Systems* (pp. 2835–2844).

Durcikova, A., & Gray, P. (2009). How knowledge validation processes affect knowledge contribution. *Journal of Management Information Systems, 25*(4), 81–108.

Engelbrecht, K., & Möller, S. (2007). Pragmatic usage of linear regression models for the prediction of user judgments. *Proceedings of the 8th SIGdial Workshop on Discourse and Dialogue*, (September), 291–294.

Evaristo, J. R., & Scudder, R. (2000). Geographically distributed project teams: a dimensional analysis. In *System Sciences, 2000. Proceedings of the 33rd Annual Hawaii International Conference on* (p. 11–pp).

Fabo, P., & Durikovic, R. (2012). Automated Usability Measurement of Arbitrary Desktop Application with Eyetracking. *16th International Conference on Information Visualisation*, 625–629.

Fang, Y., & Neufeld, D. (2009). Understanding Sustained Participation in Open Source Software Projects. *Journal of Management Information Systems, 25*(4), 9–50.

Farzan, R., & Dabbish, L. (2011). Increasing commitment to online communities by designing for social presence. *Proceedings of the ACM 2011 Conference on Computer Supported Cooperative Work*, (March 1923), 321–330.

Ferre, X., Juristo, N., & Moreno, A. (2005). Which, when and how usability techniques and activities should be integrated. *Human-Centered Software Engineering—Integrating Usability in the Software Development Lifecycle*, 173–200.

Finck, M., Gumm, D., & Pape, B. (2004). Using groupware for mediated feedback. In *PDC*.

Fischer, G. (2001). Communities of interest: Learning through the interaction of multiple knowledge systems. *Proceedings of the 24th IRIS Conference*, 1–13.

Fischer, G., & Scharff, E. (2000). Meta-design: design for designers. In *Proceedings of the 3rd conference on Designing interactive systems: processes, practices, methods, and techniques* (pp. 396–405). ACM.

Fitzgerald, B. (2006). The Transformation of Open Source Software. *Mis Quarterly*, *30*(3), 587–598.

Floyd, C., Reisin, F. M., & Schmidt, G. (1989). Steps to software development with users. *ESEC'89*, 48–64.

Fogel, K. (2005). *Producing open source software: How to run a successful free software project.*

Forte, A., & Bruckman, A. (2008). Why do people write for wikipedia? Incentives to contribute to open-content publishing. In *Proceedings of 41st Annual Hawaii International Conference on System Sciences (HICSS)*. Citeseer.

Froehlich, J., Chen, M., & Consolvo, S. (2007). MyExperience: a system for in situ tracing and capturing of user feedback on mobile phones. *Proceedings of the 5th International Conference on Mobile Systems, Applications and Services*, 57–70.

Gaertner, J., & Wagner, I. (1996). Mapping Actors and Agendas: Political Frameworks of Systems Design and Participation. *Human–Computer Interaction*, *11*(3), 187–214.

Gaver, B., Dunne, T., & Pacenti, E. (1999). Design: Cultural probes. *Interactions*, (february), 21–29.

Golder, S. A., & Huberman, B. A. (2006). Usage patterns of collaborative tagging systems. *Journal of Information Science*, *32*(2), 198–208.

Göransson, B., Lif, M., & Gulliksen, J. (2003). Usability Design-Extending rational unified process with a new discipline. In *Interactive Systems. Design, Specification, and Verification* (pp. 316–330). Springer.

Gornik, D. (2004). Rational Unified Process Best Practices for Software Development Teams. *Rational Software White Paper TP026B, Rev.*

Greenbaum, J. M., & Kyng, M. (1991). *Design at work: Cooperative design of computer systems.* CRC.

Gulliksen, J., Göransson, B., Boivie, I., Blomkvist, S., Persson, J., & Cajander, Å. (2003). Key principles for user-centred systems design. *Behaviour & Information Technology*, *22*(6), 397–409.

Gumm, D. (2006a). Distributed participatory design: An inherent paradoxon. *Proc. of IRIS29*, (Gumm 2006), 1–17.

Gumm, D. (2006b). Distribution dimensions in software development projects: a taxonomy. *Software, IEEE*, (October), 45–51.

Gumm, D., Janneck, M., & Finck, M. (2006). Distributed participatory design–a case study. *Proceedings of the DPD Workshop at NordiCHI 2006*, 1–5.

Hailpern, J., Jitkoff, N., Subida, J., & Karahalios, K. (2010). The CLOTHO project: predicting application utility. In *Proceedings of the 8th ACM Conference on Designing Interactive Systems* (pp. 330–339). ACM.

Harper, R. R., Hughes, J. A., & Shapiro, D. Z. (1991). *Harmonious working and CSCW: Computer technology and air traffic control*. Rank Xerox, EuroPARC.

Hars, A., & Ou, S. (2001). Working for free? Motivations of participating in open source projects. In *System Sciences, 2001. Proceedings of the 34th Annual Hawaii International Conference on* (p. 9–pp).

Hartson, H. R., & Castillo, J. C. (1998). Remote evaluation for post-deployment usability improvement. In *Proceedings of the working conference on Advanced visual interfaces* (pp. 22–29). ACM.

Hassenzahl, M., Diefenbach, S., & Göritz, A. (2010). Needs, affect, and interactive products – Facets of user experience. *Interacting with Computers, 22*(5), 353–362.

Heath, C., & Luff, P. (1992). Collaboration and controlCrisis management and multimedia technology in London Underground Line Control Rooms. *Computer Supported Cooperative Work (CSCW), 1*(1-2), 69–94.

Heeks, R., Krishna, S., Nicholsen, B., & Sahay, S. (2001). Synching or Sinking: global software outsourcing relationships. *Software, IEEE, 18*(2), 54–60.

Heiskanen, E., Hyysalo, S., Kotro, T., & Repo, P. (2010). Constructing innovative users and user-inclusive innovation communities. *Technology Analysis & Strategic Management, 22*(4), 495–511.

Heiskari, J., & Lehtola, L. (2009). Investigating the State of User Involvement in Practice. *2009 16th Asia-Pacific Software Engineering Conference*, 433–440.

Hertel, G., Niedner, S., & Herrmann, S. (2003). Motivation of software developers in Open Source projects: an Internet-based survey of contributors to the Linux kernel. *Research Policy, 32*(7), 1159–1177.

Hilbert, D., & Redmiles, D. (2000). Extracting usability information from user interface events. *ACM Computing Surveys (CSUR), 32*(4), 384–421.

Hippel, E. Von. (2001). User toolkits for innovation. *Journal of Product Innovation Management, 18*(4), 247–257.

Hippel, E. Von, & Krogh, G. Von. (2003). Open Source Software and the "Private-Collective" Innovation Model: Issues for Organization Science. *Organization Science, 14*(2), 209–223.

Hix, D., & Hartson, H. R. (1993). *Developing user interfaces: ensuring usability through product & process*. New York, NY, USA: John Wiley & Sons, Inc.

Hofstede, G., Hofstede, G. J., & Minkov, M. (1991). *Cultures and organizations: Software of the mind* (Vol. 2). McGraw-Hill London.

Höhn, R. (2008). *Das V-Modell XT: Grundlagen, Methodik und Anwendungen. Das V-Modell® XT*.

Humayoun, S., Dubinsky, Y., & Catarci, T. (2009). UEMan: A Tool to Manage User Evaluation in Development Environments. *IEEE 31st International Conference on Software Engineering*, 551–554.

Hussain, Z., Slany, W., & Holzinger, A. (2009). Current state of agile user-centered design: A survey. In *HCI and Usability for e-Inclusion* (pp. 416–427). Springer.

Iivari, J., Isomäki, H., & Pekkola, S. (2010). The user–the great unknown of systems development: reasons, forms, challenges, experiences and intellectual contributions of user involvement. *Information Systems Journal, 20*(2), 109–117.

Iivari, N. (2010). Discursive construction of "user innovations" in the open source software development context. *Information and Organization, 20*(2), 111–132.

Irestig, M., & Timpka, T. (2002). Dynamic Interactive Scenario Creation: a method for extending Participatory Design to large system development projects. In *PDC* (pp. 317–322).

Ivory, M. Y., & Hearst, M. A. (2001). The State of the Art in Automating Usability Evaluation of User Interfaces. *ACM Computing Surveys, 33*(4), 470–516.

Jacobson, I., Booch, G., & Rumbaugh, J. (1999). *The unified software development process* (Vol. 1). Addison-Wesley Reading.

Jerroudi, Z. El, Ziegler, J., Meissner, S., & Axel, P. (2005). E-Quest: Ein Online-Befragungswerkzeug für Web Usability. In C. Stary (Ed.), *Mensch & Computer 2005: Kunst und Wissenschaft – Grenzüberschreitungen der interaktiven ART* (pp. 269–273). München: Oldenbourg Verlag.

Joinson, A. N. (2008). Looking at, looking up or keeping up with people?: motives and use of facebook. In *Proceedings of the SIGCHI conference on Human Factors in Computing Systems* (pp. 1027–1036).

Kanstrup, A., & Christiansen, E. (2006). Selecting and evoking innovators: combining democracy and creativity. *Proceedings of the 4th Nordic Conference ...*, (October), 14–18.

Kaplan, B., & Maxwell, J. A. (2005). Qualitative research methods for evaluating computer information systems. In *Evaluating the Organizational Impact of Healthcare Information Systems* (pp. 30–55). Springer.

Kensing, F. (2003). Methods and practices in participatory design.

Kensing, F., & Blomberg, J. (1998). Participatory Design : Issues and Concerns, (1993), 167–185.

Kiczales, G., Lamping, J., Mendhekar, A., Maeda, C., Lopes, C., Loingtier, J.-M., & Irwin, J. (1997). *Aspect-oriented programming*. Springer.

Kim, J., Gunn, D., & Schuh, E. (2008). Tracking real-time user experience (TRUE): a comprehensive instrumentation solution for complex systems. *Proceedings of the SIGCHI Conference on Human Factors in Computing Systems*, 443–451.

Kim, J. H., Gunn, D. V., Schuh, E., Phillips, B., Pagulayan, R. J., & Wixon, D. (2008). Tracking real-time user experience (TRUE): a comprehensive instrumentation solution for complex systems. In *Proceeding of the 26. SIGCHI conference on Human factors in computing systems* (pp. 443–452). ACM.

Kiura, M., Ohira, M., & Matsumoto, K. (2009). Webjig: An Automated User Data Collection System for Website Usability Evaluation. *Human-Computer Interaction. New Trends Lecture Notes in Computer Science*, 277–286.

Ko, A., DeLine, R., & Venolia, G. (2007). Information needs in collocated software development teams. In *Proceedings of the 29th international conference on Software Engineering*. IEEE Computer Society.

Ko, A. J., Lee, M. J., Ferrari, V., Ip, S., & Tran, C. (2011). A case study of post-deployment user feedback triage. *Proceeding of the 4th International Workshop on Cooperative and Human Aspects of Software Engineering - CHASE '11*, 1.

Ko, A., & Zhang, X. (2011). FeedLack Detects Missing Feedback in Web Applications. *CHI '11 Proceedings of the SIGCHI Conference on Human Factors in Computing Systems*, 2177–2186.

Koehne, B., & Redmiles, D. F. (2012). Envisioning distributed usability evaluation through a virtual world platform. *2012 5th International Workshop on Co-Operative and Human Aspects of Software Engineering (CHASE)*, 73–75.

Koehne, B., Redmiles, D., & Fischer, G. (2011). Extending the meta-design theory: engaging participants as active contributors in virtual worlds. *End-User Development*, 264–269.

Kolb, N., Diefenbach, S., & Ullrich, D. (2014). Berichte aus der Usability/UX Branche: Ausbildungswege, Arbeitsfeld und aktuelle Diskussionen. *I-Com, 13*(1), 82–87.

Korhonen, H., Arrasvuori, J., & Väänänen-Vainio-Mattila, K. (2010). Let users tell the story: evaluating user experience with experience reports. In *CHI'10 Extended Abstracts on Human Factors in Computing Systems* (pp. 4051–4056).

Kort, J., & de Poot, H. (2005). Usage analysis: combining logging and qualitative methods. In *CHI'05 extended abstracts on Human factors in computing systems* (pp. 2121–2122). ACM.

Krishna, S., Sahay, S., & Walsham, G. (2004). Managing cross-cultural issues in global software outsourcing. *Communications of the ACM, 47*(4), 62–66.

Kruchten, P. (1999). *Der rational unified process: Eine Einführung*. Pearson Deutschland GmbH.

Kujala, S. (2003). User involvement: a review of the benefits and challenges. *Behaviour & Information Technology*.

Kujala, S., Kauppinen, M., Lehtola, L., & Kojo, T. (2005). The role of user involvement in requirements quality and project success. *13th IEEE International Conference on Requirements Engineering (RE'05)*, 75–84.

Kuznetsov, S. (2006). Motivations of contributors to Wikipedia. *ACM SIGCAS Computers and Society, 36*(2), 1–es.

Lanubile, F., Damian, D., & Oppenheimer, H. (2003). Global software development: technical, organizational, and social challenges. In *ACM SIGSOFT Software Engineering Notes* (Vol. 28, pp. 1–4).

Lazar, J., & Preece, J. (2002). Social Considerations in Online Communities: Usability, Sociability, and Success Factors. *Cognition in the Digital World*, 1–46.

Leontjev, A. N. (1981). Problems of the development of the mind.

Lerner, J., & Tirole, J. (2004). Economic perspectives on open source. *Advances in the Study of Entrepreneurship, Innovation & Economic Growth*, *15*, 33–69.

Leurs, B., Conradie, P., Laumans, J., & Verboom, R. (n.d.). Generic Work Process - v1.0.

Lew, G. S. (2009). What do users really do? Experience sampling in the 21st Century. In *Human-Computer Interaction. New Trends* (pp. 314–319). Springer.

Ley, B., Pipek, V., Reuter, C., & Wiedenhoefer, T. (2012a). Supporting Improvisation Work in Inter-Organizational Crisis Management. In *Proc. of the SIGCHI Conference on Human Factors in Computing Systems*.

Ley, B., Pipek, V., Reuter, C., & Wiedenhoefer, T. (2012b). Supporting Inter-Organizational Situation Assessment in Crisis Management. *Methodology*, (April), 1–10.

Lieberman, H., Paternò, F., Klann, M., & Wulf, V. (2006). End-user development: An emerging paradigm. *End User Development*, *7897*.

Lindquist, S., & Westerlund, B. (2007). Co-designing Communication Technology with and for Families–Methods, Experience, Results and Impact. *The Disappearing ...*, 99–119.

Ling, K., Beenen, G., Ludford, P., Wang, X., Chang, K., Li, X., ... others. (2005). Using social psychology to motivate contributions to online communities. *Journal of Computer-Mediated Communication*, *10*(4), 0.

Lings, B., Lundell, B., Ågerfalk, P., & Fitzgerald, B. (2006). Ten strategies for successful distributed development. *The Transfer and Diffusion ...*, *206*, 119–137.

Maceli, M., & Atwood, M. E. (2011). From Human Crafters to Human Factors to Human Actors and Back Again: Bridging the Design Time--Use Time Divide. In *End-User Development* (pp. 76–91). Springer.

Magnusson, P. R. (2003). Benefits of involving users in service innovation. *European Journal of Innovation Management*, *6*(4), 228–238.

Manifesto for Agile Software Development. (n.d.).

March, S. T., & Smith, G. F. (1995). Design and natural science research on information technology. *Decision Support Systems*, *15*(4), 251–266.

Mayhew, D. J. (1999). *The Usability Engineering Lifecycle: A Practitioner's Handbook for User Interface Design* (p. 542). Morgan Kaufmann.

Mendonça, D., Jefferson, T., & Harrald, J. (2007). Collaborative Adhocracies and Mix-and-match Technologies in Emergency Management. *Communications of the ACM ACM*, *50*(3), 44–49.

Mentler, T., & Herczeg, M. (2013). Applying ISO 9241-110 Dialogue Principles to Tablet Applications in Emergency Medical Services, (May), 502–506.

Merton, R. K., & Kendall, P. L. (1946). The focused interview. *American Journal of Sociology*, 541–557.

Mittal, H., Sharma, M., & Mittal, J. P. (2012). Analysis and Modelling of Websites Quality Using Fuzzy Technique. *2. International Conference on Advanced Computing & Communication Technologies*, 10–15.

Mockus, A., Fielding, R. T., & Herbsleb, J. D. (2002). Two case studies of open source software development: Apache and Mozilla. *ACM Transactions on Software Engineering and Methodology, 11*(3), 309–346.

Moore, T. D., & Serva, M. A. (2007). Understanding member motivation for contributing to different types of virtual communities: a proposed framework. In *Proceedings of the 2007 ACM SIGMIS CPR conference on Computer personnel research: The global information technology workforce* (pp. 153–158).

Muller, M. J., Haslwanter, J. H., & Dayton, T. (1997). Participatory practices in the software lifecycle. *Handbook of Human-Computer Interaction, 2,* 255–297.

Muller, M. J., & Kuhn, S. (1993). Participatory design. *Communications of the ACM, 36,* 24–28.

Muller, M. J., Wildman, D. M., & White, E. A. (1993). Taxonomy Of PD Practices: A Brief Practitioner's Guide. *Commun. ACM, 36*(6), 26–28.

Mumford, E. (1993). The ETHICS approach. *Communications of the ACM.*

Myers, M. D. (1997). Qualitative research in information systems. *Management Information Systems Quarterly, 21,* 241–242.

Nardi, B., & Schiano, D. (2004). Why we blog. *Communications of the ACM, 47*(12), 41–46.

Nichols, D. M., & Twidale, M. B. (2006a). Usability processes in open source projects. *Software Process: Improvement and Practice, 11*(2), 149–162.

Nichols, D., McKay, D., & Twidale, M. (2003). Participatory Usability: supporting proactive users. *Proceedings of the 4th Annual Conference of the ACM Special Interest Group on Computer-Human Interaction. ACM,* 63-68.

Nichols, D., & Twidale, M. (2003). The Usability of Open Source Software. *First Monday, 8*(1).

Niehaves, B. (2007). On episemological diversity in design science: New vistas for a design-oriented IS research? In *ICIS* (p. 133).

Nielsen, J. (1992). The Usabilitv Engineering Life Cycle. *Computer.*

Nielsen, J. (1994a). Enhancing the explanatory power of usability heuristics. *Proceedings of the SIGCHI Conference on Human Factors in Computing Systems: Celebrating Interdependence,* 152–158.

Nielsen, J. (1994b). *Usability engineering.* Elsevier.

Nielsen, J., & Tahir, M. (2002). *Homepage usability: 50 websites deconstructed* (Vol. 50). New Riders Indianapolis, IN.

Nygaard, K. (1986). Program Development as a Social Activity, *1986,* 189–198.

O'Mahony, S. (2003). Guarding the commons: how community managed software projects protect their work. *Research Policy, 32*(7), 1179–1198.

Obendorf, H., Janneck, M., & Finck, M. (2009). Inter-contextual distributed participatory design. *Scandinavian Journal of Information Systems, 21*(1).

Obendorf, H., Weinreich, H., & Hass, T. (2004). Automatic support for web user studies with SCONE and TEA. *CHI '04 Extended Abstracts on Human Factors in Computing Systems*, 1135–1138.

Olsen, E. R. (2006). Software as a Service : Realigning Software Engineering Practices with the New Business Model, (September 2004).

Oostveen, A. M., & Van den Besselaar, P. (2004). From small scale to large scale user participation: a case study of participatory design in e-government systems. In *Proceedings of the eighth conference on Participatory design: Artful integration: interweaving media, materials and practices-Volume 1* (pp. 173–182). ACM.

Oreg, S., & Nov, O. (2008). Exploring motivations for contributing to open source initiatives: The roles of contribution context and personal values. *Computers in Human Behavior, 24*(5), 2055–2073.

Orlikowski, W., & Hoffman, D. (1997). An Imporvisational Model for Change Managment: The Case of Groupware Technologies. *Inventing the Organizations of the 21st Century, MIT, Boston, MA*, 265–282.

Orlikowski, W. J. (1995). *Evolving with Notes: Organizational change around groupware technology.* Sloan School of Management, Massachusetts Institute of Technology.

Orlikowski, W. J., & Baroudi, J. J. (1991). Studying information technology in organizations: Research approaches and assumptions. *Information Systems Research, 2*(1), 1–28.

Pagano, D., & Bruegge, B. (2013). User involvement in software evolution practice: a case study. *... the 2013 International Conference on Software ....*

Pagano, D., & Maalej, W. (2013). User feedback in the appstore: An empirical study. In *21st IEEE International Requirements Engineering Conference (RE)* (pp. 125–134). IEEE.

Palen, L., & Dourish, P. (2003). Unpacking privacy for a networked world. In *Proceedings of the SIGCHI conference on Human factors in computing systems* (pp. 129–136).

Palvia, P., En Mao, P., Salam, A. F., & Soliman, K. S. (2003). Management information systems research: what's there in a methodology? *Communications of the Association for Information Systems, 11.*

Palvia, P., Leary, D., Mao, E., Midha, V., Pinjani, P., & Salam, A. F. (2004). RESEARCH METHODOLOGIES IN MIS: AN UPDATE. *Communications of the Association for Information Systems, 14.*

Pipek, V. (2005). *From tailoring to appropriation support: Negotiating groupware usage. Processing.* Oulu: University of Oulu.

Pipek, V., & Wulf, V. (1999). A Groupware's Life. In *Proceedings of the Sixth European Conference on Computer Supported Cooperative Work* (pp. 199–218). Norwell, MA, USA: Kluwer Academic Publishers.

Pipek, V., & Wulf, V. (2009). Infrastructuring : Toward an Integrated Perspective on the Design and Use of Information Technology. *Journal of the Association for Information Systems, 10*(May 2009), 447–473.

Preece, J., & Maloney-Krichmar, D. (2003). Online Communities : Focusing on sociability and usability. *Handbook of Human-Computer Interaction,* 596–620.

Preece, J., Rogers, Y., & Sharp, H. (2007). *Interaction design: beyond human-computer interaction, 2nd Edition. Book* (Vol. 11, p. 800). John Wiley.

Preece, J., & Shneiderman, B. (2009). The reader-to-leader framework: Motivating technology-mediated social participation. *AIS Transactions on Human-Computer Interaction, 1*(1), 13–32.

Pyla, P. S., Pérez-Quiñones, M. A., Arthur, J. D., & Hartson, H. R. (2005). Ripple: An event driven design representation framework for integrating usability and software engineering life cycles. In *Human-Centered Software Engineering—Integrating Usability in the Software Development Lifecycle* (pp. 245–265). Springer.

Rajanen, M., Iivari, N., & Anttila, K. (2011). Introducing Usability Activities into Open Source Software Development Projects — Searching for a Suitable Approach. *Journal of Information Technology Theory and Application, 12*(4), 5–26.

Randall, D., Harper, R., & Rouncefield, M. (2007). *Fieldwork for design: theory and practice. Knowledge Management.* Springer-Verlag New York Inc.

Rantalainen, A., Hedberg, H., & Iivari, N. (2011). A Review of Tool Support for User-Related Communication in FLOSS Development. In *Open Source Systems: Grounding Research* (pp. 90–105). Springer.

Rashid, A. M., Ling, K., Tassone, R. D., Resnick, P., Kraut, R., & Riedl, J. (2006). Motivating participation by displaying the value of contribution. In *Proceedings of the SIGCHI conference on Human Factors in computing systems* (pp. 955–958).

Rastkar, S., Murphy, G. C., & Murray, G. (2010). Summarizing Software Artifacts : A Case Study of Bug Reports, 505–514.

Reichling, T., Veith, M., & Wulf, V. (2007). Expert recommender: Designing for a network organization. *Computer Supported Cooperative Work (CSCW), 16*(4-5), 431–465.

Reindl, S. (2011). Kontextsensitiver Guideline-Review als Methode der automatisierten.

Renaud, K., & Gray, P. (2004). Making sense of low-level usage data to understand user activities. *Proceedings of the 2004 Annual Research Conference of the South African Institute of Computer Scientists and Information Technologists on IT Research in Developing Countries,* 115–124.

Richter, M., & Flückiger, M. D. (2010). *Usability Engineering kompakt: benutzbare Software gezielt entwickeln.* Springer DE.

Richter, M., & Flückiger, M. D. (2013). *Usability Engineering kompakt* (3 Edition.). Springer.

Rogers, Y., Sharp, H., & Preece, J. (2011). *Interaction Design: Beyond Human-Computer Interaction* (3rd. ed.). Wiley.

Rohde, M., Stevens, G., Brödner, P., & Wulf, V. (2009). Towards a paradigmatic shift in IS: designing for social practice. In *Proceedings of the 4th International Conference on Design Science Research in Information Systems and Technology* (p. 15).

Ruhleder, K., & Jordan, B. (1997). Capturing Complex, Distributed Activities: Video-based Interaction Analysis As a Component of Workplace Ethnography. In *Proceedings of the IFIP TC8 WG 8.2 International Conference on Information Systems and Qualitative Research* (pp. 246–275). London, UK, UK: Chapman & Hall, Ltd.

Runeson, P., Alexandersson, M., & Nyholm, O. (2007). Detection of duplicate defect reports using natural language processing. In *Software Engineering, 2007. ICSE 2007. 29th International Conference on* (pp. 499–510).

Salz, S. (2004). Engage through integrated polling-bridging the gap between e-forums and e-surveys. *PDC*, 131–134.

Scacchi, W. (2002). Understanding the requirements for developing open source software systems. *Software, IEEE Proceedings-*, (20020202).

Schuler, D., & Namioka, A. (1993). *Participatory Design: Principles and Practices*.

Scott, K. M. (2007). Is Usability Obsolete?, 6–11.

Sebok, A., & Wickens, C. (2012). The automation design advisor tool (ADAT): Development and validation of a model-based tool to support flight deck automation design for nextgen operations. *Human Factors and Ergonomics in Manufacturing & Service Industries, 22*(5), 378–394.

Seffah, A., Desmarais, M., & Metzker, E. (2005). HCI, usability and software engineering integration: present and future. *Human-Centered Software Engineering— Integrating Usability in the Software Development Lifecycle*, (1), 37–57.

Seffah, B. A., & Metzker, E. (2004). The Obstactles and Myths of Usability and Software Engineering. *Communications of the ACM*.

Seyff, O., Using, N., Seyff, N., Graf, F., & Maiden, N. (2010). Using Mobile RE Tools To Give End-Users a Voice.

Sharp, D., & Salomon, M. (2008). *User-led innovation: a new framework for co-creating business and social value*. Smart Internet Technology CRC.

Shneiderman, B., & Plaisant, C. (2005). *Designing the user interface - Strategies for Effective Human Computer Interaction. ed: Pearson Addison Wesley, USA* (4th ed., Vol. 4). Addison Wesley.

Simon, H. A. (1976). *Administrative behavior* (Vol. 3). Cambridge Univ Press.

SJIS. (2009). Special issue on distributed participatory design. *Scandinavian Journal of Information Systems, 21*(1).

Stevens, G. (2009). *Understanding and Designing Appropriation Infrastructures: Artifacts as boundary objects in the continuous software development*.

Stevens, G., & Draxler, S. (2006). Partizipation im nutzungskontext. In *Mensch & Computer* (Vol. 2006, p. 110).

Stevens, G., Wulf, V., & Pipek, V. (2007). Infrastrukturen zur Aneignungsunterstützung. *Internationale Tagung Wirtschaftsinformatik*, 823–840.

Stieger, S., & Reips, U.-D. (2010). What are participants doing while filling in an online questionnaire: A paradata collection tool and an empirical study. *Computers in Human Behavior, 26*(6), 1488–1495.

Strauss, A. L. (1987). *Qualitative analysis for social scientists.* Cambridge University Press.

Suchman, L. (1987). *Plans and situated actions: the problem of human-machine communication.* Cambridge university press.

Suchman, L. (2002). Located accountabilities in technology production. *Scandinavian Journal of Information Systems, 14*(2).

Susman, G. I., & Evered, R. D. (1978). An assessment of the scientific merits of action research. *Administrative Science Quarterly*, 582–603.

Sutcliffe, A. (2005). Convergence or competition between software engineering and human computer interaction. *Human-Centered Software Engineering—Integrating Usability in the Software Development Lifecycle*, 71–84.

The Chaos Report. (2010).

Thom-Santelli, J., Muller, M. J., & Millen, D. R. (2008). Social tagging roles: publishers, evangelists, leaders. In *Proceedings of the SIGCHI Conference on Human Factors in Computing Systems* (pp. 1041–1044).

Thomke, S., & Hippel, E. Von. (2002). Customers as innovators: a new way to create value. *Harvard Business Review, 4*(80), 74–81.

Titlestad, O. ., Staring, K., & Braa, J. (2009). Distributed development to enable user participation: Multilevel design in the HISP network. *Scandinavian Journal of ...*, *21*(1), 27–50.

Törpel, B., Pipek, V., & Rittenbruch, M. (2003). Creating Heterogeneity &Ndash; Evolving Use of Groupware in a Network of Freelancers. *Comput. Supported Coop. Work, 12*(4), 381–409.

Turnlund, M. (2003). Distributed Development: Lessons Learned. *Queue - Distributed Development*, (January 2003), 26–31.

Twidale, M. B., Nichols, D. M., & Zealand, N. (2005). Exploring Usability Discussions in Open Source Development, *00*(Section 3), 1–10.

Vassileva, J. (2012). Motivating participation in social computing applications: a user modeling perspective. *User Modeling and User-Adapted Interaction, 22*(1-2), 177–201.

Vassileva, J., & Sun, L. (2007). Using Community Visualization to Stimulate Participation in Online Communities. *E-Service Journal, 6*(1), 3–39. Retrieved from http://inscribe.iupress.org/doi/abs/10.2979/ESJ.2007.6.1.3

Vredenburg, K., Mao, J.-Y., Smith, P. W., & Carey, T. (2002). A survey of user-centered design practice. In *Proceedings of the SIGCHI Conference on Human Factors in Computing Systems* (pp. 471–478). New York, NY, USA: ACM.

Vukelja, L., Müller, L., & Opwis, K. (2007). Are Engineers Condemned to Design? A Survey on Software Engineering and UI Design in Switzerland. *Human-Computer Interaction–INTERACT*, 555–568.

Walsham, G. (1993). *Interpreting information systems in organizations*. John Wiley & Sons, Inc.

Wang, X., Zhang, L., Xie, T., Anvik, J., & Sun, J. (2008). An approach to detecting duplicate bug reports using natural language and execution information. In *Proceedings of the 13th international conference on Software engineering - ICSE '08* (p. 461). New York, New York, USA: ACM Press.

Wang, Y., & Fesenmaier, D. R. (2003). Assessing motivation of contribution in online communities: An empirical investigation of an online travel community. *Electronic Markets*, *13*(1), 33–45.

Wasko, M., & Faraj, S. (2000). "It is what one does": why people participate and help others in electronic communities of practice. *Journal of Strategic Information Systems*, *9*(2-3), 155–173.

West, R., & Lehman, K. (2006). Automated summative usability studies: an empirical evaluation. In *Proceedings of the SIGCHI Conference on Human Factors in Computing Systems* (pp. 631–639).

Wiedenhoefer, T., Reuter, C., Ley, B., & Pipek, V. (2011). Entwicklung IT-basierter interorganisationaler Krisenmanagement-Infrastrukturen für Stromausfälle. In *Workshop Proceedings of Software Engineering 2011*. GI-Series Lecture Notes in Informatics (LNI), Vol. P-184.

Wiedenhoefer, T., Yetim, F., & Rohde, M. (2010). User-Centered Design Goals for Motivating Participation in Socially Embedded Software Tools. In G. Stevens (Ed.), *Workshop Proceedings of 9th 10th International Conference on the Design of Cooperative Systems* (pp. 330–338). International Reports on Socio-Informatics (IRSI).

Wiertz, C., & de Ruyter, K. (2007). Beyond the call of duty: why customers contribute to firm-hosted commercial online communities. *Organization Studies*, *28*(3), 347–376.

Wilde, T., & Hess, T. (2007). Forschungsmethoden der Wirtschaftsinformatik. *Wirtschaftsinformatik*, *49*(4), 280–287.

Wulf, V. (1999). Evolving cooperation when introducing groupware: a self-organization perspective. *Cybernetics & Human Knowing*, *6*(2), 55–74.

Wulf, V. (2009). Theorien sozialer Praktiken zur Fundierung der Wirtschaftsinformatik: Eine forschungsprogrammatische Perspektive. In J. Becker, H. Krcmar, & B. Niehaves (Eds.), *Wissenschaftstheorie und Gestaltungsorientierte Wirtschaftsinformatik* (pp. 211–224). Springer/Physika.

Wulf, V., Rohde, M., Pipek, V., & Stevens, G. (2011). Engaging with practices: design case studies as a research framework in CSCW. In *Proceedings of the ACM 2011 conference on Computer supported cooperative work* (pp. 505–512).

Zhang, P. (2008). Technical opinion Motivational affordances: reasons for ICT design and use. *Communications of the ACM, 51*(11), 145–147.

Zhao, L., & Deek, F. Improving Open Source Software Usability, AMCIS 2005 Proceedings (2005).

Zhao, L., & Deek, F. P. (2006). Exploratory inspection: a learning model for improving open source software usability. In *CHI'06 extended abstracts on Human factors in computing systems* (pp. 1589–1594). ACM.

A 1 Empirische Studie

A 1.1 Interviewleitfaden BOS

Teil I: Analyse des Nutzungskontextes

Allgemein

1. Was ist ihre Rolle?

2. Wie lange nehmen Sie diese Rolle bereits ein?

3. Beschreiben Sie Ihre Qualifikation.

Szenario-Präsentation

Allgemein

4. Beschreiben Sie bitte in ihre Tätigkeit in einem oder zwei Sätzen!

5. Aus welchen Aufgaben ist Ihre Tätigkeit zusammengesetzt?

6. Wie ist Ihre Tätigkeit organisiert?

Voraussetzungen

7. Welche Qualifikationen sind zum Ausüben ihrer Arbeit notwendig? Welche Vorkenntnisse fehlen?

8. Wer (bzw. welches Ereignis) bestimmt, was zu tun ist?

9. Welche Hilfsmittel sind erforderlich?

Normale Durchführung

10. Welche Arbeitsschritte sind durchzuführen?

11. Welche weiteren Personen sind an Ihren Arbeitsschritten beteiligt?

12. Arbeiten mehrere Personen an einem Vorgang, Disposition, etc.?

13. Welche Abhängigkeiten bestehen von Personen/Arbeitsergebnissen oder Systemen?

14. Können Sie Arbeitsschritte selbst beeinflussen/gestalten oder werden diese vorgegeben?

15. Welche Ergebnisse / Teilergebnisse entstehen und wie werden diese ggf. verwertet / weitergeführt?

16. Welches Feedback bekommen Sie in Bezug auf die Arbeitsergebnisse und die Wirkung ihrer Arbeit?

Besonderheiten bei der Durchführung

17. Welche Unterbrechungen gibt es und warum? Welche Störungen treten auf (organisatorisch / sozial / technisch)?

18. Welche Stressfaktoren gibt es und wie wird damit umgegangen?

19. Gibt es informelle Kommunikations- und Arbeitswege, die Sie nutzen? Wenn ja, wann nutzen Sie diese?

20. Wie werden Fehler zurückgemeldet und behoben (organisatorisch / sozial / technisch)?

21. Welche wichtigen Sonderfälle müssen berücksichtigt werden (Was fällt Ihnen spontan ein; z. B. zur Arbeitsteilung / Zusammenarbeit)?

Organisatorische Rahmenbedingungen

22. Welche Organisationsziele gibt es im Hinblick auf die Tätigkeit?

23. Welchen Überblick hat der Nutzer im Hinblick auf die Gesamttätigkeit?

24. Welche Veränderungen wird es in den kommenden 5-10 Jahren Ihrer Meinung geben, die auch Ihre Arbeit beeinflussen werden?

Teil II: Analyse der Nutzung von Anwendungs- und Kommunikationssysteme
Nutzung verwendeter Anwendungs- und Kommunikationssysteme

25. Welche Anwendungs- und Kommunikationssysteme verwenden Sie zur Ausübung Ihrer Tätigkeit und wie werden diese von Ihnen genutzt?

26. Welche Probleme treten bei Nutzung von Anwendungs- und Kommunikationssystemen auf?

27. Haben Sie ggf. eigene Strategien/Hilfsmittel um diese Probleme zu umgehen?

28. Auf welche Besonderheiten bei der Nutzung muss geachtet werden?

Analyse weiterer Unterstützungsmöglichkeiten

29. Gibt es Ihrer Meinung weitere Unterstützungsmöglichkeiten durch Anwendungssysteme oder weiteren Funktionen?

30. Auf welche Besonderheiten sollte hier geachtet werden?

31. Ggf Fragen: Wären für Ihre Arbeit eine Erweiterung der Unterstützung durch Bürger (Senden von Bildern, Melden von Ereignissen) hilfreich?

Analyse von Aneignungsstrukturen

32. Welche Unterstützungsmöglichkeiten erhalten Sie für die Erlernung von Anwendungssystemen (Schulung, Rückfragen, etc.)?

33. Welche Möglichkeiten bietet Ihre Institution, wenn Probleme mit Anwendungssystemen auftreten?

34. Wie gehen Sie vor, wenn Probleme mit ihren Anwendungssystemen auftreten (z.B. Kollegen fragen)?

35. Treten bei Ihnen unsichere Informationen auf und wie gehen Sie damit um? Könnten Ihnen Programme hierbei helfen?

36. Wäre eine verbesserte Aktivitätswahrnehmung anderer Beteiligter auch anderer Organisationen durch ein System für Ihre Arbeit hilfreich?

Analyse von Anpassungsprozessen

37. Wie wird bei Ihnen mit Anpassungswünschen umgegangen?

38. Haben Sie Ihre genutzten Systeme an Ihre Bedürfnisse angepasst? (Wenn möglich zeigen lassen, ansonsten Beispiele nennen lassen)

Können Sie Anpassungen selbst übernehmen oder wird dies von anderen Personen/Institution übernommen? Wenn selbst übernommen: Wie haben die Anpassungen durchgeführt. Wenn andere Person/Institution: wer ist dafür zuständig?

A 2 Evaluation erste Iteration

A 2.1 Feedbackfragenbogen

1. Was wollten Sie tun, bevor die Störung aufgetreten ist?

2. Was hatten Sie erwartet?

3. Versuchen Sie so detailliert wie möglich zu beschreiben, welche Störung vorliegt!

4. Warum, glauben Sie ist der Fehler aufgetreten?

5. Beschreiben Sie, was Sie getan haben, um die Störung zu beheben!

6. Konnten Sie Ihre Arbeit trotz der Störung beenden? ja/nein

7. Könnten Sie die Störung erneut hervorrufen? ja/nein

8. Beschreiben Sie die Schwere der Störung:

   a. kleines oder kosmetisches Problem, taucht selten auf, beeinträchtig Ihre Arbeitsleistung nicht.

   b. kleines Problem; taucht öfter auf; beeinträchtigt etwas Ihre Arbeitsleistung.

   c. mittleres Problem; die Aufgabe konnte gelöst werden, jedoch nicht ohne zusätzlichen Aufwand; Sie sind etwas unzufrieden; der Fehler hat Ihre Arbeitsleistung beeinträchtigt.

   d. großes Problem; tritt aber nicht häufig auf; hat geringe Auswirkungen auf Ihre Arbeitsleistung oder Zufriedenheit.

   e. kritisches Problem; tritt häufig auf; der Fehler ist kostspielig und Sie sind unzufrieden; die Aufgabe konnte nicht erfüllt werden.

9. Welche Vorschläge haben Sie, um die Störung zu beheben?

10. Haben Sie weitere Anregungen oder Kritiken?

A 2.2   Interviewleitfaden Nutzer

Teil I: Angaben zur Person

Allgemein

1. Was ist ihre Rolle?

2. Wie lange nehmen Sie diese Rolle bereits ein?

3. Beschreiben Sie Ihre Qualifikation.

4. Beschreiben Sie bitte in ihre Tätigkeit in einem oder zwei Sätzen.

5. Beschreiben Sie bitte den Computereinsatz während der Arbeit.

Teil II: Szenarienbasierter Walkthrough mit Feedbackbericht

Aufgabe 1: Haben Sie in der Vergangenheit bereits ein Problem bei der Nutzung der SiRena oder der Lagekarte festgestellt?

Aufgabe 2: Eigene Exploration der SiRena und Lagekarte. (Wenn neuer Nutzer)

Aufgabe 3: Sie haben sich erfolgreich angemeldet und einen ersten Eindruck der Oberfläche gesammelt. Ihr Kollege Martin Menzel bitten sie nun darum ihm die Feuerwehrdienstverordnung FWDV 100 zukommen zu lassen. Damit auch andere diese direkt einsehen können, soll dieses in einer Gruppe geschehen.

> Aufgabe 3.1: Treten sie der Gruppe „Evaluation DA" bei! Sie sind nun Gruppenmitglied und möchten die fwdv 100 mit den Gruppenmitgliedern teilen.

> Aufgabe 3.2: Laden sie die fwdv 100 in der Gruppe hoch!

Aufgabe 4: Sie erfahren von einem großen Brand während einer Veranstaltung in der Otto-Flick-Halle in Kreuztal. Viele Schwerstverletzte sowie ein Stromausfall in benachbarten Gebäuden ist die Folge. Um sich ein Bild von der Örtlichkeit zu machen öffnen sie die Lagekarte und betrachten dort die Gegebenheiten.

> Aufgabe 4.1: Öffnen Sie die Lagekarte!

> Aufgabe 4.2: Fokussieren Sie die Lagekarte auf die Otto-Flick-Halle! Die Adresse der Halle lautet: Moltkestraße 11, 57223, Kreuztal. Sie wollen nun die Stelle und das Umfeld markieren. Da sie das Ausmaß des Unfalls nicht kennen, möchten sie dieses mit einem Kreis tun, der zumindest die nächsten Kreuzungen miteinschließt.

Aufgabe 4.3: Markieren Sie die Halle mit einem Kreis, der die Kreuzungen mit den Straßen „Roonstraße" und „Im Plan" miteinschließt.

Teil III: Semistrukturiertes Interview

6. Wie war ihr erster Eindruck von dem Fragebogen?

7. Wie empfanden Sie den Aufwand für die Beantwortung der Fragen?

8. Wie ist ihre Motivation den Fragebogen immer wieder auszufüllen?

9. Hat ihnen etwas im Fragebogen gefehlt oder war etwas überflüssig?

10. Wie ist Ihr Eindruck von diesen beiden Feedbacksystemen (GooglePlus und getSatisfaction.com)?

11. Was würden Sie sonst noch wünschen damit Fehler von Entwickler schneller und besser behoben werden?

12. Welche Vorrausetzungen müssen gelten damit sie das Feedback-Verfahren während ihrer Arbeitszeit nützen können?

A 2.3 Interviewleitfaden Entwickler

Teil I: Sichtung ausgewählter Feedbackfragebögen

1. Beschreiben Sie bitte das Problem, das im vorliegenden Fragebogen dargestellt wurde.

2. Wie ist die Verständlichkeit der Problembeschreibung. Fehlen bestimmte
   Informationen oder sind bestimmte Informationen überflüssig?

3. Wie würden Sie weiter vorgehen, um das Problem zu lösen?

4. Wie würden Sie vorgehen, wenn ein Vorschlag häufiger genannt wird?

5. Gibt es Beispiele aus Ihrem Arbeitsalltag die bei der Problembeschreibung
   besser helfen? (z.B. Screenshots, Mouse-Tracking, etc.)

Teil II: Analyse der einzelnen Fragen im Feedbackfragebogen

6. Bitte bewerten Sie die einzelnen Fragen 1-10.

Teil III: Bewertung alternativer Darstellungsformen

7. Bitte bewerten Sie folgende alternative Beschreibungsform.

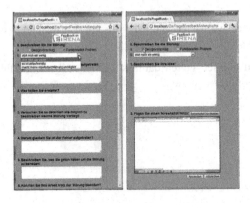

8. Bitte bewerten Sie folgende Bewertungsalternativen.

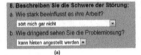
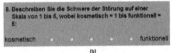

A 3 Evaluation zweite Iteration

A 3.1 Interviewleitfaden Nutzer (Diskussion, Abstimmung)

Teil I: Angaben zur Person

Allgemein

1. Was ist ihre Rolle?

2. Wie lange nehmen Sie diese Rolle bereits ein?

3. Beschreiben Sie Ihre Qualifikation.

4. Beschreiben Sie bitte in ihre Tätigkeit in einem oder zwei Sätzen!

Teil II: Analyse derzeitiger Entwicklungsverfahren

5. Beschreiben Sie kurz, wie derzeit neue Anforderungen für neue oder bestehende Software erhoben wird. Werden Sie oder Kollegen mit einbezogen?

6. Werden auch Sie oder Kollegen in die Anforderungsfindung mit einbezogen?

Teil III: Analyse der Gebrauchstauglichkeit des Verfahrens

7. Beschreiben Sie kurz, mit Ihren eigenen Wort was der Ziel und Vorgehen des Verfahrens ist.

8. Wie ist Ihr erster Eindruck von diesem Verfahren?

9. Wie beurteilen Sie das Ergebnis? Konnte ihrer Meinung nach ein gemeinsames Funktionsdesign geschaffen werden?

10. Konnten Sie mit Hilfe des Verfahrens Ihre Interessen einbringen?

11. Wie beurteilen Sie das Abstimmungsverfahren? Konnten Sie hier gleichberechtig für eine Lösung abstimmen?

12. Wie beurteilen Sie das Online Verfahren im Gegensatz zu Face-to-Face Workshops ?

Teil IV: Integration in den Arbeitskontext

13. Wie konnten Sie das gesamte Verfahren in Ihren Arbeitsalltag integrieren? Was müsste gegeben sein, damit es sich besser in ihren Arbeitsalltag integrieren lässt.

14. Waren noch andere Personen während der Ausarbeitung und Abstimmung involviert?

15. Waren weitere Hilfsmittel für die Teilnahme notwendig?

Teil V: Analyse der inter-organisationalen und verteilte Faktoren

16. Konnten Sie sich gleichberechtig in die Ausarbeitung und Abstimmung einbringen?

17. Welche Herausforderungen sehen Sie darin, dass auch andere Organisationen an diesen Verfahren teilnehmen? Was würden Sie nicht in eine solche Diskussion einbringen?

18. Wie beurteilen Sie die online Diskussion in Bezug auf den interorganisationalen Austausch? Sehen Sie Herausforderungen oder Chancen im Vergleich zu Face-to-Face Treffen?

19. Haben Sie einen Einblick in die Arbeit anderer Organisationen erhalten und für wie wichtig halten Sie dies für diese Diskussion?

Teil VI: Analyse der Gebrauchstauglichkeit der Werkzeuge

20. War der Nutzung der Diskursplattform auf der Sirena mit vielen Problemen behaftet?

21. Konnten Sie Ihre Ideen, Vorschläge oder Hinweise Ihrer Meinung nach zufriedenstellend artikulieren?

22. Gibt es weitere sinnvolle Möglichkeiten Ideen einzubringen (z.B. Bilder, Video)?

23. Welche weiteren Funktionen wären Ihrer Meinung nach auf der Plattform noch wünschenswert?

Teil VII: INQUIRE - Anbindung

24. Wie ist ihr Eindruck zu diesem Verfahren? Wie sinnvoll erachten Sie die Möglichkeit, ihre Verbesserungsvorschlag aus der Anwendung heraus zu senden und mit anderen Teilnehmern weiter auszuarbeiten?

25. Welche Voraussetzungen müssen gegeben sein, damit Sie einen Verbesserungsvorschlag zur gemeinsamen Ausarbeitung stellen?

26. Halten Sie das jetzige Werkzeug dafür geeignet?

A 3.2   Interviewleitfaden Nutzer (Abstimmung)

Teil I: Angaben zur Person

Allgemein

1. Was ist ihre Rolle?

2. Wie lange nehmen Sie diese Rolle bereits ein?

3. Beschreiben Sie Ihre Qualifikation.

4. Beschreiben Sie bitte in ihre Tätigkeit in einem oder zwei Sätzen!

Teil II: Analyse derzeitiger Entwicklungsverfahren

5. Beschreiben Sie kurz, wie derzeit neue Anforderungen für neue oder bestehende Software erhoben wird. Werden Sie oder Kollegen mit einbezogen?

6. Werden auch Sie oder Kollegen in die Anforderungsfindung mit einbezogen?

Teil III: Analyse der Gebrauchstauglichkeit des Verfahrens

7. Beschreiben Sie kurz, mit Ihren eigenen Wort, was der Ziel und Vorgehen des Verfahrens ist.

8. Wie ist Ihr erster Eindruck von diesem Verfahren?

9. Wie beurteilen Sie das Ergebnis? Konnte ihrer Meinung nach ein gemeinsames Funktionsdesign geschaffen werden?

10. Was waren die Gründe, warum Sie nicht an der Ausarbeitung teilgenommen haben?

11. Konnten Sie mit Hilfe des Verfahrens Ihre Interessen einbringen?

12. Wie beurteilen Sie das Abstimmungsverfahren? Konnten Sie hier gleichberechtigt für eine Lösung abstimmen?

13. Wie beurteilen Sie das Online Verfahren im Gegensatz zu Face-to-Face Workshops ?

Teil IV: Integration in den Arbeitskontext

14. Wie konnten Sie das gesamte Verfahren in Ihren Arbeitsalltag integrieren? Was müsste gegeben sein, damit es sich besser in ihren Arbeitsalltag integrieren lässt.

15. Waren noch andere Personen während der Ausarbeitung und Abstimmung involviert?

16. Waren weitere Hilfsmittel für die Teilnahme notwendig?

Teil V: Analyse der inter-organisationalen und verteilte Faktoren

17. Konnten Sie sich gleichberechtig in die Ausarbeitung und Abstimmung einbringen?

18. Welche Herausforderungen sehen Sie darin, dass auch andere Organisationen an diesen Verfahren teilnehmen? Was würden Sie nicht in eine solche Diskussion einbringen?

19. Wie beurteilen Sie die online Diskussion in Bezug auf den interorganisationalen Austausch? Sehen Sie Herausforderungen oder Chancen im Vergleich zu Face-to-Face Treffen?

20. Haben Sie einen Einblick in die Arbeit anderer Organisationen erhalten und für wie wichtig halten Sie dies für diese Diskussion?

Teil VI: Analyse der Gebrauchstauglichkeit der Werkzeuge

21. War der Nutzung der Diskursplattform auf der Sirena mit vielen Problemen behaftet?

22. Konnten Sie Ihre Ideen, Vorschläge oder Hinweise Ihrer Meinung nach zufriedenstellend artikulieren?

23. Gibt es weitere sinnvolle Möglichkeiten Ideen einzubringen (z.B. Bilder, Video)?

24. Welche weiteren Funktionen wären Ihrer Meinung nach auf der Plattform noch wünschenswert?

Teil VII: INQUIRE - Anbindung

25. Wie ist ihr Eindruck zu diesem Verfahren? Wie sinnvoll erachten Sie die Möglichkeit, ihre Verbesserungsvorschlag aus der Anwendung heraus zu senden und mit anderen Teilnehmern weiter auszuarbeiten?

26. Welche Voraussetzungen müssen gegeben sein, damit Sie einen Verbesserungsvorschlag zur gemeinsamen Ausarbeitung stellen?

27. Halten Sie das jetzige Werkzeug dafür geeignet?

A 3.3   Interleitfaden Entwickler

Teil I: Angaben zur Person (Wenn nicht bekannt)

Allgemein

1. Was ist ihre Rolle?
2. Wie lange nehmen Sie diese Rolle bereits ein?
3. Beschreiben Sie Ihre Qualifikation.
4. Beschreiben Sie bitte in ihre Tätigkeit in einem oder zwei Sätzen!

Teil II: Vorstellung des Verfahrens

Anhand des Szenario: Anhang Nachricht

Teil III: Analyse der Gebrauchstauglichkeit des Verfahrens

5. Beschreiben Sie kurz, mit Ihren eigenen Wort was der Ziel und Vorgehen des Verfahrens ist.
6. Wie ist Ihr erster Eindruck von diesem Verfahren?
7. Würden Sie an einen solchen Verfahren teilnehmen? Wenn ja, warum?
8. Könnte damit ihrer Meinung nach ein gemeinsames Funktionsdesign geschaffen werden?
9. Könnten Sie mit Hilfe des Verfahrens Ihre Interessen einbringen?
10. Wie beurteilen Sie das Abstimmungsverfahren? Konnten Sie hier gleichberechtig für eine Lösung abstimmen?
11. Wie beurteilen Sie das Online Verfahren im Gegensatz zu Face-to-Face Workshops ?
12. Was müsste gegeben sein, damit sie mit dem Ergebnis weiterarbeiten könnten?

Teil IV: Integration in den Arbeitskontext

13. Wie konnten Sie das gesamte Verfahren in Ihren Arbeitsalltag integrieren? Was müsste gegeben sein, damit es sich besser in ihren Arbeitsalltag integrieren lässt.

Teil V: Analyse der inter-organisationalen und verteilte Faktoren

14. Welche Herausforderungen sehen Sie darin, dass auch andere Organisationen an diesen Verfahren teilnehmen? Was würden Sie nicht in eine solche Diskussion einbringen?

15. Wie wie wichtig finden Sie den Einblick in anderen Domänen zu bekommen und sehen sie die Möglichkeit gegeben?

Teil VI: Analyse der Gebrauchstauglichkeit der Werkzeuge

16. War der Nutzung der Diskursplattform auf der Sirena mit vielen Problemen behaftet?

17. Könnten Sie Ihre Ideen, Vorschläge oder Hinweise Ihrer Meinung nach zufriedenstellend artikulieren?

18. Gibt es weitere sinnvolle Möglichkeiten Ideen einzubringen (z.B. Bilder, Video)?

19. Welche weiteren Funktionen wären Ihrer Meinung nach auf der Plattform noch wünschenswert?

Teil V: INQUIRE - Anbindung

20. Wie ist ihr Eindruck zu diesem Verfahren? Könnten Sie mit den Ergebnissen auch weiter arbeiten?

21. Welche Vorrausetzungen müssen gegeben sein, damit Sie aus den Feedback der Nutzer eine Umsetzung starten könnten?

22. Halten Sie das jetzige Werkzeug dafür geeignet?

Teil VII: Szenario: Taktische Zeichen

23. Wie ist ihr Eindruck zu diesem Fall? Wie beurteilen Sie den Prozessverlauf?

24. Wie beurteilen Sie das Ergebnis? Können Sie mit dem Ergebnis weiterarbeiten?

25. Wie beurteilen Sie das den Austausch zwischen den Organisationen?

26. Gibt es sonst noch etwas was Sie sich wünschen würden?

Printed in the United States
By Bookmasters